Isa Grüber
Das Geheimnis Ihrer Ausstrahlung

Isa Grüber

Das Geheimnis
Ihrer Ausstrahlung

Walter Verlag

Die deutsche Bibliothek – CIP-Einheitsaufnahme

Grüber, Isa: Das Geheimnis Ihrer Ausstrahlung / Isa Grüber. –
Düsseldorf : Walter, 2000
ISBN 3-530-40110-2

© 2000 Patmos Verlag GmbH & Co. KG
Walter Verlag, Düsseldorf und Zürich
Umschlagsgestaltung: Groothuis & Consorten, Hamburg
Satz: Typo Fröhlich, Düsseldorf
Druck und Bindung. Grafo s. a., E-Basauri
ISBN 3-530-40110-2

Inhalt

Einleitung 7

Kapitel 1:
Wie wirken Sie?
Der magische erste Augenblick 15
Was macht für Sie Ausstrahlung aus? 19
Keine Ausstrahlung – gibt es das überhaupt? 23
Der sogenannte erste Eindruck ist bereits der zweite 26
Eine neue Definition von Ausstrahlung 32

Kapitel 2:
Was zeigen Sie von sich?
Rollen, die zur zweiten Haut geworden sind 35
Berufsrollen – Begegnung in vorgegebenem Rahmen 45
Eingefahrene Rollenmuster als Fassade 51
Das Kind im Erwachsenen – immer noch auf der Suche
nach Liebe 56
Beziehungen als Spiegel und Chance 66
Unbewußte Identifikationsfiguren im Familiensystem 76

Kapitel 3:
Wie können Sie sonst noch sein?
Sich spielend in neuen Identitäten erforschen 81
Psychodrama – heilsame Rollenspiele 90
Erfolgserlebnisse im Seminar 94
Schauspiel als Hobby – sich neu und anders erleben 98
Geschlechtertausch in virtuellen Welten........................... 107

Kapitel 4:

Wer sind Sie wirklich?

So bin ich eben! – Aber müssen Sie so bleiben? 117

Welche Glaubenssätze haben Sie über sich selbst? 122

Welches Welt- und Menschenbild strahlen Sie aus? 130

Ihre Bewußtseinsstrukturen sind entscheidend 140

Sie sind mehr als die Summe Ihrer Rollen 148

Kapitel 5:

Wer wollen Sie sein?

Ganz Sie selbst sein – was bedeutet das? 160

Ausstrahlung – Magie oder Strategie? 171

Sie entscheiden, wer Sie sein wollen, im Einklang
mit sich selbst 177

Schauspielprofis über die Schulter geschaut 188

Bewußt gelebte Glaubenssätze wirken überzeugend 201

Ihre unverwechselbare Ausstrahlung
als Erfolgsgeheimnis 211

Anhang

Dank 221

Anmerkungen 222

Literatur 223

Weitere Informationen 224

Einleitung

Vor einiger Zeit ging ich zum Fotografen, um Paßbilder machen zu lassen. Schon lange hatte ich auf den Tag gewartet, an dem ich endlich die Ausstrahlung hatte, die ich auf den Bildern haben wollte: attraktiv, kompetent und vertrauenswürdig. Aber einmal hatten meine Haare schief gelegen, dann war ich in Hektik oder einfach nicht in Stimmung gewesen, immer hatte etwas nicht gepaßt, und so verschob ich den Fototermin von einem Tag zum nächsten.

Endlich war es soweit. Ich schminkte meine Augen und Lippen sorgfältig, puderte die glänzenden Stellen an Nase, Stirn und Kinn weg und legte sogar ein wenig Rouge auf. Wohlgemut und voller Erwartung fuhr ich zum Fotografen und nahm schwungvoll die Stufen hinauf zu dem kleinen Laden.

Ein älterer, kleiner, untersetzter Mann mit Glatze, der im Film problemlos als Mafiaboß überzeugt hätte, stand hinter dem Ladentisch. O je, dachte ich, schon vor drei Wochen hatte er mich weggeschickt, weil niemand da war, der die Apparate bedienen konnte, er auch nicht.

Etwas muffelig nahm er mich zur Kenntnis. »Ich möchte Porträtfotos machen lassen«, sagte ich zögernd und erwartete schon, wieder vertröstet zu werden. Inzwischen schien er seine Scheu vor der Technik jedoch überwunden zu haben und deutete wortlos auf die Ecke mit dem Vorhang. Besonders freundlich ist er nicht, dachte ich, hoffentlich kann ich bei ihm überhaupt nett lächeln.

Ich war skeptisch, denn meine Erfahrungen mit Fotografen sind durchaus gemischt. Ich wollte jedoch nicht so schnell aufgeben, da ich nicht wußte, wann ich wieder so gut aussehen würde wie an jenem Tag. Außer mir war noch eine weitere Kundin in dem

7

Geschäft. In aller Ausführlichkeit ließ sie sich von einem weiteren Verkäufer, einem jungen Mann, erklären, welche verschiedenen Kombinationen von großen und kleinen Fotos man sich ausdrucken lassen konnte. Sobald sie sah, daß ich an ihr vorbei in Richtung Vorhang ging, begann sie energisch zu protestieren. Sie sei früher da gewesen und überhaupt, sie habe um halb vier einen Termin, sie sei zuerst dran.

Ich wurde leicht wütend.

»Dann müssen Sie sich jetzt entscheiden«, sagte ich mit Nachdruck.

»Wieso«, erwiderte sie gereizt, »ich bin hier Kundin und habe schließlich ein Recht, mich beraten lassen.«

Der junge Mann fuhr mit ausdruckslosem Gesicht fort, ihr alles zu erklären, und ein kurzer prüfender Blick auf meinen Verkäufer machte mir klar, daß er sich um meinetwillen nicht mit dieser Frau anlegen würde.

Ich holte tief Luft und übte mich, soweit ich das konnte, in Geduld. Irgendwann hatte sie sich dann doch entschieden und verschwand mit dem jungen Mann hinter dem Vorhang.

Es dauerte endlose zwei Minuten, bis sie wieder aus der Kabine kam. Sofort steuerte ich entschlossen darauf zu. Mein Verkäufer folgte mir lustlos.

Ich warf einen letzten prüfenden Blick in den Spiegel, setzte mich auf den Hocker und sagte: »Ich möchte von vorn und von dieser Seite fotografiert werden.«

Der Verkäufer hielt die Kamera hoch und setzte zum ersten Bild an. Er wollte wohl gleich auf den Auslöser drücken, ohne mich richtig zu plazieren. Ich versteinerte. Da war es schon geschehen. Das erste Bild war im Kasten. Er kam auf mich zu und zeigte es mir auf einem Bildschirm, der nur wenig größer war als mein Daumennagel. Ich sah nicht viel.

»Etwas lächeln sollten Sie schon«, meinte er gleichgültig.

Bevor ich mich's recht versah, hatte er bereits das zweite Foto gemacht. Ich hatte mir erst den Anflug eines Lächelns abgerungen.

So ging das nicht weiter. Ich war drauf und dran, das Geschäft zu verlassen. Andererseits wollte ich heute um jeden Preis gelungene Porträtfotos mit einer überzeugenden Ausstrahlung.

Wenn ich nichts unternehmen würde, hatte ich von dem Mann allerdings nicht viel Unterstützung zu erwarten, ich mußte sie einfordern.

»Geben Sie mir doch bitte Rückmeldung, wie ich am besten den Kopf halte und wann mein Lächeln natürlich ist«, forderte ich ihn auf.

»Sie wissen das selbst am besten«, konterte er, »machen Sie es so, wie Sie es für richtig halten.«

»Sie sind der Profi«, beharrte ich, »ist es so gut?«

»Sie wissen genau, was Sie wollen, genau wie die Dame eben. Machen Sie es so, wie Sie es für richtig halten«, leierte er herunter.

Er hob die Kamera, ich rang mir ein Lächeln ab, aber so richtig wollte es mir nicht gelingen.

»Halt«, stoppte ich ihn im letzten Augenblick, »so geht das nicht. Wie soll ich in dieser Atmosphäre freundlich lächeln! Das ist unmöglich! Schade, daß Ihre Kollegin nicht da ist, sie kann einen meisterhaft dazu bringen, sich von der besten Seite zu zeigen.«

»Dann stellen Sie sich eben vor, daß hier meine Kollegin steht«, erwiderte er ungerührt.

Mein Gott, dachte ich, ist der hart im Nehmen. Nach Hause gehen kam jedoch nicht in Frage, es gab kein Zurück mehr.

Allmählich begriff ich, daß sein Verhalten etwas mit meinem entschiedenen Auftreten zu tun hatte. Offensichtlich löste meine Ausstrahlung als Frau, die weiß, was sie will, bei ihm eine innere Haltung passiven Widerstands aus nach dem Motto: Sie wird schon sehen, wie sie auf die Nase fällt. Einem eher hilfsbedürftig wirkenden weiblichen Wesen hätte er mit Sicherheit hingebungsvoll gezeigt, wie sie am vorteilhaftesten wirkte. In diese Weibchenrolle zu wechseln war mir aber in dem Augenblick unmöglich. Sie hatte zu wenig mit mir zu tun. In meiner jetzigen Rolle konnte ich jedoch auch nicht verharren. Wenn ich diesen Laden mit einigermaßen passablen Fotos verlassen wollte, mußte ich mich innerlich anders programmieren. Dem Verkäufer war alles egal.

Sobald ich erkannt hatte, was mein resolutes Auftreten mit meiner Ausstrahlung zu tun hatte und welche Reaktion ich damit bei ihm hervorrief, war mir alles klar. Ich hatte von Anfang an nicht die beste Meinung von ihm gehabt, traute ihm nicht viel zu und wollte andererseits von ihm professionell bedient werden. Außerdem war ich ungeduldig und genervt. Dieses Gewirr von Gedanken und Gefühlen strahlte ich aus, und es kam alles bei ihm an. Wenn ich die Situation retten wollte, mußte ich mein Bewußtsein ändern.

Blitzschnell stieg ich aus meiner Rolle aus, das heißt, ich änderte meine innere Einstellung zu ihm, weil ich eingesehen hatte, daß ich ihm von Anfang an keine Chance gegeben hatte. Meine Gefühle von Wut, Ärger und Überlegenheit schwanden, und ich konnte ihm nun neutral und schließlich sogar mit einer offenen Ausstrahlung gegenübersitzen. Dann richtete ich meine ganze Aufmerksamkeit darauf, von ihm Unterstützung zu erhalten. Und da geschah das Wunder.

Er taute plötzlich auf, wurde freundlich und zugänglich und forderte mich auf, mich aufrecht hinzusetzen, den Kopf ein wenig nach links zu neigen und zu lächeln.

Dann sah er durch den Sucher und ermunterte mich: »So ist es gut.«

Ich entspannte mich noch mehr, lächelte mit dem Gefühl, hier gut aufgehoben zu sein, in die Linse, und er drückte auf den Auslöser. Für das vierte Foto plazierte er mich ein wenig anders, und wieder konnte ich mühelos mit strahlenden Augen posieren. Es war vollbracht.

Während er die Fotos einscannte und mit mir am Bildschirm die schönsten aussuchte, wurde er immer netter. Als ich zwischen Bild drei und vier zögerte, half er mir sogar und meinte, Nummer drei sei eindeutig das beste, aber die vier sei auch nicht schlecht. Ich entschied mich nach seinem Rat für fünf Exemplare von Bild drei und zwei von Bild vier und wartete geduldig, bis sie ausgedruckt waren und er sie mit der großen Schere auseinandergeschnitten hatte.

Ich war vollauf zufrieden. Als ich vor dem Einpacken noch einen Blick auf die Bilder warf, kamen mir plötzlich Zweifel, ob mein schwarzer Blazer nicht einen sehr harten Kontrast zu dem türkisen Hintergrund abgab. Vielleicht sollte ich besser noch einmal mit einem hellen Blazer wiederkommen.

»Nein, nein«, beruhigte mich mein netter Verkäufer, »klare Farben sehen immer am besten aus. Das sind wirklich gute Fotos.«

Um eine interessante Erfahrung und sieben gelungene Porträtfotos reicher ging ich nach Hause.

Wenn diese kleine Geschichte Sie neugierig gemacht hat, was Ihre Ausstrahlung mit den Rollen, die Sie spielen, zu tun hat und wie Sie sie bewußt steuern können, lade ich Sie herzlich ein, weiterzulesen.

Ich habe, um es gleich vorwegzunehmen, nicht den Anspruch, Ihnen mit diesem Buch Patentrezepte zu vermitteln, wie Sie eine genormte sogenannte »positive Ausstrahlung« erlangen können. Es geht mir vielmehr darum, Ihnen den Weg zu zeigen zu Ihrer einzigartigen und authentischen Ausstrahlung. Dabei ist es wichtig, daß Sie sich über die Rollen, die Sie spielen, nicht spielen oder auch spielen können, klarwerden. Vielleicht fragen Sie sich jetzt: Habe ich durch meine Ausstrahlung wirklich so viel Einfluß auf das Verhalten meines Gegenübers? Werde ich jemals in der Lage sein, so schnell meine Rollen zu wechseln? Will ich das überhaupt? Und bin ich dann noch ich?

Was ist Ausstrahlung überhaupt? Im ersten Kapitel geht es darum, was sich zwischen zwei Menschen in den ersten Sekundenbruchteilen einer Kommunikation abspielt und was man in diesem magischen Augenblick von der Ausstrahlung eines Menschen wahrnehmen kann. Eine »positive« Ausstrahlung im Sinne einer Siegermentalität mag in vielen beruflichen Situationen hilfreich sein; wenn sie jedoch aufgesetzt ist, wird das, was dahinter ist, immer durchscheinen.

Wenn Sie weiterlesen und diesen Weg gemeinsam mit mir gehen, werden Sie sich immer wieder auch von außen sehen. Im zweiten Kapitel geht es zunächst um die Seiten, die wir gewohnheitsmäßig von uns zeigen. Es sind Rollen, die wir die ganze Zeit spielen und auf die wir uns irgendwann bewußt oder unbewußt festgelegt haben. Dies ist jedoch nur ein Teil von uns. Wir können auch ganz anders sein. Wie möchten Sie in Ihren geheimsten Träumen gern sein?

Im dritten Kapitel beschreibe ich, wie wir uns im Spiel neu entdecken und uns in neuen Identitäten erleben können. Während im gesellschaftlichen und beruflichen Kontext eine eher eindeutige Identität erwartet wird, erleben viele Menschen es als befreiend, sich in ihrer Freizeit in neuen Rollen auszuprobieren. Nach dem Motto: Ich bin viele, schlüpfen sie im Rollenspiel, auf der Bühne, im Karneval oder beim Chatten im Internet in viele verschiedene Identitäten. Dabei kann man intensiv neue Seiten an sich erfahren und das Spektrum der Ausstrahlung vergrößern.

Eine Erfahrung wird dabei sein: Ich kann alles sein, und gleichzeitig bin ich unverwechselbar Ich. Wer ist dieses Ich? Im vierten Kapitel geht es darum herauszufinden, wie das eigene Bewußtsein strukturiert ist und wie es sich auf die Ausstrahlung auswirkt. Es geht auch darum, wie schwer oder leicht es tatsächlich ist, diese Strukturen zu verändern und an den Kern zu kommen, der uns entscheidend bestimmt. Die Erkundungsreise zum Ich führt unweigerlich an den Punkt zu erkennen, daß *ich* es bin, der all diese Rollen spielt und auch völlig neue Rollen spielen kann. Ich führe Regie in meinem Leben.

Das fünfte und letzte Kapitel beschreibt Wege zur praktischen Umsetzung all dieser Erkenntnisse. Ich kann entscheiden, wer ich bin. Hier werden spannende Fragen aufgeworfen: Läßt sich Ausstrahlung tatsächlich strategisch planen, oder ist sie etwas Magisches oder vielleicht beides? Wenn das, was ich ausstrahle, mit meinem innersten Kern übereinstimmt, bin ich authentisch und erfolgreich im Spiel des Lebens. Wenn wir eine überzeugende Ausstrahlung entwickeln wollen, die im Einklang mit uns selbst ist, können wir von Schauspielprofis lernen. Sie haben das Wissen, daß das Leben ein Spiel ist, zu ihrem Beruf gemacht. Wir werden sehen, wie jeder von diesem Handwerkszeug für seine authentische Ausstrahlung profitieren und die eigenen Glaubenssätze überzeugend leben kann. Außerdem werden wir uns mit der Frage beschäftigen, was das Einzigartige an einem Menschen ist, wie jeder es in sich entdecken kann, und wie dieses gewisse Etwas im Geheimnis einer unverwechselbaren Ausstrahlung nach außen wirkt.

Kapitel 1:
Wie wirken Sie?

Der magische erste Augenblick

Nicht nur Liebe auf den ersten Blick

»Ich werde oft nach dem Weg gefragt. Wenn Leute um sich schauen auf der Suche nach jemandem, den sie ansprechen können, weiß ich schon, daß ich es gleich sein werde. Warum fragen sie gerade mich?« wundert sich ein Mann in den Vierzigern. Er ist Beamter, ein jungenhafter Typ mit sportlicher Figur, gepflegtem Äußeren und schwarzer Nickelbrille, der regelmäßig morgens und abends vom Bahnhof zu seinem Büro geht. Er ist pflichtbewußt und korrekt, kollegial und loyal.

Seine menschlich-verläßliche Ausstrahlung täuscht nicht. Nie würde er jemanden in die falsche Richtung schicken, wenn er sich nicht ganz sicher wäre, wo die gesuchte Adresse ist, und bestimmt hätte er keine Probleme zuzugeben, daß er die Antwort nicht weiß.

Was also nehmen wir alles wahr in diesen ersten Sekunden? Offensichtlich gibt es nicht nur Liebe auf den ersten Blick, sondern auch Vertrauen und Mißtrauen auf den ersten Blick. Es scheint, als hätten wir außer den üblichen Sinnen, mit denen wir jemanden sehen, hören und riechen, eine Art Wahrnehmungsorgan, mit dem wir einen Menschen als Ganzes wahrnehmen.

Stellen Sie sich vor, Sie laufen durch die Fußgängerzone einer fremden Stadt, suchen eine bestimmte Adresse und wollen jemanden nach dem Weg fragen. Viele Leute sind unterwegs, eine etwas bucklige, alte Frau mit Einkaufstasche am Arm, ein elegant gekleideter Herr mittleren Alters mit Aktenkoffer und schnellem Schritt, eine in gemäßigtem Tempo von Schaufenster zu Schaufenster schlendernde Frau in eher unauffälliger Kleidung, ein dunkelhaariger Ausländer mit Zigarette im Mundwinkel, eine junge Mutter mit Kinderwagen, in dem Brötchen kauende Zwillinge sitzen, und viele mehr.

Wen würden Sie gerne fragen? Welches sind Ihre bewußten oder auch unbewußten Kriterien, nach denen Sie entscheiden, wer Ihnen am ehesten den richtigen Weg beschreiben kann? Vielleicht denken Sie gar nicht lange nach und fragen den ersten besten, der Ihnen über den Weg läuft. Und doch, in der Regel hat bereits ein blitzschnelles Auswahlverfahren stattgefunden, und wichtige Punkte dabei sind wahrscheinlich gewesen, ob jemand ortskundig, zuverlässig und ansprechbar zu sein scheint.

Gedanken strahlen aus

»An manchen Tagen, wenn ich Sex im Kopf habe und die Straße entlanggehe, dreht sich jeder Autofahrer nach mir um. An anderen Tagen bemerkt mich keiner. Es ist wie Magie«, erzählt eine attraktive Frau in meinem Seminar über das Thema Ausstrahlung, und die anderen Teilnehmer lächeln und nicken beifällig.

Häufig bemühen wir uns, einen positiven Eindruck auf andere zu machen. Je nachdem, was wir gerade für angebracht halten, zeigen wir uns von unserer charmantesten, vertrauenswürdigsten oder freundlichsten Seite. Manchmal geben sich Menschen aber auch bewußt abweisend.

Ein Berufspendler ärgert sich jeden Morgen und jeden Abend über rücksichtslose Leute, die ihre Schuhe im Zug auf die gegenüberliegende Bank stellen, auf die sich der nächste Passagier ahnungslos im hellen Mantel setzt. Der Mann hat für sich eine akzeptable Lösung gefunden. Er setzt sich in den Waggon für Fahrräder, der an jeder Seite eine schmale Reihe von Klappsitzen hat. Hier gibt es kein Gegenüber und folglich nicht so schmutzige Polster.

Und noch etwas hat er herausgefunden: »Neben mich setzen

sich nur noch schlanke Frauen. Das hat zwei Vorteile. Erstens nehmen sie von Natur aus nicht so viel Platz ein, und zweitens haben Frauen ein anderes Sozialverhalten als Männer. Sie machen sich nicht so breit. Seitdem mir das bewußt geworden ist, halte ich alle anderen, die sich neben mich setzen wollen, von mir fern. Es funktioniert«, berichtet er sichtlich zufrieden.

Widerstand strahlt aus. Blicke und sogar Gedanken können fast töten. Wer sich trotz aller Abwehr zu diesem Mann setzt, ist entweder völlig unsensibel oder unaufmerksam. In der Regel hat er mit seiner abwehrenden Einstellung den gewünschten Erfolg. Allerdings lernt er im Zug auch nie nette Leute kennen.

Sender und Empfänger

Offensichtlich nehmen wir als ersten Eindruck eine Menge von Informationen auf, die die Ausstrahlung eines Menschen ausmachen. Wenn wir ein Zimmer betreten, können wir die Stimmung der Menschen im Raum spüren. Wir wissen sofort, was in der Luft liegt, angeregte Fröhlichkeit, konzentrierte Arbeitsatmosphäre, angriffslustige Häme usw. Immer wenn wir bewußt kommunizieren, sind wir dabei wach und offen für Signale, die andere aussenden.

Nehmen wir als Beispiel eine Party. Haben Sie sich auch schon einmal gefragt, wovon es abhängt, daß manche Frauen oft von Männern angesprochen werden und andere nicht? Ist es wirklich nur die tolle Figur, die aufreizende Kleidung oder das hübsche Gesicht, das Männer anzieht?

»Ich mag Männer, und die Männer riechen das«, schmunzelt eine schöne Frau mit einem offenen Gesicht, einem verführerischen Lächeln auf den Lippen und Glanz in den Augen. Sie strahlt etwas aus, das mit großer Leichtigkeit und Natürlichkeit bei jeder Gelegenheit neue Verehrer in ihren Bann zieht. Es ist ihre Bereitschaft zu einem Flirt, die sie aussendet und die ankommt.

Ihrer Freundin geht es ganz anders. Sie macht sich jedesmal, wenn sie beide zusammen ausgehen, ausgiebig zurecht, und trotzdem, es ist immer wieder das gleiche. Alle Männer haben nur Augen für ihre schöne Freundin. Sie selbst steht frustriert daneben und nimmt sich vor, nie wieder mit ihr auszugehen. Doch tief drinnen ahnt sie, daß es etwas mit ihrer Ausstrahlung zu tun haben muß. Einerseits sehnt sie sich nach einem neuen Partner und nach Liebe, aber andererseits ist sie noch viel zu verletzt von ihrer letzten Trennung und muß sich schützen. Ihr Männerbild ist nicht das positivste, sie strahlt eher Abwehr aus; warum also sollten Männer auf sie zugehen?

Der Sekundencheck

In allen möglichen Alltagssituationen bringen wir unsere Ausstrahlung in das Geschehen ein und reagieren auf die der anderen. In Sekundenbruchteilen führen wir einen kurzen Check durch, wie wir jemanden einzuschätzen haben. So prüfen wir zum Beispiel, ob jemand vertrauenswürdig ist, das heißt, ob er oder sie etwas Bedrohliches ausstrahlt oder friedlich und freundlich wirkt, und richten uns in unseren Handlungen danach aus.

Beim Autofahren gibt es Situationen, wo sich die Fahrer trotz der vielen Verkehrsregeln einigen müssen, wer zuerst fährt, zum Beispiel an Kreuzungen, bei denen Rechts-vor-links-Vorfahrt gilt und an denen plötzlich vier Autos stehen. So etwas passiert nicht nur im Fahrschulunterricht. Blitzschnell entscheidet sich, wer dem anderen den Vorrang läßt, weil er vielleicht höflich oder vorsichtig ist, wer damit rechnet, daß Frechheit siegt, und einfach losfährt, weil die anderen eher bedächtig wirken, oder wer sich eher abwartend verhält, bis ein anderer die Initiative ergreift.

Ähnlich schnell entscheiden wir, neben wen wir uns zu Beginn eines Seminars setzen. Schon mehrmals erlebte ich, daß dieser scheinbar zufälligen Wahl ein Erkennen auf den ersten Blick zugrunde lag. Mit meiner Nachbarin oder meinem Nachbarn stellten sich im späteren Gespräch viele Gemeinsamkeiten heraus, und es entwickelte sich eine jahrelange Freundschaft oder zumindest eine intensive Begegnung.

Wem würden Sie als Mann im Zug eher helfen, die Koffer aus dem Gepäcknetz zu heben, einer Frau, die wirkt, als käme sie gut allein zurecht im Leben, oder einer Frau mit einer eher hilfsbedürftigen Ausstrahlung? Bei welchem Arzt fühlen Sie sich von der ersten Sekunde an gut aufgehoben, und bei welchem würden Sie am liebsten sofort den Rückzug antreten? Welchem Makler trauen Sie Fairneß bei der Abwicklung Ihres Hausverkaufs zu, und bei welchem haben Sie ein flaues Gefühl im Magen? Mit welchem Sitznachbarn im Flugzeug haben Sie Lust, ein Gespräch anzuknüpfen, und mit welchem bleibt Ihnen das Wort im Hals stecken?

Ein flüchtiger Blick genügt oft, um ein Urteil über einen Menschen zu fällen, oder besser gesagt, ein Vorurteil. Denn wenn wir mit solch rasender Geschwindigkeit einen Fremden als zuverlässig, sympathisch, offen, abweisend, schüchtern oder arrogant einordnen, mag das eine Seite von ihm sein, die in diesem Kontext offensichtlich ist, aber eben nur die eine Seite.

Neben diesem mehr kopfgesteuerten Einsortieren in Schubladen findet in der Begegnung mit anderen Menschen noch etwas anderes statt. Mit unserem vegetativen System reagieren wir gefühlsmäßig auf die Signale, die ein Mensch aussendet. Diese interessanten Phänomene wollen wir an späterer Stelle genauer erforschen.

Was macht für Sie Ausstrahlung aus?

Die sogenannte positive Ausstrahlung

Um herauszufinden, welches Ihre Kriterien für eine besondere Ausstrahlung sind, stellen Sie sich nun eine Person vor, die für Sie eine positive Ausstrahlung hatte oder hat. Vielleicht fällt Ihnen ein Familienmitglied oder eine Nachbarin ein, Lehrer oder Freunde, die Sie beeindruckten, oder auch ein Star, den Sie besonders verehren.

Nehmen Sie sich nun ein bißchen Zeit und betrachten Sie das Bild dieses Menschen vor Ihrem inneren Auge. Wie sieht sein Gesicht aus, seine Haare, seine Figur? Was spiegelt sich in Augen und Mund wider? Wie ist sein Körper gebaut, und was drückt sich in seiner Körperhaltung aus? Wie bewegt er sich, und was sagen seine Gesten über ihn aus? In welchem Stil kleidet er sich, elegant oder sportlich, konservativ oder eher lässig, modern oder zeitlos? Welches sind seine Lieblingsfarben?

Schauen Sie nun ein bißchen tiefer. Was ist es, das Sie an diesem Menschen fasziniert? Welche Eigenschaften sprechen Sie ganz besonders an? Welche Überzeugungen könnte dieser Mensch in bezug auf sich und seine Arbeit haben? Wie steht er zu anderen Menschen, und wie ist seine Lebenseinstellung? Welche Ideale sind ihm wichtig, und welche Visionen verfolgt er? Möglicherweise können Sie sich nur an ganz bestimmte Details erinnern, und vieles andere haben Sie bewußt gar nicht wahrgenommen. Wichtig ist nur, daß Sie klar erkennen, was genau dieser Mensch für Sie ausstrahlt. Die Faszination eines Menschen ist nicht etwas, das an der Oberfläche bleibt, sondern sie erreicht emotional das innerste Wesen des anderen.

Suchen Sie nun noch nach zwei weiteren Personen, die nach Ihrem Empfinden eine besondere Ausstrahlung haben. Gehen Sie die oben aufgeführten Fragen auch zu diesen Menschen durch, und erkunden Sie, was Sie an ihnen am meisten fasziniert. Wenn Sie eine Liste aufstellen, können Sie gut vergleichen, ob es zwischen den drei Personen Gemeinsamkeiten gibt, und nach welchen Kriterien Sie anderen Menschen eine positive Ausstrahlung zuschreiben. Wahrscheinlich werden Sie dabei Übereinstimmungen feststellen und Ihr persönliches Muster erkennen.

Ausstrahlung und innere Werte

Sehen Sie sich nun noch einmal Ihre Liste von Ausstrahlungskriterien an und fragen Sie sich, welche Werte für Sie von Bedeutung sind. Es kann ein gepflegtes Äußeres sein und was wir damit verbinden oder ein Auftreten, bei dem jemand ganz er selbst ist. Es können Ruhe oder Gelassenheit, Leidenschaft oder Zielstrebigkeit sein, die im Klang der Worte und in der Körpersprache zum Ausdruck kommen.

In meiner Kindheit war ich sehr beeindruckt von einer Großtante, die in Berlin wohnte. Sie hatte ein schweres Schicksal. Früh hatte sie ihren Mann und ihre beiden Söhne verloren und lebte nun allein in einem großen Haus. Besonders faszinierte mich ihre Lebenskraft, die sich in strahlenden Augen und einer kraftvollen Stimme ausdrückte. Jeden Tag ging sie in verschiedene kleine Läden einkaufen und hielt mit jedem Verkäufer ein kurzes Schwätzchen. Als sie mich mitnahm, staunte ich über die Freundlichkeit, mit der sie auf Menschen zuging und mit der sie überall begrüßt wurde.

Als ich in Taiwan studierte, nahmen mich chinesische Freunde an einem Wochenende mit aufs Land. Wir fuhren in den Süden der Insel und besuchten eine alteingesessene taiwanesische Familie, die auf einem großen Bauernhof lebte. Dort hatte ich eine unvergeßliche Begegnung mit einem Schriftsteller. Er war fast nachlässig gekleidet und auch sonst nach landläufigen Maßstäben alles andere als gutaussehend. Ende Fünfzig und von sehr kleinem Wuchs, hatte er aufgrund einer chronischen Krankheit einen stark verkrümmten Rücken. Und trotzdem hatte dieses vom Leben gebeugte Männchen eine Ausstrahlung, die mich völlig in ihren Bann zog. Als er von der Vision sprach, die für ihn die Triebfeder seines Schreibens war, sprühte er vor Leben. Beim Zuhören vergaß ich alles um mich herum und tauchte förmlich ein in seine Welt.

Wenn ich meine Beispiele von Menschen mit einer faszinierenden Ausstrahlung ansehe, erkenne ich darin bestimmte Werte wieder, die auch heute noch für mich von Bedeutung sind: Offenheit und Freundlichkeit im Umgang mit anderen Menschen, Begeisterung für Visionen und ihre Verwirklichung, ein Ja zu sich selbst und den eigenen Idealen.

Für Sie stehen vielleicht ganz andere Kriterien an erster Stelle.

Ausstrahlung wird individuell sehr unterschiedlich empfunden. Fragen Sie einmal Ihre Kinder, wer für sie Ausstrahlung hat. Ihr Sohn hat in dieser Hinsicht bestimmt einen anderen Geschmack als Sie, denn er hat andere Wertvorstellungen, und Ihre Tochter findet vielleicht jemanden süß, bei dessen Anblick Ihnen die Haare zu Berge stehen.

Ausstrahlung ist keine Einbahnstraße

Wenn ich heute an die Begegnung mit dem taiwanesischen Schriftsteller zurückdenke, werde ich sehr nachdenklich. Dieser Mann erfüllte keines der üblicherweise für eine positive Ausstrahlung genannten Kriterien. Er hatte so gar nichts von einem strahlenden Sieger, weder die aufrechte Körperhaltung noch ein besonderes Selbstbewußtsein. Ich glaube, darüber dachte er gar nicht nach. Seine Ausstrahlung resultierte aus der Begeisterung für seine Lebensziele und seine Arbeit.

Wieviel Wahrheit liegt in der Ausstrahlung? Was davon ist rein äußerlich, und was ist Spiegelbild einer inneren Haltung? Ausstrahlung ist etwas Interaktives. Sie lebt von dem, was jemand vermittelt und was bei anderen ankommt. Sie ist Teil der zwischenmenschlichen Kommunikation, es gehören immer Sender und Empfänger dazu. Die Beatles wirken heute nicht mehr provozierend, ihre Musik fast zahm. Damals stand die halbe Welt Kopf wegen ihrer Mähnen und des Lebensstils, den sie mit ihrer Musik verkörperten. Sie sprengten Grenzen, trafen den Nerv der Zeit und prägten das Lebensgefühl einer ganzen Generation. Diese Ausstrahlung war ein Grund für ihren sensationellen Erfolg.

Wir können nicht ins Nichts ausstrahlen. Wir brauchen einen Spiegel, der unsere Ausstrahlung reflektiert, und dieser Spiegel besteht aus den Bewertungen anderer Menschen. Wenn jemand für uns eine sogenannte positive Ausstrahlung hat, heißt das nichts anderes, als daß wir das, was von diesem Menschen bei uns ankommt, positiv bewerten.

Keine Ausstrahlung – gibt es das überhaupt?

Keine Ausstrahlung ist auch eine Ausstrahlung

Wenn jemand unserer Ansicht nach gar keine Ausstrahlung hat, fragen wir uns: »Wer ist er?«, oder »Wer ist sie?«. Rufen Sie sich einmal jemanden ins Gedächtnis, den Sie persönlich oder aus dem Fernsehen kennen und den Sie als Frau oder Mann ohne Ausstrahlung bezeichnen würden. Fragen Sie sich, welche Rolle die äußere Erscheinung dabei spielt und was die Körperhaltung über diesen Menschen und seine Lebenseinstellung aussagt.

Auftritte von Musikern und anderen Künstlern bieten ein gutes Anschauungs- und Lernfeld für das Thema Ausstrahlung. Als begeisterte Konzertbesucherin erinnere ich mich an eine Aufführung, zu der ich in erster Linie ging, um die hervorragende Dirigentin zu erleben.

Sie hatte mich in früheren Konzerten durch ihre enorme Bühnenpräsenz beeindruckt. An diesem Abend fiel sie leider wegen einer plötzlichen Erkrankung aus. Ihre Vertreterin war genau das Gegenteil. Die Art und Weise, wie sie die Bühne betrat, vermittelte den Eindruck, daß sie am liebsten gleich wieder rückwärts hinausgegangen wäre. Ihre Kleidung hätte eher zu einer zwanglosen Sommerparty als in einen großen Konzertsaal gepaßt, und ihre Bewegungen wirkten gebremst, so als müßte sie sich mit letzter Kraft dazu aufraffen. Während des ganzen Konzerts war sie sehr nervös, und es ist wohl überflüssig zu sagen, daß der Musikgenuß sich bei einer Dirigentin mit einer derart blassen und unsicheren Ausstrahlung in Grenzen hielt.

Keine Ausstrahlung gibt es nicht. Jeder Mensch hat eine Ausstrahlung. Auch wenn wir zunächst vielleicht meinen, jemand hätte keine, dann ist er bei näherem Hinsehen zum Beispiel einfach unscheinbar.

Die Rolle unserer Bewertungen

In meinen Seminaren nehmen wir neben Begegnungen im privaten Umfeld auch Persönlichkeiten aus dem öffentlichen Leben unter die Lupe und fragen, wer für uns keine Ausstrahlung hat. Meistens werden ziemlich farblose Personen ohne nennenswerte Konturen genannt. Wir versetzen uns dann in Gedanken in diese Menschen hinein und fragen uns: Was könnte er über sich und das Leben denken? Was ist es, das sie so wenig strahlen läßt?

In der Regel tragen wir dann ganz unterschiedliche Überzeugungen zusammen. Ein unscheinbarer Mensch könnte zum Beispiel von sich glauben, es sei besser, nicht aufzufallen. Es kann sein, daß wir jemanden als Mitläufer identifizieren, der sich wie ein Fähnlein im Winde dreht und kein eigenes Profil zeigt. Menschen, die keine eigene Meinung haben und sich anpassen wie ein Chamäleon, sind zwar bequem zu handhaben, aber auf Dauer doch ziemlich langweilig. Manchmal ist es Resignation oder Härte, eine gefühlsmäßige Erstarrtheit oder ein dumpfes Lebensgefühl, das selbst durch perfekte Kleidung und korrektes Auftreten durchscheint. Wenn wir noch einen Schritt weiter gehen, werden auch hier wieder unsere Bewertungen deutlich.

Keine Ausstrahlung heißt im Klartext: Dieser Mensch wirkt auf mich nicht positiv. Keine Ausstrahlung ist eigentlich eine nach meinen Bewertungsmaßstäben negative Ausstrahlung.

Wir beurteilen Menschen unter anderem danach, wie ähnlich sie uns sind. Demonstriert jemand durch seine äußere Erscheinung oder seine Worte ein Weltbild, das dem unseren nahe ist, fühlen wir uns mit ihm wohl und sicher. Gemeinsamkeiten führen leicht zu einem guten Kontakt. Bewußt oder unbewußt vergleichen wir die Kleidung, Accessoires, Dialekt, Geschmack, und wenn wir dabei zu dem Ergebnis kommen, daß der andere uns ähnlich ist, ist dies die beste Voraussetzung für Sympathie. Wir sind dann eher geneigt, dem anderen eine positive Ausstrahlung zuzubilligen. Eine negative Ausstrahlung bedeutet, daß bei jemandem bestimmte Eigenschaften stark im Vordergrund stehen, die wir im allgemeinen als negativ bewerten und die wir ablehnen, zum Beispiel autoritär, arrogant, unehrlich, egoistisch oder aufdringlich.

Unser wichtigstes Kommunikationsmittel ist die Körpersprache. In ihr spiegeln sich unsere Gedanken und Gefühle. Unser Körper zeigt – mehr als man glaubt – unsere innersten Einstellungen in aller Deutlichkeit und sagt manchmal mehr als viele Worte. Wir reagieren auf diese nonverbalen Botschaften und beurteilen sie blitzschnell. Ähnlichkeiten in der Körpersprache lassen uns zu wesentlich positiveren Bewertungen über die Ausstrahlung des anderen kommen. Große Abweichungen schaffen Distanz und Vorsicht und können zu dem Schluß führen, der andere habe eine eher negative Ausstrahlung.

Das heißt also, wir können die Rolle unserer Bewertungen bei der Wahrnehmung anderer Menschen gar nicht hoch genug einschätzen. Wenn wir jemanden genauer anschauen, der für uns zunächst keine Ausstrahlung hatte, stellen wir fest, daß es die Art und Weise ist, wie er auf uns wirkt, die wir negativ bewerten. »Keine Ausstrahlung« heißt dann eigentlich eine für uns negative Ausstrahlung.

Mangelnde Authentizität strahlt aus

Sind Training der Körpersprache, Farb- und Stilberatung völlig umsonst, da die wahre Persönlichkeit doch durchscheint? Nicht unbedingt. Das Äußere gehört zum Image. Eine gute Farb- und Stilberatung unterstreicht das Besondere an einem Menschen, läßt seinen Hautton natürlicher und frischer erscheinen, anstatt ihn durch die falsche Farbe dumpf und matt zu machen. Durch Beratung kann die äußere Erscheinung im Idealfall zu einem stimmigen Gesamtkunstwerk gestaltet werden.

Genauso ist ein Training der Körpersprache dann sinnvoll, wenn es nicht nur dem Zweck dient, vorgestanzte Verhaltensweisen einzuüben, sondern wenn es neue Erfahrungen vermittelt, die einen emotional wachrütteln. Wenn man erfährt, wie die bisher unbewußte Körpersprache nach außen wirkt, und daraufhin die innere Einstellung verändert, wird die neue Körpersprache stimmig, aber auch nur dann. Schließlich wird ein eher verschlossener Mensch, der sich gern zurücklehnt und die Arme vor der Brust verschränkt, nicht plötzlich offen und kontaktfreudig, nur weil er gelernt hat, die Arme seitlich baumeln zu lassen oder auf die Oberschenkel zu legen. Erst wenn ihm bewußt wird, daß er eine innere Mauer gegenüber anderen Menschen aufgerichtet hat, erhält er die Möglichkeit zu entscheiden, wie er sich aus diesem Gefängnis befreien kann.

Wenn keine Übereinstimmung zwischen Erscheinungsbild und Gefühlen besteht, merken andere, daß etwas nicht stimmt. Authentizität ist somit ein Hauptkriterium für eine als positiv bewertete Ausstrahlung. Es scheint, als ob wir bei unserer ersten Einschätzung in Windeseile alle Signale daraufhin überprüfen, ob der Gesamteindruck stimmig und echt ist. Ein nach außen erkennbarer Widerspruch zwischen dem, was jemand sein will, und dem, was er ist, schafft eine negative Ausstrahlung.

Der sogenannte erste Eindruck ist bereits der zweite

Manchmal ist unser Blick vernebelt

Wie Vorurteile die Wahrnehmung trüben können, zeigt folgende chinesische Geschichte :

»Ein Mensch, der seine Axt verloren hatte, verdächtigte den Sohn seines Nachbarn, diese gestohlen zu haben. Er beobachtete dessen Gang: natürlich, der Gang eines Axtdiebes! Er beobachtete dessen Miene: aha, die Miene eines Axtdiebes! Er hörte auf seine Rede: zweifellos die Rede eines Axtdiebes! Seine Bewegungen, sein Verhalten, sein ganzes Wesen: die Art eines Axtdiebes.

Da fand er die Axt in seinem eigenen Garten wieder. Als er am nächsten Tag den Sohn des Nachbarn sah, hatten dessen Bewegungen, dessen Verhalten und dessen Wesen nichts mehr von der Art eines Axtdiebes.«

Diese Episode veranschaulicht sehr genau, wie unterschiedlich wir den gleichen Menschen wahrnehmen können. In diesem Fall ist es ein Verdacht, der die Sicht verfälscht. Viele andere Ursachen können die gleiche Wirkung haben. Wenn wir zum Beispiel schlecht geschlafen haben oder in einer emotionalen Krise sind, ist unsere Wahrnehmung vielleicht durch den Wunsch nach Rückzug oder diverse Ängste gefärbt. Ein anderer wirkt dann bedrohlich auf uns, dem wir sonst an anderen Tagen neutral gegenüber stünden. Menschen, auf die wir normalerweise offen zugehen würden, fallen uns gar nicht erst auf. Nach einem Streit mit Kollegen oder dem Partner ist die Reizschwelle niedriger als sonst, und wir reagieren möglicherweise auf ein falsches Wort unseres Gegenübers, an sich eine Geringfügigkeit, mit Wut.

Weil wir unter solchen Umständen bereits vor der Wahrnehmung des anderen eine feste Meinung oder ein Bild von ihm haben, bekommen wir den ersten Eindruck von ihm überhaupt nicht mehr mit. Unser Blick ist vernebelt.

Innere Raster geben vermeintlich Sicherheit

Was passiert denn in der Regel bei dem sogenannten ersten Eindruck? Wenn wir jemanden kennenlernen, sehen wir diesen Menschen und ordnen ihn sofort in eine bestimmte Schublade ein. Wir sehen seinen Körper und ziehen daraus Rückschlüsse auf Charakter und Eßgewohnheiten. Wir hören seinen Akzent und folgern daraus seine regionale und soziale Herkunft. Wir sehen seine Kleidung und mutmaßen, wie sein Kontostand und seine Wohnung aussehen könnten. Wir registrieren seinen Gesichtsausdruck und schließen daraus unmittelbar auf Wesenszüge und Lebenseinstellung dieses Menschen. Wir hören, was er sagt, und meinen zu wissen, was für ein Mensch er ist. Aus Puzzleteilen formen wir ein fertiges Raster. Unser Gehirn sortiert gerne, und das Einordnen in Schubladen gibt uns Sicherheit. Aber werden wir dem anderen gerecht mit dem Bild, das wir uns von ihm machen? Ist dieser Mensch wirklich so, wie wir ihn sehen?

Wir wären gut beraten, aus isolierten Merkmalen keine voreiligen Schlüsse zu ziehen. So kann eine leise Sprechweise ein Zeichen für die Unsicherheit des Sprechers sein, sie kann aber ebenso den Zweck verfolgen, die anderen zu zwingen, leise zu sein und zuzuhören. Auch könnte sie der Ausdruck für die ruhige Selbstsicherheit eines Menschen sein, der es nicht nötig hat, sich durch lautes Sprechen Gehör zu verschaffen, weil er es gewohnt ist, daß man ihm zuhört. Aus diesem einen Indiz auf den Charakter dieses Menschen zu schließen kann also völlig in die Irre führen. Man sollte es lediglich als ein Merkmal unter vielen zur Kenntnis nehmen, es im Zusammenhang mit anderen Verhaltensweisen und mit der momentanen Situation sehen. Die Körpersprache allein ist nicht immer eindeutig, sondern meist sehr komplex.

Der wirkliche erste Eindruck

Der so genannte erste Eindruck ist im Grunde schon der zweite Eindruck. Der wirkliche erste Eindruck nimmt den ganzen Menschen mit seiner Ausstrahlung wahr, das heißt mit seinen Gedanken und Gefühlen und vor allem seinen Glaubenssätzen, seinen inneren Einstellungen. Dieser wirkliche erste Eindruck findet vor dem Abgleich mit unseren bisherigen Erfahrungen statt. Beim Einsortieren in Schubladen sind wir bereits nicht mehr völlig offen und können den anderen nicht mehr so wahrnehmen wie er ist. In dem allerersten Augenblick einer Begegnung erfassen wir sehr viel von einem Menschen. Wenn wir dabei bestimmte Voraussetzungen erfüllen, können wir uns sehr wohl auf diesen ersten gefühlsmäßigen Eindruck verlassen.

Ob wir diesen wirklichen ersten Eindruck überhaupt wahrnehmen, hängt von verschiedenen Faktoren ab: von der Empfänglichkeit für Signale des anderen, der inneren Einstellung, der Offenheit für andere, von der eigenen Ausstrahlung, dem Grad des Interesses an Menschen und der eigenen Objektivität. Das heißt, wir müssen uns für den anderen interessieren und gleichzeitig ganz präsent, also nicht durch irgendwelche Gedanken abgelenkt sein, um ihn als das, was er ist, zu erkennen.

Es ist mir ganz wichtig, daß ich von diesem Eindruck als einer blitzartigen Wahrnehmung der anderen Person rede, häufig einem Gefühl, das sich noch nicht einmal in Worte fassen läßt. Wenn wir offen sind, wach, unvoreingenommen und alle unsere Antennen ausgefahren haben, und nur dann, können wir einen Menschen in seiner Ganzheit wahrnehmen.

Es ist gerade nicht das Beurteilen, sondern vielmehr die urteilsfreie Wahrnehmung vor dem Einsortieren in vorgefertigte Kategorien und dem bewußten oder unbewußten Vergleich mit früheren Erfahrungen, von dem hier die Rede ist. Es ist etwas, das wir empfinden, noch bevor wir begonnen haben, diese Empfindung zu verarbeiten.

In meinen Seminaren über Ausstrahlung setzen wir uns mit diesem wirklichen ersten Eindruck auseinander. Vielleicht haben auch Sie Lust, sich einmal die erste Begegnung mit einem Menschen in Erinnerung zu rufen, der in Ihrem Leben eine wichtige Rolle spielt oder gespielt hat. Welches war Ihr allererster blitzartiger Gedanke, als Sie diesen Menschen sahen? Wenn Sie damals offen und wach waren, konnten Sie ihn als Ganzes wahrnehmen, noch bevor Ihr Gehirn routinemäßig mit dem Einordnen in Raster begann. Beschreiben Sie ihn mit ein oder zwei Adjektiven. Danach denken Sie daran, welchen Eindruck Sie jetzt, nach allen Erfahrungen mit diesem Menschen, von ihm haben, und beschreiben Sie ihn wieder mit kurzen Worten. Vergleichen Sie dann Ihre erste Wahrnehmung mit dem späteren Gesamteindruck.

Die geschilderten Erfahrungen fallen unterschiedlich aus. Entscheidend ist dabei der Grad unserer Wachheit bei der ersten Begegnung. In vielen Fällen hat sich der allererste Eindruck bestätigt. Oft aber nehmen wir deutliche Hinweise nicht wahr, obwohl sie kaum offensichtlicher sein könnten.

Eine Klientin erzählt, daß sie ihren Mann auf einer Grillparty bei Freunden kennenlernte. Ihr erster Eindruck war innerer Alarm, denn ihr fiel auf, daß er ihr nicht in die Augen sehen konnte. Da sie aber nach längerem Alleinsein auf der Suche nach einem neuen Partner war und er sich an ihr interessiert zeigte, wollte sie ihr erstes Gefühl, daß er etwas zu verbergen hatte, nicht wahrhaben.

Am Ende des Abends wirkte er sogar anziehend auf sie. Schließlich ging sie eine Beziehung mit ihm ein. Als dezente Hinweise von Freundinnen kamen, daß ihr Mann nicht ehrlich sei und es vielleicht eine andere gebe, ließ sie diese Warnungen an sich abprallen. Sie verschloß die Augen vor der unbequemen Wahrheit, weil sie sich vormachen wollte, ihre Beziehung sei glücklich. Viel später entdeckte sie per Zufall merkwürdige Abbuchungen auf seinen Kontoauszügen, und nach langem Leugnen gab er zu, regemäßige Beziehungen zu zwei anderen Frauen zu haben. Hätte sie ihrem wirklichen ersten Eindruck vertraut, wäre ihr viel Leid erspart geblieben.

Vorurteile verstellen den ersten Eindruck

Ein anderes Beispiel ist die Liebesgeschichte einer 19jährigen Schülerin, die mit ihrem Freund seit einem Jahr sehr glücklich ist. Sie hatte ihn schon drei Jahre zuvor kennengelernt, aber damals war er mit ihrer Freundin zusammen, so schied er für sie von vornherein als Partner aus. Also hatte sie keine Möglichkeit, ihren wirklichen ersten Eindruck von ihm wahrzunehmen, weil ihr Blick durch diesen Voreindruck vernebelt war. Als sie wußte, daß er wieder allein war, hatte sie nun eine neue Chance, ihn als den Menschen wahrzunehmen, der er ist.

Anhand von ein oder zwei Kriterien treffen wir eine Entscheidung über einen anderen Menschen und blenden dabei den Rest aus. Wenn dies passiert, ist der wirkliche erste Eindruck bereits übergangen. Dabei ist oft Wunschdenken beteiligt. Wer hungrig einkaufen geht, legt Lebensmittel in den Wagen, die er eigentlich gar nicht mag. So ähnlich funktioniert manchmal auch unsere Wahrnehmung von Menschen. Bedürftigkeit ist ein schlechter Ratgeber. Sie steht als Filter zwischen uns und dem anderen, der nur das herausfiltert, was man sehen will, und nimmt uns die Chance das Gegenüber objektiv wahrzunehmen und einzuschätzen.

In einem Seminar, das ich als Teilnehmerin besuchte, führten wir in kleinen Gruppen Sketches auf. Erst in letzter Sekunde vor meinem Auftritt dachte ich daran, jemandem meinen Fotoapparat in die Hand zu drücken mit der Bitte, von meiner Gruppe ein paar Schnappschüsse zu machen. Ich blickte suchend um mich. Zu meinem eigenen Schrecken ertappte ich mich dabei, daß ich nur Männer in Erwägung zog. So entdeckte ich mein Vorurteil, daß ich einem Mann nur aufgrund der Tatsache, daß er ein Mann war, mehr technisches Verständnis im Umgang mit meiner Kamera zutraute, und das, obwohl sie narrensicher ist und nur zwei Knöpfe zu bedienen sind.

Wie sehr wir uns in vorgefaßten Meinungen bewegen, können wir daran erkennen, daß in der Regel die erste Schublade, in die wir andere Menschen einsortieren, die von Mann oder Frau ist. Dann stülpen wir diesem Menschen alle Vorurteile über, die wir über Männer und Frauen haben, und schon sind wir nicht mehr in der Lage, den anderen so wahrzunehmen, wie er ist. Wenn wir jemanden kennenlernen, von dem wir nicht wissen, ob es sich um einen Mann oder eine Frau handelt, ruft das große Unsicherheit hervor. Das läßt natürlich Rückschlüsse auf unser inneres Koordinatensystem und unsere persönliche Konstruktion von Mann- und Frausein zu.

Solche entscheidenden Glaubenssätze können völlig unbewußt sein. So kann sich jemand als beziehungsfähig einstufen, der gerade ein Fiasko erlebt und sich geschworen hat, sich nie wieder so tief einzulassen. Im Gespräch wird dieser Mensch vielleicht beteuern, wie sehr er sich nach einer Liebesbeziehung sehne. Auf einer unbewußten Ebene tut er jedoch alles, um sein Glück zu sabotieren. Wenn wir die Ausstrahlung dieses Menschen jenseits seiner Worte wahrnehmen, können wir seine Angst vor erneuten Verletzungen fühlen, allerdings nur, wenn wir selbst objektiv und unvoreingenommen sind. Wer selbst verzweifelt einen Partner sucht, wird – gerät er an diesen Menschen – womöglich den wirklichen ersten Eindruck beiseite schieben, feine Hinweise, daß dieser Mensch auf einer tieferen Ebene weder beziehungsfähig noch -willig ist, nicht wahrnehmen und wider besseres Wissen seinen Worten Glauben schenken.

Wenn wir das eigene Gespür für Menschen wirklich ernst nehmen, können wir interessante Entdeckungen machen. Viele Gehirnbereiche sind von der Wissenschaft noch nicht entschlüsselt. Wenn Einstein immer wieder mit seinem Zitat bemüht wird, wir benutzten nur 10 Prozent unseres Gehirns, frage ich mich, ob unter den verbleibenden 90 Prozent auch die weitgehend unerforschte Fähigkeit schlummert, Menschen zu erfühlen und sie jenseits aller Vorurteile so wahrzunehmen, wie sie sind.

Eine neue Definition von Ausstrahlung

Blinde Flecken

Als ich vor einigen Jahren in einer beruflichen Krise war, merkten zu meinem Erstaunen selbst einige engere Freunde nicht, wie es um mich stand. Ich war zwar nicht vollkommen verzweifelt, doch ratlos und orientierungslos. Meine Freunde bezeichneten mich jedoch weiterhin als erfolgreich. Ich war sauer. Was mußte ich tun, damit sie endlich begriffen, daß mir das Wasser allmählich bis zum Hals stand?

Schließlich begriff ich, es mußte etwas mit mir zu tun haben, mit meiner Ausstrahlung. Ich machte mich auf die Reise nach innen und entdeckte unter vielen Zweifeln und Ängsten eine starke Kraft und die Überzeugung »Ich schaffe es. Es ist nur eine Krise. Sie wird zu etwas Neuem, Gutem führen«. Genau diese Überzeugung vermittelte ich. Später sprach ich mit einer Freundin darüber und sie meinte: »Du hast nicht hilfsbedürftig gewirkt.« Dabei wurde mir klar, wie vielschichtig Ausstrahlung ist.

Fremdwahrnehmung und Selbsteinschätzung klaffen oft auseinander. In meinem Seminar arbeiten wir mit Fragebogen, bei denen bestimmten Eigenschaften eine Punktzahl gegeben wird. Bewertet werden zum Beispiel Selbstbewußtsein, Durchsetzungsfähigkeit, Vertrauenswürdigkeit, Kontakfähigkeit und Spontaneität, und zwar einmal von jedem selbst und dann von den anderen Seminarteilnehmern. Dabei wird deutlich, daß wir manchmal auf andere ganz anders wirken, als wir uns fühlen.

Der Grund liegt in unseren blinden Flecken gegenüber der eigenen Ausstrahlung. Das sind die Persönlichkeitsanteile, die wir an uns nicht wahrhaben können oder wollen, weil wir sie ablehnen. Oft sind es gerade diese Eigenschaften, die von anderen am augenfälligsten wahrgenommen werden. Es kann sehr hilfreich sein, wenn wir deren Wirkung auf andere erkennen, im positiven wie im negativen Sinne. Wir können dann an uns arbeiten oder, wie in meinem Fall, uns auf unsere Stärken besinnen. Im nächsten Kapitel »Was zeigen Sie von sich?« werden wir uns diese – häufig unbewußten – Rollenmuster ein wenig näher ansehen.

Jenseits der äußeren Erscheinung

Nach meiner Definition ist Ausstrahlung etwas, das jenseits der äußeren Erscheinung liegt, denn diese läßt sich leicht verändern. Wenn jemand den ganzen Tag im Büro, bei Kunden oder im Seminar korrekt gekleidet sein muß, wird er wahrscheinlich zu Hause als erstes die feinen Klamotten abwerfen und in den bequemen Jogginganzug schlüpfen. Umgekehrt wird eine Schriftstellerin oder eine Hausfrau, die keinen Kleiderzwängen unterworfen ist, sich in ihrer Freizeit gern schön anziehen.

Die Ausstrahlung hängt auch davon ab, ob sich jemand in seiner Kleidung wohl und mit sich selbst im Einklang fühlt. Kleidervorschriften sind nicht mehr so streng wie früher. Ich erinnere mich noch, wie meine Mutter früher jedes Jahr den Rocksaum ein Stück kürzte und, wenn die Mode länger wurde, sich etwas Neues kaufen oder nähen mußte. Das Modediktat war damals unerbittlich. Heute, wo alle Längen von Supermini bis Knöchellang und letztes Endes auch eine große Vielfalt von Formen von Hauteng bis Sackweit erlaubt sind, können wir uns das gar nicht mehr vorstellen. Jeder hat die Möglichkeit, seinen Stil auszuwählen und darin seine Persönlichkeit auszudrücken. Der Stil der äußeren Erscheinung ist aber nur ein Teil der Ausstrahlung.

Ausstrahlung ist nach meiner Definition in jedem Augenblick die Summe all dessen, was ein Mensch ist, das heißt aller bewußten und unbewußten Glaubenssätze, Gedanken und Gefühle, die jemand im Hinblick auf sich selbst, auf andere Menschen und auf das Leben hat.

Ausstrahlung, so wie ich sie verstehe, ist also etwas, das sich ständig wandelt und das jeder immer hat, sei es die »Ausstrahlung eines Scheuerlappens« an einem schlechten Tag, wie eine Freundin trefflich zu sagen pflegt, oder die Ausstrahlung eines funkelnden Brillanten, der alle in seinen Bann zieht, also das, was man gemeinhin als charismatische Ausstrahlung bezeichnet. Um so wichtiger ist es für uns, von wohlmeinenden Mitmenschen ab und zu Rückmeldung darüber zu erhalten, wie wir in bestimmten Situationen wirken. Ich bin sicher, Sie werden dabei aufschlußreiche Entdeckungen machen.

Kapitel 2:
Was zeigen Sie von sich?

Rollen, die zur zweiten Haut geworden sind

Rollen werden früh gelernt

Schon als kleines Kind erproben wir uns in Rollen und testen ihre Wirkung. So mancher kleine Charmeur hat schon im Kinderwagen gelernt, daß er mit einem Lächeln die Menschen verzaubern kann und daß sie ihm dann seine Wünsche eher erfüllen. Diese Verhaltensvariante steht ihm zur Verfügung, er kann jederzeit darauf zurückgreifen und sie auf Knopfdruck aktivieren.

Früh lernt ein Kind, welche Rolle bei anderen mit hoher Wahrscheinlichkeit ein bestimmtes Verhalten hervorruft. Kinder brauchen viel Aufmerksamkeit, und sie tun alles, um sie auf sich zu lenken. Gelingt dies nicht durch Freundlichkeit und Angepaßtsein, greift das Kind zur Not auch zu sozial unerwünschten Verhaltensweisen, für die es, wenn schon keine liebevolle, so doch wenigstens negative Aufmerksamkeit bekommt. In der Familie probieren Kinder sich in diversen Rollen aus, zum Beispiel um sich durchzusetzen, oder was zu tun ist, um möglichst ungestraft davonzukommen. Je nachdem wie die Eltern, aber auch die Geschwister reagieren, wird dieses Rollenverhalten als erfolgreich abgespeichert und bei Bedarf aktiviert oder in Zukunft unterdrückt.

Unterschiedliche Rollen in verschiedenen Zusammenhängen

Kinder fügen sich ein und testen gleichzeitig ihre Grenzen aus. Was in der eigenen Familie unerwünscht ist, kann vielleicht in der

Familie des besten Freundes zur Normalität gehören. Das Kind lernt, daß in verschiedenen sozialen Kontexten auch ein ganz anderes Verhalten gelebt werden darf, und erprobt diese Rollen.

Im frühen Alter läuft das mehr oder weniger unbewußt ab, es ist ganz natürlich, mit vielen Seiten von sich selbst zu spielen und sie in verschiedenen Situationen auszuprobieren. Die Lehrerin klagt der Mutter, daß ihr Sohn den Klassenclown spielt und den Unterricht stört, eine Seite, die seine Mutter an ihm nicht kennt. Zu Hause würde er dafür auch wenig Verständnis bekommen; dort werden andere Seiten an ihm geschätzt. In der Schule bewundern ihn die anderen Kinder für seinen Mut, und er fühlt sich gut in der Rolle des Clowns.

Rollen als Schutzmaske

Ein Kind ist unschuldig und offen gegenüber dem Leben und den Menschen, zumindest wenn es noch keine traumatischen Erfahrungen gemacht hat. Es urteilt nicht und erwartet nichts Böses. Nicht zuletzt deshalb sind wir so gerührt, wenn wir einem Baby in die Augen schauen.

Im Laufe des Lebens erfahren wir Verletzungen und legen uns Abwehr- und Kontrollmechanismen zu. Wir tun alles, um uns vor weiteren Schmerzen zu schützen, auch um den Preis der Verhärtung. »Mein Vater war sehr allein, und ich hielt ihn immer für abweisend«, erinnert sich ein Mann an seinen vor einigen Jahren verstorbenen Vater. »Heute sehe ich das anders. Er war nicht an sich abweisend, sondern so feinfühlig, daß er aus Angst, verletzt zu werden, dicke Schutzmauern um sich errichtet hat.«

Im Schlaf allerdings bricht der Panzer aus angelernten Rollen, die im täglichen Leben als Schutzmechanismen dienen, auf. Dann kommt auch beim härtesten, zynischsten Menschen wieder eine gewisse Unschuld zum Vorschein. Wenn wir einen Menschen im Schlaf beobachten, können wir sein Gesicht ohne Schutzmaske sehen.

Rollen als unübersehbarer Teil der Ausstrahlung

Eine Rolle drückt etwas ganz Bestimmtes aus. Immer wenn wir be-
wußt oder unbewußt in eine Rolle schlüpfen, nehmen wir damit
einen jeweils anderen inneren Standpunkt ein. Wir betrachten die
Welt durch einen anderen Filter. Damit verbunden sind andere
Glaubenssätze, andere Gedanken und Gefühle und eine andere
Ausstrahlung.

Am Beispiel der verschiedenen Rollen von Verkehrsteilnehmern
wird deutlich, was wir alles mögliche sein können: Fußgänger,
Radfahrer, Autofahrer usw., und jedesmal haben wir eine andere
Sicht der Dinge. Im Verkehr können wir aber auch die Rolle eines
Dränglers, Rasers, Bummlers oder eher Vorsichtigen einnehmen.

Wir leben dann in der jeweiligen Rolle bestimmte Aspekte unserer Persönlichkeit und bestimmte Gefühle des Augenblicks aus.
Als Radfahrer empfinden wir manche Autofahrer als bedrohlich,
aus der Sicht eines Autofahrers ist mancher Radfahrer ein Ver-
kehrshindernis. Wenn wir es eilig haben und drängeln, regen uns
die »Sonntagsfahrer« auf, wenn wir im Urlaub begeistert mit dem
Wagen neue Gegenden erkunden, haben wir wenig Verständnis für
gestreßte Fahrer, die uns fast an der Stoßstange berühren. In jeder
Rolle nehmen wir einen anderen Ausschnitt der Realität wahr.

Wenn wir an meine Definition von Ausstrahlung anschließen,
erleben wir in jeder Rolle ein anderes Spektrum unseres Bewußtseins und strahlen daher auch etwas anderes aus. In der folgenden
Beschreibung weitverbreiteter Rollentypen wird deutlich, wie sich
die Ausstrahlung eines Menschen mit seiner gerade angenommenen Rolle wandelt.

Ein ganzes Arsenal von Mitteln steht uns zur Verfügung, um
eine Rolle zu verkörpern: Gestik, Mimik, Wortwahl, Tonfall, Ver-
stummen usw. Vieles davon verwenden wir intuitiv, weil es kaum
möglich ist, alle diese Mittel unter Kontrolle zu halten. Andere werden jedoch auch als bewußte Strategie geplant und eingesetzt. Bei
der Aufzählung häufiger Rollentypen wollen wir uns diese körpersprachlichen Ausdrucksmittel noch genauer ansehen.

Häufige Rollentypen

Am Beispiel einiger Rollen möchte ich aufzeigen, welchen inneren Standpunkt jemand in einer Rolle einnimmt, welche Glaubenssätze, Gedanken und Gefühle dann vorrangig sind, welche Ausdrucksmittel dabei zum Einsatz kommen und wie sich all dies auf die Ausstrahlung auswirkt.

Die Ulknudel

»Ich bin immer der Clown, auf jeder Fete. Ich werde oft eingeladen und unterhalte dann die ganze Gesellschaft«, schmunzelt eine 38jährige Frau mit einem offenen Gesicht und vielen Lachfalten. Sie ist sich der Vorteile dieser Rolle bewußt und genießt es, viele Leute zu kennen und beliebt zu sein. Wenn diese Frau in die Rolle der Spaßmacherin schlüpft, gelingt es ihr, den Alltag mit seinen Problemen und Streß beiseite zu schieben. Sie betrachtet die Welt von einem Standpunkt der Leichtigkeit und Sorglosigkeit. Ihre Aufmerksamkeit ist darauf gerichtet, im Mittelpunkt zu stehen und Freude zu verbreiten. Ihre Körpersprache ist lebhaft und locker, und sie lacht. Ihre Ausstrahlung ist die einer Frau, die das Leben liebt.

Das Opfer

Menschen, die häufig die Opferrolle einnehmen, dürften weniger beliebt sein. Wer möchte schon ständig den Spiegel vorgehalten bekommen, wie schwer das Leben ist? Dennoch ist die klassische Opferhaltung weit verbreitet. Das Opfer nimmt Mißerfolge und Rückschläge besonders schwer und fühlt sich hilflos und ohnmächtig. Damit gibt ein solcher Mensch sehr viel von seiner eigenen Macht ab. Er realisiert Pläne nur halbherzig, denn er glaubt nicht an den eigenen Erfolg. Er kommt dauernd zu spät und entschuldigt sich dann damit, daß ihm die S-Bahn schon wieder vor der Nase weggefahren sei oder alle Ampeln vor ihm auf Rot springen. Die Körperhaltung ist gebeugt, Kopf und Schultern hängen herab, und der Tonfall ist anklagend und jammernd. Wenn ein Mensch mit dieser Ausstrahlung durchs Leben geht, zieht er im Sinne einer sich selbst erfüllenden Prophezeiung immer wieder neue Fehlschläge an.

Der Erfolgreiche

Ganz anders die Rolle des Erfolgreichen. Er strahlt eine Aura von Makellosigkeit und Unfehlbarkeit aus. Sein Standpunkt im Leben ist »Ich kam, sah und siegte«. Er definiert sich über Erfolg, seine Aufmerksamkeit ist darauf gerichtet, daß und wie er seine Ziele verwirklicht. Durch Rückschläge auf dem Weg zum Ziel läßt er sich nicht entmutigen, und in seinen Gedanken ist kein Raum für Versagen. Seine Körpersprache ist energiegeladen und siegessicher, seine Wortwahl optimistisch und direkt, sein Auftreten perfekt und professionell. Mit dieser Ausstrahlung richtet er seine Mitmenschen auf seinen Kurs aus und schafft sich so die besten Voraussetzungen für Erfolg.

Der Helfer

Er trägt die Last der Welt auf seinen Schultern und fühlt sich für alles und jeden verantwortlich. Er engagiert sich selbstlos, begibt sich vielleicht sogar selbst in Gefahr, um anderen zu helfen, und verzweifelt gleichzeitig daran, daß sein Einsatz nur ein Tropfen auf den heißen Stein ist. In seinen persönlichen Beziehungen wittert er förmlich, wenn andere Menschen Probleme haben, und fühlt sich magisch von ihnen angezogen. Endlich wird er gebraucht! Mit Rat und Tat steht er anderen zur Seite, definiert sich über die Bestätigung und Dankbarkeit, die er im besten Fall dafür erhält. Seine

Aufmerksamkeit ist ganz darauf gerichtet, wie es anderen geht und wie er etwas für sie tun kann. Über den Bedürfnissen anderer vergißt er leicht seine eigenen und gerät dabei in Gefahr, sich völlig zu verausgaben. Wer unter dem Helfer-Syndrom leidet, hat in der Regel eine zugewandte Körperhaltung, ein offenes Ohr und eine freundliche Ausstrahlung.

Die starke Frau

Häufig durch die Lebensumstände geprägt, hat die starke Frau irgendwann diese Rolle angenommen, sei es als ältestes Kind, das früh für die kleinen Geschwister verantwortlich war, sei es allen Hoffnungen auf Familienglück zum Trotz als alleinerziehende Mutter. Sie darf sich keine Schwächen erlauben, darf möglichst nicht krank werden, nur Funktionieren zählt. Dabei vergißt sie, daß längst sie selbst es ist, die diese hohen Ansprüche an sich stellt. Die Rolle als scheinbar grenzenlos belastbare Frau, der man ruhig noch mehr zumuten darf, ist zu ihrer zweiten Haut geworden. Kaum jemand kommt auf die Idee, ihr unter die Arme zu greifen, denn sie vermittelt den Eindruck, alles allein zu schaffen. Sie wirkt wie ein Fels in der Brandung. Doch hinter dieser Maske verbergen sich nicht selten viele andere Facetten, zum Beispiel eine anlehnungsbedürftige Frau, die sich nach nichts mehr sehnt als nach Unterstützung. Ihre Körpersprache ist energisch und zupackend. Es fällt ihr oft schwer, sich zu entspannen und sich notwendige Ruhepausen zu gönnen.

Der Kopfmensch

Er ist nicht notwendigerweise ein Mann. Auch Frauen können sich aus dem einen oder anderen Grund ganz der Vernunft verschrieben haben. Für den Kopfmenschen zählen nur harte Fakten. Alles, was nicht wissenschaftlich nachweisbar oder meßbar ist, verweist

er zum Beispiel ins Reich der Esoterik. Er lebt in einem eng be-
grenzten Koordinatensystem und denkt nicht über dessen Grenzen
hinaus. Gefühle machen ihm Angst. Seine festen Vorstellungen
geben ihm Sicherheit, gleichzeitig leidet er jedoch manchmal unter
seiner Einseitigkeit. »Ein Schulfreund von mir ist Jazzmusiker geworden. Wenn ich ihn spielen höre, wird mir bewußt, daß ich
mein Leben nur halb gelebt habe«, bedauert ein hoher Beamter in
den Fünfzigern. Wenn er sich nicht noch andere Rollen zugelegt
hat, die ihn umgänglich erscheinen lassen, beschränken sich die
Beziehungen des Kopfmenschen wahrscheinlich in erster Linie auf
Kontakte beruflicher Art. Seine Ausstrahlung ist nüchtern und
sachlich und lädt eher zu einem Gespräch über Wirtschaft und
Börse ein als zu einem persönlichen Austausch.

Geschlechterrollen

Nicht zu unterschätzen sind die tief in uns verwurzelten Geschlech-
terrollen. Wir nehmen als Kind zunächst einmal das Bild von der
Rollenverteilung unserer Eltern in uns auf. In der Pubertät grenzen
wir uns von den Wertvorstellungen und Verhaltensweisen der
Eltern ab und begeben uns auf die Suche nach der eigenen Identität.
Dabei werden oft Entscheidungen getroffen, nicht so wie die eigene
Mutter leben zu wollen und im Leben ganz andere Prioritäten set-
zen zu wollen als der Vater. Doch dahinter ist oft noch das alte
Rollenbild verborgen, so tief, daß wir es selbst gar nicht mehr be-
merken.

In meiner Praxis arbeitete ich mit einer 38jährigen Frau, die
wieder eine Ehe eingehen wollte. Kurz davor, sich erneut zu binden,
spürte sie plötzlich Ängste, ihr neuer Partner könnte ihre Arbeit
ablehnen oder sabotieren. Schließlich erinnerte sie sich an Äuße-
rungen ihres Vaters, als ihre Mutter sich nach dem Auszug der
Kinder in einer eigenen Arbeit verwirklichen wollte. Es wurde ihr
bewußt, daß diese Bemerkungen wie »Du hast es doch nicht nötig
zu arbeiten« immer noch nachwirkten. Zu ihrem großen Erstaunen

trug selbst diese selbständige, emanzipierte Frau immer noch unbewußt das traditionelle Rollenbild ihrer Eltern tief in sich.

Geschlechterrollen bestehen aus Vorstellungen und Erwartungen, wie man als Frau oder als Mann zu sein hat. Nach der üblichen
Rollenverteilung ist der Vater streng und bestimmend, die Mutter
nachgiebig, begütigend und beschützend. Wenn es umgekehrt ist,
wird es als von der Norm abweichend empfunden, denn »wer die
Hosen anhat, hat das Sagen«. So wird eine Frau, die hart ist oder
sich zum Beispiel in ihren beruflichen Entscheidungen nicht von
Gefühlen leiten läßt, schnell als unweiblich eingestuft.

Für uns ist es interessant zu erforschen, welches Rollenverständnis von Mann- und Frausein wir verinnerlicht haben und als
Folge davon ausstrahlen. Eine Frau, die sich um eine Führungsposition bewirbt, tief in ihrem Inneren jedoch glaubt, als Frau habe
man keine Chancen, in der Wirtschaft höhere Ränge zu bekleiden,
hat bei der Bewerbung schlechtere Karten als eine andere, die
nicht festgelegt ist oder sich an positiven Vorbildern orientiert. In
der Ausstrahlung der ersteren schwingt mit »Es ist schwierig«, in
der der letzteren dagegen »Es ist möglich«. Die Botschaft kommt
beim Gegenüber auf jeden Fall auf der nonverbalen Ebene an.

Nationale Identitäten

Genauso wie bestimmte feste Vorstellungen über das Leben als
Frau oder Mann tief in uns verwurzelt sind, tragen wir auch mehr
oder weniger feste Überzeugungen über unsere nationale Identität
mit uns herum. Jeder Satz, der beginnt mit »Deutsche sind ...«,
»Amerikaner sind ...«, »Franzosen sind ...«, ist ein Hinweis auf eine
solche vorgefaßte Meinung über Angehörige bestimmter Nationalitäten. Natürlich wissen wir, daß es sich dabei um Allgemein-
plätze handelt, die in keiner Weise einem einzelnen Menschen gerecht werden. Und dennoch, wenn bereits das Selbstverständnis
eines Bayern sich von dem eines Ostfriesen unterscheidet, um wieviel mehr prägt uns die Zugehörigkeit zu einem Land mit seinem

Kulturkreis, seiner Sprache und Geschichte und seinen Traditionen!

Auch wenn wir gewisse Eigenschaften, die als typisch für die eigene Nationalität gelten, ablehnen und uns davon abgrenzen wollen, kettet uns doch gerade dieses Andersseinwollen um so fester an das Bild, das wir nicht sein wollen. Allein die Sprache prägt uns stark. Ein Kind aus dem abendländischen Kulturkreis, das sechsundzwanzig Buchstaben erlernt, die unterschiedlich kombiniert Wörter ergeben, erwirbt eine andere und viel analytischere Denkweise als ein chinesisches Kind, das Hunderte und später Tausende von bildhaften Zeichen malen lernt, die jeweils ein ganzes Wort darstellen. Durch Sprache und Schriftzeichen lehrt es spielerisch, ganzheitlich zu denken.

Auf den ersten Blick betrachtet, mag der Zusammenhang zwischen nationaler Identität und Ausstrahlung vielleicht weit hergeholt scheinen. Wer jedoch beruflich viel mit anderen Nationalitäten zu tun hat, wer mit einem Partner aus einem anderen Kulturkreis verheiratet ist, wer gern in andere Länder verreist oder wer einmal in einem fremden Land gelebt und erfahren hat, wie es ist, »Ausländer« zu sein, wird die Tragweite dieser Dimension leicht nachvollziehen können. Auch unsere nationale Identität und die damit verbundenen Bewertungen sind zu unserer zweiten Haut geworden und damit ein Teil unserer Ausstrahlung.

Rollen im Wechselspiel

All diese Rollen spielen wir bewußt oder unbewußt, und sie prägen unsere Ausstrahlung. Wir nehmen dabei einen inneren Standpunkt ein mit allem, was dazu gehört, mit den Einstellungen, Wünschen und Widerständen, Befürchtungen und Erwartungen. Diese verkörpern wir dann durch eine bestimmte Gestik und Sprache, und sie vermitteln der Außenwelt, welche Rolle wir gerade angenommen haben. Natürlich bleibt dies nicht ohne Widerhall.

Denken Sie an jemanden, der gern Opfer ist, und fragen Sie sich, wie Sie darauf reagieren. Natürlich hängt dies auch von Ihrer momentanen Verfassung ab. Eine Möglichkeit könnte vielleicht sein, spontan helfen zu wollen. Genausogut könnte es sein, daß die Opferrolle überstrapaziert wurde und kein Mitgefühl, sondern vielmehr Aggression hervorruft. Warum wird der eine Junge im Schulhof verprügelt und der andere nicht? Könnte es etwas mit seiner Ausstrahlung zu tun haben, mit der eines Opfers?

Der Erfolgreiche wird bewundert und mit Respekt behandelt oder beneidet. Die Ulknudel hat auf der Party zwar die Sympathien der Lacher auf ihrer Seite, womöglich aber auch einigen Widerstand gegen ihre dominante Art. Helfer sind beliebt, werden vielleicht ausgenutzt oder irgendwann als lästig empfunden. Die starke Frau kämpft sich erfolgreich durchs Leben und wird für ihren Einsatz bewundert, doch niemand denkt daran, sie einmal zu verwöhnen. Der Kopfmensch bringt durch seine Art andere dazu, mit ihm vernunftgemäß zu argumentieren, doch mancher, der mit ihm zu tun hat, verzweifelt vielleicht insgeheim an der einseitigen Weltsicht seines Gegenübers.

Immer wenn wir bewußt oder unbewußt eine Rolle spielen, zeigen wir ganz bestimmte Seiten von uns und verbergen andere. Dies hat zur Folge, daß unser Gegenüber, in der Regel von Zustimmung und Ablehnung geleitet, ganz leicht ebenfalls eine bestimmte Rolle einnimmt. In der zwischenmenschlichen Kommunikation schwingt immer mit, welche Rolle jemand gerade verkörpert.

Es ist spannend, uns selbst daraufhin zu beobachten, was wir nach außen von uns zeigen und welche Reaktionen unsere Ausstrahlung hervorruft. Es kann auch hier hilfreich sein, wohlmeinendes Feedback von guten Freunden einzuholen, welche Lieblingsrollen sie bei uns wahrnehmen. Denn manchmal sind wir vielleicht unbewußt in einer Rolle gefangen und strahlen etwas aus, das möglicherweise gar nicht in unserer Absicht liegt.

Berufsrollen – Begegnung in vorgegebenem Rahmen

Bestimmte Settings

Auch im Beruf schlüpfen wir in bestimmte Rollen wie in einen Kittel bei Arbeitsbeginn. Doch selbst wenn wir keinen anhaben, läßt unsere Rolle nur begrenzte Begegnungen in einem vorgegebenen professionellen Rahmen zu. Therapeut und Patient begegnen sich im Setting der Rollen Helfer und Hilfesuchender. Daneben haben beide ein großes Repertoire an Verhaltensweisen zur Verfügung, die in diese Situation nicht hineinspielen. Die Patientin mit einer Depression kann eine begnadete Künstlerin sein, die bei ihren Vernissagen glänzt. Der Staatsanwalt zeigt sich im Prozeß von seiner unnachgiebigen Seite, kann aber zu Hause für seine Kinder ein liebender, verständnisvoller Vater sein.

Beispiele für Berufsrollen

Wenn wir an verschiedene Berufe und ihr Image denken, verbinden wir häufig damit eine bestimmte Ausstrahlung und ein vorhersagbares Verhalten der Personen, die sie innehaben. Mit beruflichen Rollen ist also eine gesellschaftliche Erwartungshaltung verbunden, der mehr oder weniger entsprochen wird. An einigen Beispielen möchte ich aufzeigen, wie sehr die berufliche Rolle einerseits einen Menschen prägt und andererseits dieser selbst durch die innere Einstellung zu seinem Beruf die Rolle aktiv mitgestaltet. Die Berufsrolle legt ihn in der Kommunikation mit anderen auf ein bestimmtes Spektrum von Verhaltens- und Seinsweisen fest.

Die Rolle des Arztes

Beginnen wir mit dem Arzt. Nach langjährigem Fachstudium ist er zuständig für das Wohl unseres Körpers, und viele Patienten übertragen ihm die Verantwortung für ihr Leben und ihre Gesundheit. Je nach innerer Einstellung strahlt er fachliche Kompetenz und im Idealfall Vertrauenswürdigkeit, bisweilen aber auch Überlegenheit oder gar Arroganz aus. Seine Ausstrahlung ist untrennbar verknüpft mit den Glaubenssätzen, Gedanken und Gefühlen, die er über seinen Beruf, seine Identität als Arzt und seine Patienten hat.

In diesem Rollengefüge begegnen sich Arzt und Patient. Alles, was diesen Rahmen sprengt, wird als außergewöhnlich wahrgenommen. So nehmen wir es dem Arzt übel, wenn er selbst raucht, weil wir von ihm erwarten, daß er sich an seine eigenen Ratschläge hält. Umgekehrt empfindet mancher Arzt einen Patienten vielleicht als aufmüpfig, der überdurchschnittlich gut informiert ist und nicht blindlings jedem ärztlichen Rat folgt.

Die Rolle des Lehrers

Schauen wir uns nun einmal die Lehrerrolle genauer an. Jeder hatte im Leben mit ihnen zu tun und unterschiedliche Erfahrungen und Erinnerungen gespeichert. Das Klischee des typischen Lehrers zeigt ihn als jemanden, der alles besser weiß. Doch damit wird man dieser Berufsrolle keineswegs gerecht, denn zunächst einmal ist es ja die Aufgabe eines Lehrers, Wissen und Kenntnisse zu vermitteln und den Lernfortschritt der Schüler zu überprüfen.

Geht er seinem Beruf mit Liebe und Idealismus, einer natürlichen Autorität und Freude an der Arbeit mit Kindern und Jugendlichen nach, findet er seine Befriedigung vielleicht darin, Werte zu vermitteln. Ist er dagegen überfordert, ausgebrannt und desillusioniert, sehnt er sich womöglich nur noch nach dem Ruhe- oder Vorruhestand.

Auch die Ausstrahlung eines Lehrers hängt neben seiner momentanen Verfassung hauptsächlich davon ab, welche Einstellung er zu seinem Beruf, seinen Schülern und seinen Gestaltungsmöglichkeiten hat.

Weitere Berufsrollen

Die Vorstellungen, die wir automatisch mit einem Berufsbild verbinden, sind zunächst einmal Klischees. Wir erwarten von Vertre-
tern bestimmter Berufe ein typisches Auftreten und sind irritiert,
wenn es von der Norm abweicht. Der typische Techniker ist nüchtern und gefühlsarm, der typische Musiker emotional und sensibel, der typische Prüfer kritisch und beharrlich, der typische Beam-
te konservativ und ein bißchen langsam.

Vom Banker erwarten wir ein seriöses Auftreten, denn wir
schließen daraus, daß er im selben Maße verantwortungsvoll mit
Geldgeschäften umgeht. Wer würde einem Bankdirektor in Jeans
und Pulli leichten Herzens sein schwer verdientes Geld anver-
trauen?

Dem Künstler dagegen wird ein weit größerer Freiraum zugestanden, er darf ruhig oder soll sogar exzentrisch und unberechenbar in Kleidung und Verhalten sein. Bei ihm steht nicht so
sehr die Vertrauenswürdigkeit, sondern seine Kreativität und
immer neue, ausgefallene Ideen im Vordergrund. Je ausgeflippter,
desto besser. Ein gutverdienender Goldschmied veranstaltete in
seiner normalerweise penibel ordentlichen Villa ein Chaos, warf
sich in Sack und Asche und kleckste wild an der Staffelei herum, um
in die Künstlersozialkasse aufgenommen zu werden. Es klappte. Er
hatte erfolgreich das Klischee des Künstlers bedient.

Ganz anders der typische Wissenschaftler. Auch er lebt zwar in
seiner eigenen Welt, aber es ist ein aus sogenannten Fakten und
nachvollziehbaren Ergebnissen geschaffenes festes Gebäude. Er ist
selbstgenügsam und anspruchslos in Kleidung und Essen, intro-
vertiert und gründlich in seiner Arbeitsweise. Er wirkt im verborgenen und erntet nur selten großes Lob durch öffentliche Ehrun-
gen. Daher braucht er eine gehörige Portion Idealismus und
Durchhaltevermögen.

Wieder eine andere Facette menschlicher Ausdrucksformen
wird dem Politiker zugestanden. Berufsbedingt ist er auf Selbst-
darstellung und Außenwirkung bedacht. Die Show gehört im po-

litischen Leben nun einmal dazu. Da Politik ein heißes Eisen ist, wird er zur Zielscheibe heftiger Emotionen. Zunehmende Politikverdrossenheit ist Ausdruck der Ablehnung bestimmter Eigenschaften, die Politikern häufig unterstellt werden wie Egoismus, Eitelkeit, Unehrlichkeit oder Bestechlichkeit.

Sicher entsprechen viele Angehörige betimmter Berufe oder Positionen diesen Rollenklischees. Doch immer ist für die persönliche Ausstrahlung eines Menschen, ganz gleich in welchem Beruf, sein Grad an Engagement und Authentizität entscheidend. Wer seine Arbeit notgedrungen als Broterwerb durchzieht, bereits innerlich gekündigt hat und nur in seinen Freizeitstunden Befriedigung im Leben sucht, strahlt auch das aus.

Rollen geben Sicherheit

Neben seiner beruflichen Rolle hat jeder Mensch natürlich noch unzählige andere Seiten, die im beruflichen Kontext ausgeklammert werden. Der Anwalt ist ein begeisterter Bergsteiger, der Finanzbeamte züchtet Orchideen, die Hausfrau schreibt einen Roman, und die Pharmareferentin baut ein Biohaus. So manches Mal wären wir überrascht, welche unerwarteten Qualitäten ein Mensch, den wir in einem bestimmten beruflichen Kontext kennen, sonst noch entwickelt hat und vielleicht im verborgenen lebt.

Begegnungen in einem vorgegebenem Rahmen geben Sicherheit. Alle Beteiligten fügen sich unausgesprochen in eine Rolle und schaffen damit ein verläßliches Bezugssystem.

Wenn ich über einen Makler eine neue Wohnung suche, interessiert es mich nicht so sehr, daß er in seiner Freizeit begeistert Motorrad fährt und Zwillinge adoptiert hat. Ich erwarte von ihm, daß er mir seine Fachkenntnisse gegen Bezahlung zur Verfügung stellt, und schätze dabei eine professionelle Ausstrahlung.

Berufsrollen als zweite Haut

Problematisch kann es werden, wenn berufliche Rollen so sehr zur zweiten Haut geworden sind, daß man sie auch in der Freizeit und in persönlichen Beziehungen nicht mehr ablegen kann.

Als ein Beispiel hierfür seien sogenannte Womanizer angeführt, wie sie die New Yorker Psychotherapeutin Marlin Potash beschreibt. Hierbei handelt es sich zwar nicht um eine bestimmte Berufsgruppe, aber um Männer mit Macht, Geld und Einfluß. Sie spielen im Berufsleben eine Rolle, die so sehr von Erfolgsdenken geprägt ist, daß es ihnen auch im privaten Leben nicht mehr gelingt, sie abzuschütteln. Dann übertragen sie ihre Erfolgssucht auf Frauen, die sie zwanghaft erobern müssen, und leiden gleichzeitig unter der inneren Leere, die ihre Bindungsunfähigkeit mit sich bringt.

Immer wenn man ein mit einer beruflichen Rolle verbundenes Verhalten auch im privaten Kontext beibehält, fühlt sich auch das Gegenüber in eine bestimmte Rolle gedrängt. Die Wahrscheinlichkeit, daß es sich wehrt oder zurückzieht, ist groß. Wer möchte schon ständig belehrt oder therapiert werden? Auch Chefallüren haben im Freundeskreis nichts zu suchen, sonst wird es diesen nicht lange geben.

Umgekehrt möchte man in seiner Freizeit vielleicht gern Privatmensch sein, wird aber weiterhin mit seiner Berufsrolle in Verbindung gebracht. »Ich sage niemandem, daß ich Gynäkologe bin«, vertraute mir während meiner Reiseleitertätigkeit ein Mitglied meiner überwiegend aus Frauen zusammengesetzten Reisegruppe an. »Ich kenne das schon. Sonst wollen alle mit ihren Problemen zu mir kommen.«

Nicht jeder muß incognito reisen. Aber sobald jemand seinen Beruf verrät, wird ihm schnell ein bestimmtes Klischee übergestülpt. Ob Krankenschwester oder Weinhändler, Stewardeß oder Astrologe, mit vielen Berufsbildern verbinden wir automatisch bestimmte Eigenschaften und werden damit dem Menschen als Ganzes sicher nicht gerecht. Krankenschwestern sind nicht in jedem Fall mitfühlend, Weinhändler mitunter asketisch, Stewardessen haben durchaus nicht immer Lust, zu bedienen, und Astrologen müssen keineswegs »abgehoben« sein.

Rollenkonflikte im Beruf

Rollen im Beruf geben Sicherheit, können zur Last werden und bergen eine Menge Konfliktpotential. Werden zum Beispiel Vorgesetzte aus den eigenen Reihen einer Firma rekrutiert, kann dieser Rollenwechsel zu großen inneren Konflikten führen. Nichts bleibt beim alten. Frühere Verbindungen und Seilschaften wirken fort und sind doch nicht mehr das, was sie einmal waren.

Wer innerhalb der alten Hierarchie aufgestiegen ist, kann mit dem dabei entstehenden Konflikt auf verschiedene Weise umgehen. Mancher frischgebackene Abteilungsleiter kennt auf einmal die alten Kollegen nicht mehr oder leidet darunter, daß er nicht mehr auf gleicher Ebene mit den ehemals Gleichgestellten verkehren kann. In der Rolle des Vorgesetzten nimmt man einen anderen inneren Standpunkt ein, trägt mehr Verantwortung und hat andere Aufgaben und Ziele. Die Ausstrahlung ist eine andere als vorher.

Große Konzerne wissen das genau. Sie können aus einem großen Personalfundus geeignete Führungskräfte heranbilden und sie nach Belieben an verschiedenen Orten einsetzen. Der neue Chef, der völlig unvorbelastet aus einer anderen Stadt kommt, braucht keine Rücksichten auf das bestehende Beziehungsgeflecht zu nehmen. Er ist in seinen Entscheidung klarer und strahlt diese Klarheit aus.

Ein anderer Rollenkonflikt im Beruf ist vielen Frauen in Führungspositionen wohlbekannt. Sie kämpfen mit zwei Seiten in sich, der weiblichen, netten und der männlichen, durchsetzungsstarken Chefin. Solange diese innere Konflikt nicht gelöst ist, haben sie eine widersprüchliche Ausstrahlung.

Eingefahrene Rollenmuster als Fassade

Nur nicht aus der Rolle fallen

»Wenn mein Freund seine Kinder zu Besuch hat, ist er ganz anders«, klagt eine Seminarteilnehmerin. »Er wirkt dann irgendwie angespannt. Mit mir allein ist er viel lockerer.« Der Rollenwechsel ihres Partners macht ihr zu schaffen. Seinen Kindern gegenüber ist er in der Vaterrolle, wie auch immer er diese definiert. Offensichtlich bedeutet sie für ihn etwas ganz anderes als die Rolle, die er in seiner Beziehung zu seiner Freundin einnimmt. Vielleicht ist es die Verantwortung, die ihn ernster werden läßt, der Wunsch, ein guter Vater zu sein, oder die Angst, etwas falsch zu machen und den Kontakt zu seinen Kindern zu verlieren. Aus dieser Motivation heraus stellt er besondere Seiten von sich in den Vordergrund und unterdrückt andere. Diese anderen lebt er mit seiner Freundin aus, mit ihr kann er sich entspannen und genießen, mit ihr darf er auch einmal der kleine Junge, übermütig oder anlehnungsbedürftig sein.

Im ersten Teil dieses Kapitels ging es um Rollen, die uns zur zweiten Haut geworden sind und die wir eher unbewußt spielen, die sich aber dennoch in unserer Ausstrahlung widerspiegeln. Bei diesen mehr oder weniger automatisch ablaufenden Rollenmustern denken wir nicht weiter nach und verfolgen auch keinen besonderen Zweck. Nun wenden wir uns den Masken zu, die wir aus verschiedenen Motiven bewußt aufsetzen, um einen bestimmten Eindruck hervorzurufen.

Angepaßtes Äußeres

»Ich wohne in einem kleinen Ort, wo jeder jeden kennt. Wenn ich auf die Straße gehe, sorge ich immer dafür, daß ich gut aussehe«, rechtfertigt sich eine Kosmetikerin mit eigenem Studio. »Zumindest Lippenstift muß sein. Von irgend jemandem werde ich immer gesehen.“

Wir zeigen uns so, wie wir gern wahrgenommen werden wollen. Dabei ist die äußere Erscheinung ein wichtiger Bestandteil unserer Ausstrahlung. Einige unserer Merkmale sind nicht beeinflußbar wie zum Beispiel Körpergröße, Körperbau, Hautfarbe und Stimme. Ein Schrank von einem Mann mit sonorer Stimme wirkt auf den ersten Blick nun einmal anders als ein kleiner, schmal gebauter Mann mit leisem Organ. Andere Merkmale können wir gestalten: Haarfarbe und Frisur, Make-up, Kleidung, Accessoires und Schmuck. Sie sind variabel, auch von Situation zu Situation. Sie verraten, wer wir nach außen sein möchten, mit ihnen können wir Eindruck machen oder auch betont unauffällig sein.

Kleiderordnung und Mode gehen Hand in Hand. Wir passen uns irgendwelchen Konventionen an oder wollen bestimmten Gruppen zugehören. So unterwirft sich der Anwalt vor Gericht dem herrschenden Kleiderzwang und geht statt in Jeans und T-Shirt im diskret eleganten Anzug zur Gerichtsverhandlung, denn er weiß, daß er sich mit der falschen Kleidung von vornherein Minuspunkte einhandeln würde. Im Geschäftsleben ist die Kleiderordnung am offensichtlichsten. Hier gilt in manchen Kreisen bereits eine farbige Krawatte als unangemessen. In der Modebranche muß man dagegen stets nach dem neuesten Trend gekleidet sein. Man kann kaum erfolgreich einen Artikel mit so kurzer Verfallsdauer wie modische Kleidung verkaufen, wenn man selbst Ladenhüter trägt und damit signalisiert, daß einem Mode völlig egal ist.

Der Einfluß von Gruppen, denen wir uns zugehörig fühlen oder fühlen wollen, auf unser Äußeres ist nicht zu unterschätzen. Die meisten Eltern können ein Lied davon singen, wie sehr ihre Kinder auf Markenartikel fixiert sind. Schon längst beginnt das Markenbewußtsein nicht mehr erst in der Pubertät. Durch den Einfluß der Werbung kennen Erstkläßler bestimmte Marken schon bevor sie lesen können. Ihre Schulranzen sind fast alle von der gleichen Firma. Aber auch Erwachsene passen sich an. Beim Sport im Studio oder auf der Piste gibt uns die entsprechende Kleidung ein gutes Gefühl. Wer nicht so sportlich ist, fällt wenigstens äußerlich nicht gleich aus dem Rahmen. In der alternativen Szene ist ein bestimmter Lebensstil Ausdruck der inneren Überzeugung und des Wunsches dazuzugehören, um nur einige Beispiele zu nennen.

Angepaßtes Verhalten

Beim Bewerbungsgespräch, beim ersten Rendez-vous oder bei Verhandlungen mit Kunden zeigen wir uns zumindest rein äußerlich von unserer besten Seite. Aber auch im Alltag finden wir uns oft unversehens in angepaßten Verhaltensmustern wieder. Überall wo sich eine bestimmte Rollenverteilung eingeschliffen hat und wir sie nicht bewußt durchbrechen wollen, passen wir uns an. Ein typisches Beispiel dafür ist das Familientreffen. Auch noch als Erwachsene, die im täglichen Leben ihren Mann oder ihre Frau stehen, werden viele Menschen dabei wieder zum Kind. Sie stellen sich vor ihren Eltern so dar, wie diese sie gerne haben möchten. Und wie oft fügen Frauen sich in das erwartete Rollenverhalten, wie man als Frau zu sein hat, und sind auch dann noch lieb und nett, wenn eine der Situation entsprechende gesunde Aggressivität viel besser angebracht wäre als Kooperationsbereitschaft.

Wie stark unser Verhalten auch von dem Kulturkreis, in dem wir aufgewachsen sind, geprägt wurde, erleben wir, wenn wir andere Länder und ihre Sitten erforschen. Als ich in China lebte, fiel mir immer wieder auf, daß, anders als bei uns, Geld und Essen allgemein beliebte Gesprächsthemen sind. Die Frage »Wieviel verdienen Sie?« als eines der ersten Themen in einer Konservation ist durchaus üblich. Da man bei uns über das Gehalt eher nicht spricht, muß eben das Wetter als unverfängliches und immer verfügbares Gesprächsthema herhalten.

Zu den eingefahrenen Rollenmustern gehören auch Verhaltensweisen wie die einer Primadonna, die mit einem Nervenzusammenbruch droht, wenn sie ihren Willen durchsetzen will. Vielleicht haben Sie im Fernsehen bei Sportveranstaltungen auch schon beobachtet, daß alle Hochspringer vor dem Sprung die gleiche Konzentrationsübung machen, sie tänzeln einen Schritt vor und zurück und spielen dabei auf ganz bestimmte Weise mit den Fingern. Kugelstoßer dagegen konzentrieren sich ganz anders, sie machen kurz Halt, erstarren, schließen die Augen, treten ganz nach innen und atmen tief durch, bevor sie in Aktion treten. Zu den leider typischen Allüren eines Chefs gehört, daß er als Machtdemonstration die Sekretärin anbrüllt. Ein frisch gebackener Referatsleiter, der bislang stolz war auf seinen kollegialen Umgangston, erzählte mir, wie er sich zu seinem eigenen Schrecken dabei ertappte, daß er den Druck von oben auf einmal an seine Untergebenen weitergab und auch anfing zu brüllen.

Dem rauhen Wind in der Arbeitswelt können sich manche nur durch angepaßtes Verhalten entziehen. »Ich darf mir um keinen Preis anmerken lassen, wie ich mich in Wirklichkeit fühle. Es würde sofort gnadenlos ausgenutzt, und ich wäre verloren«, erzählt mir ein erfolgreicher Geschäftsmann, der sich seit einiger Zeit in einer echten Midlife-crisis befindet. Seine fünfundzwanzig Jahre dauernde Ehe ist zerrüttet, der ehemalige Freundeskreis hält zu seiner Frau, bei der Scheidung stehen finanzielle Einbußen bevor, und zu all dem kommen noch sexuelle Probleme, weil die neue Freundin ihn mit ihrer Leidenschaftlichkeit restlos überfordert. Nur ein engerer Freund weiß von seiner Misere und bewundert ihn dafür, wie er das alles wegsteckt, zumindest nach außen. Mit tadellos gepflegtem Äußeren und einer witzig-lockeren Art überspielt dieser Mann, wie es wirklich in ihm aussieht. Die sexuellen Probleme sind nur die Spitze des Eisbergs. Er fühlt sich innerlich leer und ausgepowert und weiß manchmal gar nicht, warum er mit letzter Kraft überhaupt noch den Schein wahrt. Tatsächlich ist sein beruflicher Erfolg der Strohhalm, an den er sich klammert, und da er überzeugt ist, nur in einer bestimmten Rolle akzeptiert zu werden, läuft ein Teil von ihm wie ein Roboter auf Automatikprogramm.

Diese Rolle ist hauptsächlich von der Idee geprägt, daß man nicht zeigen darf, wenn es einem schlecht geht. Die Immer-gut-drauf-sein-Mentalität ist eine Folge davon. Nach meiner Definition ist Ausstrahlung die Summe aller bewußten und unbewußten

Glaubenssätze, Gedanken und Gefühle über uns selbst, über andere Menschen und das Leben. Wer glaubt, keine Verletzlichkeit und Schwäche nach außen zeigen zu dürfen, wird stark geleitet von Glaubenssätzen wie: Ich muß einem bestimmten Bild entsprechen; jede Schwäche wird sofort ausgenutzt; meine Gefühle und mein Privatleben gehen niemanden etwas an; von mir wird erwartet, daß ich funktioniere usw. Gleichzeitig gehen ihm Gedanken durch den Kopf wie: Wozu das alles überhaupt? Ich habe in meiner Ehe versagt; es hätte doch alles so weiter gehen können usw., und er erlebt Gefühle von Trauer, Verzweiflung, Einsamkeit und Sinnlosigkeit. All dies ergibt seine Ausstrahlung. Das künstlich aufgesetzte Verhalten in der Rolle »Mir kann keiner was anhaben« ist nur ein Teil davon.

Geheimnisse hinter der Fassade

Unsere Ausstrahlung wird ganz entscheidend von den Rollen, die wir verkörpern, geprägt. Rollen sind Standpunkte im Bewußtsein mit bestimmten Zielen, Prioritäten, Werten und Verhaltensweisen. Sie drücken sich direkt und indirekt aus, durch die äußere Erscheinung, die Wortwahl und vor allem durch die nonverbale Kommunikation wie Tonfall, Stimme oder Körperhaltung.

Angepaßte Rollen machen das Leben zwar scheinbar leichter, denn wir strahlen damit aus, daß wir dazugehören möchten. Aber Anpassung hat auch ihren Preis. Wir zeigen nur bestimmte, vermeintlich erwünschte Seiten von uns und verbergen alles, von dem wir vermuten, daß es uns zum Nachteil gereichen könnte.

Die meisten Menschen demonstrieren ihren sozialen Status nach außen. Es ist bekannt, daß Umzüge in eine größere Wohnung oder Haus nicht nur bei Familienzuwachs, sondern auch bei Beförderung und Antritt einer besser bezahlten Stelle stattfinden. Das Auto oder die Autos vor der Tür geben vermeintlich Auskunft über die finanzielle Situation. Solange der Aufwärtstrend anhält, ist das kein Problem. Schwierig wird es erst, wenn jemand in eine

finanzielle Krise gerät und trotzdem den äußeren Schein aufrechterhalten will. Ein Beispiel ist der Geschäftsmann, der sich mit den
Ratenzahlungen für ein großes Auto übernommen hat, um ein bestimmtes Bild von sich und seinem finanziellen Status zu erzeugen.

Geheimnisse sind jedoch anstrengend. Trotzdem werden sie in
der Ausstrahlung vermittelt, ob wir wollen oder nicht. Man muß
aufpassen, was man sagt, und sich in seinem Verhalten kontrollieren. Der natürliche Fluß der Aufmerksamkeit ist gestört. Auch
wenn uns das nicht bewußt ist, senden wir immer auf mehreren
Ebenen. Beim anderen kommen widersprüchliche Botschaften an,
und unsere unklare Kommunikation läßt das Gegenüber verwirrt
zurück.

Ist Rollenzwang hausgemacht?

Warum verstecken wir uns hinter einer Fassade? Welche Konsequenzen hätte es, wenn wir uns weigerten, gesellschaftlichen Erwartungen zu entsprechen? Was würde passieren, wenn wir aus
der Rolle fallen? Wer sollen wir sein? Wer bestimmt, welche Rolle
wir spielen? Kommt Rollenzwang wirklich nur von außen, oder ist
er vielleicht sogar hausgemacht?

Um zu verstehen, welche vorrangigen Motivationen uns zu an-
gepaßtem Rollenverhalten bringen, wollen wir uns nun genauer
ansehen, wie es schon in der Kindheit entsteht.

Das Kind im Erwachsenen –
immer noch auf der Suche nach Liebe

Ja sagen und Nein meinen

Gibt es etwas, das Sie gern tun würden, aber doch nicht tun, weil
Sie Angst haben, jemanden zu verletzen? Wollen Sie einem Ihnen

nahestehenden Menschen schon lange etwas Bestimmtes sagen, trauen sich aber nicht, weil Sie befürchten, ihn oder sie zu verlieren? Was halten Sie vor anderen geheim aus Angst, ausgegrenzt zu werden?

Welches Verhalten legen Sie umgekehrt bewußt an den Tag, nur um andere zu beeindrucken? Welche netten Dinge sagen Sie manchmal zu anderen, obwohl Sie sie gar nicht meinen, nur weil Sie ihnen gefallen möchten? Wann halten Sie mit Ihrer Meinung hinter dem Berg, nur um dazuzugehören?

Der Wunsch nach Zustimmung und Anerkennung und die Angst vor Ablehnung sind zwei Seiten der gleichen Medaille. In eine Zustimmungsrolle zu schlüpfen bedeutet, die Welt und die Menschen aus einem Standpunkt der inneren Unsicherheit heraus wahrzunehmen. Die zentralen Glaubenssätze dieser Rolle sind: So wie ich bin, bin ich nicht in Ordnung. Um überhaupt angenommen zu werden, muß ich herausfinden, wie die anderen mich haben wollen, und dann versuchen, so zu sein. Die Körpersprache eines Menschen in Zustimmungsrollen ist übervorsichtig, die Ausstrahlung verhuscht, unsicher und verunsichernd.

Typische Verhaltensweisen sind zum Beispiel, dem Angebot sich zu duzen, zuzustimmen, obwohl man es für verfrüht hält; eine Verabredung anzunehmen, wenn man eigentlich gar keine Lust dazu hat; den Orgasmus vorzutäuschen; sich überschwenglich für ein Geschenk zu bedanken, das man potthäßlich findet; den Vorgarten zu pflegen, damit er für die Nachbarn gut aussieht; mit dem Partner in einen Action-Film zu gehen, obwohl man Gewalt im Kino nicht ausstehen kann; jemandem zu schmeicheln usw.

Die amerikanische Gerichtsberaterin Jo E. Dimitrius weist in ihrem Buch *Der erste Blick* darauf hin, daß Vorsicht geboten ist, wenn jemand Informationen von sich gibt, ohne daß er danach gefragt wurde. Aufgrund ihrer Erfahrung bei der Auswahl von Geschworenen meint sie, daß ein solcher Mensch damit einen bestimmten Eindruck hervorrufen oder etwas vertuschen möchte. Auslöser sind der Wunsch nach Zustimmung oder die Angst vor Ablehnung. Wer in lockerer privater Runde scheinbar beiläufig seinen Dienstwagen und seinen Fahrer erwähnt und dazu noch ein »Ich als Führungskraft« verlauten läßt, ist um Anerkennung bemüht und meint, sie durch sein bloßes Sosein nicht zu verdienen. Wenn jemand an unpassender Stelle oder ohne Anlaß seine Leistungen oder seine soziale Position herausstreicht, steht dahinter im Grunde Unsicherheit.

Bachblüten bei Selbstverleugnung

Unter den von dem englischen Arzt Dr. Bach entdeckten Blüten für 38 verschiedene Seelenqualitäten gibt es auch eine zum Thema Selbstbestimmung. Die Bachblüte Centaury, das Tausendgüldenkraut, steht in diesem Zusammenhang für die Überreaktion auf die Wünsche anderer bis hin zur Selbstverleugnung.

Diese Blüte schafft dann inneres Gleichgewicht, wenn man sich leicht zu etwas überreden läßt, das man eigentlich gar nicht will, oder wenn man sich in dem Wunsch, anderen einen Gefallen zu tun, zu seinem eigenen Schaden fremdbestimmen lät. Das kann in einer Beziehung durchaus zum Dauerzustand werden. Man steht unter der Fuchtel einer anderen Person, deren Wertmaßstäbe immer mehr übernommen werden, und verliert nach und nach das Vertrauen in die eigene Intuition. Starke, bestimmende Persönlichkeiten suchen sich oft Mitläufertypen an ihrer Seite, und wenn diese nicht aufpassen, werden sie leicht ausgenutzt, ausgelaugt und als seelischer Fußabtreter mißbraucht. Die eigene Identität geht verloren.

Sich bemühen – für wen?

Wer Zustimmungsrollen annimmt, zieht seine Hauptbefriedigung daraus, daß es anderen gutgeht. Was man selbst will, ist nicht so wichtig.

Aufgrund ihrer früh geübten Sozialisation neigen Frauen eher

58

dazu, sich ganz auf ihren Partner auszurichten und ihre eigenen Bedürfnisse an die zweite Stelle zu setzen. Wie viele Frauen kennen das nicht? Wir tun alles, damit ER doch noch kommt, damit ER bei uns bleibt, damit ER uns liebt. Wir werden noch schöner und noch perfekter (!) und noch pflegeleichter, hungern noch zwei Kilo herunter und verschönern das Haus noch mehr, und wenn alles nichts genützt hat, strengen wir uns eben noch mehr an – eine Spirale des Mangels.

Selbst die Wahl des Ausbildungsplatzes, Studiums oder Berufs wird nicht immer völlig frei von dem Wunsch nach Zustimmung getroffen. Ein Versicherungskaufmann Ende Vierzig entdeckte in meiner Praxis, daß er eigentlich nur für seinen Vater einen kaufmännischen Beruf ergriffen hatte und viel lieber einen sozialen Beruf erlernt hätte. Das gleiche gilt auch für andere Lebensbereiche. Nun ist es völlig normal, daß Eltern ihren Kindern bei größeren Entscheidungen helfend und beratend zur Seite stehen. Aber manchmal fühlt der junge Mensch seine eigenen Bedürfnisse nicht. Aus der Rückschau ist der Preis manchmal zu hoch. Denn immer wenn wir eine Rolle einnehmen, verneinen wir gleichzeitig einen anderen Teil von uns.

Eine Freundin, die arbeitslos geworden war und sich fragte, wie es weitergehen sollte, suchte eine astrologische Beraterin auf, die auch mit Tarotkarten arbeitet. Sie hatte schon zweimal nach dem Verlust einer Stelle eine Zeit der Arbeitslosigkeit erlebt und immer relativ schnell und leicht eine neue Arbeit gefunden. Auch diesmal verfolgte sie die Stellenanzeigen und bewarb sich, aber nur halbherzig. Andere Ideen wie ein Buch schreiben, sich selbständig machen und anderes geisterten in ihrem Kopf herum. Sie war gerade mit ihrem Mann in ein neues Haus gezogen, und obwohl er sie als Beamter mit gesichertem Einkommen nicht drängte, bald wieder Geld zu verdienen, fühlte sie sich innerlich unter Zwang und Druck. Die Astrologin beruhigte sie nach dem Blick in die Karten und redete ihr zu, sich eine Zeitlang auch innerlich zurückzulehnen und auszuruhen, bis sie eines Tages wissen würde, was sie wollte: »Ungefähr in einem halben Jahr werden Sie neu durchstarten und mit dem, was sie dann tun werden, erfolgreich sein. Bis dahin genießen Sie es, einmal ganz viel Zeit zu haben.« Meine Freundin atmete tief durch und blühte auf. Nun erlaubte sie sich aus vollem Herzen, einmal richtig faul zu sein, das Haus zu verschönern und nur zu tun, worauf sie Lust hatte. Sie, vielmehr das kleine Mädchen in ihr auf der Suche nach Zustimmung, hatte diese Erlaubnis gebraucht.

In einem Zitat aus dem chinesischen Klassiker Taoteking geht es darum, daß der ehrliche Mensch das Richtige tut, ohne sich zu bemühen. Wie oft bemühen wir uns im Leben! Und für wen? Sich nur für andere anzustrengen ist eine Zustimmungsrolle, wir wollen Anerkennung und Bestätigung bekommen für das, was wir tun, und Ablehnung um jeden Preis vermeiden.

Alles tun für Liebe

In ihrem längst zum Standardwerk der Psychologie gewordenen Buch *Das Drama des begabten Kindes* von 1979 und dem 1997 dazu erschienenen Fortsetzungsband stellte die Psychoanalytikerin Alice Miller bei der Arbeit mit depressiven Menschen fest, daß viele von ihnen über eine erstaunliche Fähigkeit verfügten, sich in andere Menschen einzufühlen, ihre eigenen Bedürfnisse dagegen überhaupt nicht wahrnehmen konnten. Das Klima, in dem diese Menschen aufgewachsen waren, beschreibt Miller wie folgt: Emotional unsichere Eltern, die selbst bedürftig sind, übertragen ihre Bedürfnisse auf ihr Kind. Dieses entwickelt früh ein erstaunliches Sensorium für das, was die Eltern brauchen, und paßt sich entsprechend an. Auf diese Weise sichert es sich die Zuwendung und die Liebe der Eltern.

Dabei kann das Kind einen großen Teil seiner eigenen Gefühle nicht erleben. Es lernt, unerwünschte Gefühle wie Wut, Scham, Eifersucht, Angst usw. zu unterdrücken und zu verdrängen. Diese bleiben jedoch im Körper gespeichert. Im Laufe der Zeit entwickelt das Kind aus dieser Anpassung an elterliche Bedürfnisse heraus eine Art Als-ob-Persönlichkeit. Nach außen sind diese Kinder ausgesprochen brav, doch ihre Bravheit bedeutet, daß sie sich permanent selbst kontrollieren. Sie nimmt ihnen ihre Lebendigkeit. Da sie sich auf ihre eigenen Gefühle nicht verlassen können, suchen sie immer wieder im Außen nach Bestätigung und Zustimmung.

Später, als Erwachsene, so Miller, neigen sie zu übermäßiger Intellektualisierung oder sind anfällig für Depressionen, Suchtverhalten und Sektenabhängigkeit. Da sie nichts Eigenes entwickeln konnten und kein Gefühl für ihre eigene Identität haben, merken sie gar nicht, wenn sie sich selbst wieder einmal überfahren. Menschen in Zustimmungsrollen haben ihre Antennen immer ausgefahren, ihre Aufmerksamkeit ist draußen bei anderen Menschen und deren Erwartungen. Sie fragen sich ständig, wie sie wohl auf andere wirken und wie sie sein sollten. Dann verhalten sie sich entsprechend.

Bei einer Beratung mit einem Klienten – es ging um seine berufliche Zukunftsgestaltung – spürte er einen inneren Konflikt bei dem Gedanken, Aktien als ein finanzielles Standbein einzuplanen. Dabei hatte er seit einigen Jahren mit großem Fingerspitzengefühl mit Aktien spekuliert und dabei gute Gewinne erzielt. Auch bei anderen Entscheidungen, die seine Firma oder seine Familie betrafen, hatte er sich immer mit Erfolg auf seine Intuition verlassen. Schließlich wurde ihm bewußt, daß er das tiefsitzende Sicherheitsbedürfnis seines Vaters verinnerlicht hatte, der niemals auf Aktiengewinne vertraut hätte. Er konnte sich nun davon lösen und erkennen, daß die Ängste nicht seine eigenen waren. Sein Vertrauen in seine Fähigkeiten kehrte zurück.

Die internalisierte Mutter und der internalisierte Vater, das heißt die Seiten unserer Eltern, die wir so verinnerlicht haben, daß wir sie für unsere eigenen halten, entsprechen den Zustimmungsrollen. Diese früh von den Eltern übernommenen Werte, Glaubenssätze und Verhaltensweisen wirken daher meist unbewußt und können nicht so leicht verändert werden. Erst wenn wir entdecken, daß diese Einstellungen für unsere Eltern vielleicht sinnvoll waren, für uns jedoch nicht mehr passend sind, können wir uns

voller Wertschätzung von diesen inneren Begrenzungen verab-
schieden.

Leistungszwang und Gefallsucht

Zwei typische und weitverbreitete Zustimmungsrollen von Frauen
beschreibt die Psychologin Julia Onken in ihrem Buch *Vatermänner:*
Die Gefall-Tochter und die Leistungs-Tochter. Kleine Mädchen definieren sich gegenüber dem anderen Geschlecht durch die Art und
Weise, wie ihnen der Vater begegnet. Vermittelt er ihnen durch liebevolle Zuwendung, daß sie liebenswert sind, so wie sie sind, wird
damit der Grundstein zu einem positiven Selbstwertgefühl und
einer gesunden Beziehung zum männlichen Geschlecht gelegt.
Diese Art von Aufmerksamkeit und Bestätigung kann die Mutter
zwar ihrem kleinen Sohn, aber – da gleichgeschlechtlich – ihrer
kleinen Tochter nicht vermitteln. Sie muß vom Vater kommen.

Ist dieser nun, so Onken, nicht verfügbar, nicht zugewandt oder
eher abweisend, schließt die Tochter daraus, daß mit ihr etwas
nicht in Ordnung ist. Sie wird alles tun, um herauszufinden, wie sie
dem Vater doch noch wenigstens ein bißchen Zustimmung ent-
locken kann. Sie beobachtet ganz genau, welche Art von Frauen
ihn faszinieren, welches Verhalten bei ihm Bewunderung erregt,
und verrenkt sich, um seinen Idealen nachzueifern. Möglicherweise geht sie auch als Trotz-Tochter in den Widerstand, ein anderer Weg, um den Vater auf sich aufmerksam zu machen.

Die Gefall-Tochter lernt früh, daß der Vater auf ein schönes
Äußeres anspricht und ein angepaßtes Verhalten zu schätzen
weiß. Sie kleidet sich gern besonders weiblich, probiert die Stöckel-
schuhe und den Lippenstift der Mutter aus und versucht, die
Aufmerksamkeit des Vaters durch aufreizendes Benehmen zu gewinnen. Dahinter steht jedoch die Überzeugung, nur dann etwas
wert zu sein, wenn sie gefällt. Vielleicht kann sie dieses Verfüh-
rerische ihr Leben lang gegenüber Männern nicht mehr ablegen.
Als Gefall-Tochter kann sie aber auch in die Rolle des braven

Mädchens schlüpfen, das dem Vater jeden Gefallen tut, um von ihm geliebt zu werden. Jeder zustimmende Blick, jedes anerkennende Wort ist Balsam für ihre Seele, und doch kann es ihr negatives Selbstbild nicht mehr ändern.

Die Leistungs-Tochter hat erkannt, daß ihr Vater bestimmte Fähigkeiten und Leistungen bewundert, und tut nun alles, um sein Lob zu erringen. Ganz gleich, wo ihre tatsächlichen Stärken liegen, sie legt ihren ganzen Ehrgeiz darein, dem Vater zu beweisen, daß sie genau das kann, was er schätzt. Ein eher künstlerisch begabtes Mädchen wird vielleicht seinen Hang zur Malerei dem väterlichen Wunsch entsprechend vernünftig einsetzen und Lehrerin für Geschichte und Kunst werden anstatt Malerin. Auch wenn sie ihr Leben lang darunter leidet, ist sie zugleich stolz darauf, Vaters Erwartungen zu entsprechen. Oder sie unterdrückt ihre künstlerischen Impulse und studiert Medizin, um in die Fußstapfen des Vaters zu treten. Da die alte Wunde fehlender Beantwortung im frühen Kindesalter jedoch nicht heilt, meint sie auch später, noch immer nicht gut genug zu sein und noch mehr leisten zu müssen – ein Teufelskreis.

Man kann sehr schnell feststellen, ob eine Frau früh beschlossen hat, ihrem Vater zu gefallen oder für ihn Leistung zu erbringen. Diese beiden Zustimmungsrollen prägen das ganze Leben dieser Frauen und sind grundlegende Aspekte ihrer Ausstrahlung. Es ist interessant, sich einmal zu fragen: Wie stark definiere ich mich über Leistung oder Gefallenwollen anstatt über mein eigentliches Sein?

Frühe Entscheidungen

In den Theorien von Miller und Onken werden die Kinder als Opfer ihrer Eltern dargestellt. Dabei verdanken sie ihnen das Höchste, was sie haben, nämlich das Leben. Ich meine daher, daß wir von diesen Gedanken zwar profitieren können, aber nur wenn wir trotzdem die Verantwortung für das übernehmen, was wir als Kinder entschieden haben.

Ich möchte Ihnen dies an einem Beispiel erklären. Nehmen wir an, eine Mutter hält es, als ihr zweites Kind zwei Jahre alt wird, zu Hause nicht mehr aus und sucht sich eine Halbtagsstelle. Der Zweijährige wird zu einer Tagesmutter gegeben. In dieser Zeit verändert er sich stark, er macht einen Entwicklungssprung. Das heißt, er hat für sein Leben wichtige Entscheidungen getroffen, nicht so bewußt, wie wir das als Erwachsene tun, aber durchaus mit der gleichen Konsequenz. Für was er sich entschieden hat, wissen wir nicht, auch nicht, ob es für sein Leben positiv oder negativ sein wird. Im letzteren Fall geht er vielleicht irgendwann in Therapie und deckt, wenn er Glück hat, diese frühe Entscheidung auf, um sich von ihr zu befreien.

Was könnte ein zweijähriges Kind, dessen Mutter wieder arbeiten geht, entschieden haben? Vielleicht »Meine Mutter liebt mich nicht, denn sie läßt mich allein«, aber auch »Meine Mutter liebt mich, denn sie kommt immer wieder« oder »Es ist immer jemand da, der für mich sorgt« oder »Ich komme auch allein zurecht« usw. Alles ist möglich. Das Kind hat viele Möglichkeiten, auf die Situation zu reagieren, und wie es das tut, ist einzig und allein seine Sache. Wir tun gut daran, diese Tatsache anzuerkennen, denn als Erwachsenen steht uns die Opferrolle in unserer Ausstrahlung nicht besonders gut.

Wenn wir also die Verantwortung für unsere frühen Entscheidungen übernehmen, brauchen wir unseren Eltern keine Vorwürfe mehr zu machen und sind frei. Wir erkennen dann an, daß wir uns zum Beispiel entschieden haben, dem Vater gefallen und ihm durch Leistung imponieren zu wollen oder es ihm mit Trotz zu zeigen. Wir gestehen uns ein, daß wir, auch wenn wir uns als Kind als Opfer erleben, keines sind und sehr früh herausgefunden haben, wie wir sein und uns verhalten mußten, um die Zuwendung der Eltern zu bekommen. Wir haben beschlossen, ganz bestimmte Zustimmungsrollen zu übernehmen, die uns später zur zweiten Haut wurden. Niemand zwang uns, diese und keine andere Rolle zu übernehmen. Wir haben uns unsere Ausstrahlung mit allem, was dazu gehört, selbst geschaffen.

Nicht Nein sagen können macht aggressiv

Die Ausstrahlung des kleinen Mädchens oder des kleinen Jungen auf der Suche nach Anerkennung und Liebe ist auch bei Erwachsenen weit verbreitet. Nun ist wohl kaum ein Mensch völlig frei von dem Wunsch nach Bestätigung, und sei es auch nur Autoritätsgläubigkeit, aber die Gier nach Zustimmung, Komplimenten oder Schmeicheleien sind eine Schwachstelle. Ein solcher Mensch ist leicht manipulierbar.

Wenn Gefühle aus Anpassung immer wieder heruntergeschluckt werden, brechen sie irgendwann unkontrolliert hervor. Dann kommt Scham auf darüber, wie man nur so unbeherrscht sein konnte; die Scham wird unterdrückt und wandelt sich in Groll gegen sich selbst. Ist dieser Groll lange genug aufgestaut, bricht er bei irgendeiner Gelegenheit wieder heraus usw. Diese Art von Lieb- und Nettsein ist ausgesprochen selbstzerstörerisch und zeigt sich manchmal in nächtlichem Zähneknirschen. Whiteside und Stokes nennen diesen Kreislauf von Verhaltensweisen hysterisch.

Das Zusammensein mit einem Menschen voller Zustimmungsrollen ist anstrengend. Vor kurzem traf ich eine alte Schulfreundin. Ich erlebte sie jetzt ganz anders als früher, als ängstliches »Hascherl«, immer bemüht, mir alles recht zu machen. Zu meiner eigenen Überraschung merkte ich, wie ich kritisch und gebieterisch wurde. Die Kommunikation blieb unbefriedigend, denn das Nichtgesagte schwang trotzdem mit und stand zwischen uns beiden. Man fragt sich in solchen Situationen: Wer ist der andere eigentlich? Eine echte Begegnung ist nicht möglich.

Dazu kommt, daß wir, wenn wir eine Zustimmungsrolle einnehmen, irgendwie doch bemerken, wenn wir unsere eigenen Bedürfnisse unterdrücken, und sei es auch nur als vages schlechtes Gefühl oder Bauchschmerzen. Passiert das öfter, staut sich eine Menge Wut auf uns selbst an, die dann meist auf den Partner oder auf die Umwelt projiziert wird. Tatsächlich ist es aber das Unverständnis darüber, wie wir uns selbst so etwas antun konnten. Viele Konflikte wären gegenstandslos, wenn Menschen nicht gegen ihre eigenen Überzeugungen und Wünsche Dinge für andere tun würden, aus Angst, abgelehnt oder verlassen zu werden.

Zustimmungsrollen sind ein irritierender Bestandteil der Ausstrahlung. Man spürt, daß der andere etwas zurückhält und gleichzeitig dadurch in seinen Emotionen unberechenbar wird.

Beziehungen als Spiegel und Chance

Die Partnerwahl

Was ist es, das zwei Menschen zusammenführt? Der Sexualtrieb holt die Menschen zwar aus ihrer Isolation heraus und treibt sie auf Partnersuche. Aber dann geschieht noch mehr. Nicht die sexuelle Anziehungskraft allein ist es, die Mann und Frau zusammenführt. Sie ist lediglich hilfreich dabei, daß Beziehungen zustande kommen. Ich meine nicht Affären, sondern wirkliche Beziehungen, die unter die Haut gehen und das Leben von Grund auf umkrempeln können. Die Frage ist, warum ein Mann und eine Frau sich so unwiderstehlich voneinander angezogen fühlen, diesem Zauber verfallen und sich auf das Wagnis einer echten Beziehung einlassen. Welche Muster, Rollen, unbewußten Absichten und tiefen Sehnsüchte dabei ausgestrahlt werden, wollen wir uns einmal näher anschauen.

Haben Sie sich auch beim Anblick eines Paares schon einmal gefragt, warum dieser attraktive, charmante Mann mit der Ausstrahlung eines Siegers sich ausgerechnet so eine unscheinbare, farblose Partnerin an seiner Seite gewählt hat? Oder weshalb eine strahlende, bildschöne Frau mit Geist und Witz sich für einen ewigen Versager oder einen in keiner Weise den üblichen Attraktivitätskriterien auch nur annähernd entsprechenden Partner entschieden hat? Was ist es tatsächlich, das zwei Menschen aneinanderfesselt, so daß sie in der Partnerwahl ihre bewußten Wunschkriterien völlig vergessen und sich genau einem bestimmten Menschen mit Haut und Haar hingeben? Was steckt wirklich dahinter, und was läßt den Funken überspringen? Ist es, wie oft vermutet, nur die Chemie?

Ich behaupte, es ist viel mehr und in erster Linie etwas ganz anderes. An einigen Beispielen möchte ich Ihnen demonstrieren, welche Faktoren bei der Partnerwahl noch beteiligt sind. Ein 35jähriger Mann, der sich selbst als Eigenbrötler und seinen Lebensweg als »mäanderartig« bezeichnet, lernt eine in Scheidung lebende Mutter von vier Kindern kennen. Es entwickelt sich eine tiefe Beziehung. Unruhig und innerlich immer auf der Suche, kommt er in dieser Familie endlich zeitweilig zur Ruhe. Er genießt den Trubel mit den Kindern, zieht sich aber dann auch gern wieder in sein eigenes stilles Reich zurück. Sie heißt ihren neuen Freund als neuen Mann im Hause herzlich willkommen. Doch nach einer Weile bemerkt sie, daß er als Mann in ihrer Familie verschwindet, er wird zum Neutrum. Die Anziehungskraft läßt auf beiden Seiten nach. Da entdeckt er ein altes Muster. Als Junge schon hatte er zwischen den sich streitenden Eltern gestanden und sich in der Rolle wiedergefunden, seiner Mutter zu helfen. In seiner Ausstrahlung war all das vorhanden. Nachdem ihm das Muster bei dieser Partnerwahl klargeworden war, konnte er sich von der Beziehung lösen.

Eine Klientin beschreibt ihre Kriterien für die Wahl eines Partners folgendermaßen: »Ich hatte als Kind einen strengen Vater, der sehr viel von mir verlangte. Ich hatte immer das Gefühl, daß ich nicht gut genug war und mich noch mehr anstrengen mußte. Wenn ich heute auf meine Freunde zurückblicke, waren das immer Männer, die mir überlegen waren. Nur sie reizen mich. Die anderen finde ich gar nicht erst interessant. Andererseits habe ich eine Freundin, die sich ganz toll findet, und sie sucht sich immer jüngere Männer, die ihr unterlegen sind und sie anhimmeln. Es ist immer das gleiche Muster.«

In der Psychologie ist es nichts Neues, daß unsere Liebesbeziehungen entscheidend von der Beziehung als Kind zu Vater und

Mutter geprägt werden. Im Grunde seines Herzens ist so mancher Mann, der im Berufsleben nur seine harte Schale zeigt, ein kleiner Junge geblieben, der sich nach Mutters Schoß sehnt. Eine Frau mit einer warmen, mütterlichen Ausstrahlung ist dann natürlich attraktiv für ihn. Umgekehrt sind viele Frauen gegenüber Männern noch immer in der Rolle des kleinen Mädchens, machen sich klein und haben eigentlich ein bißchen Angst vor den Übermännern. In der Rolle der Partnerin eines autoritären Mannes leiden sie vielleicht, fühlen sich aber auch sicher, weil das ein altvertrautes Muster aus der Kindheit ist. Starke Frauen ziehen schwache Männer an, ganz gleich, was sie sich vielleicht wünschen mögen. Sie strahlen Kraft aus, unabhängig von Schönheit und Aussehen, und wirken auf einen bestimmten Männertyp anziehend, der genau das sucht.

Ein anderes Kriterium bei der Partnerwahl ist der Widerstand gegen bestimmte Eigenschaften früherer Partner. Ich erinnere mich in diesem Zusammenhang an eine Kontaktanzeige, in der jemand eine Frau suchte, die bei offenem Fenster schläft. Es war offensichtlich, daß er sich mit seiner ehemaligen Partnerin über die Frage, Fenster auf oder zu in der Nacht, nicht hatte einigen können. Wenn ein solches Thema in der Beziehung einen derart hohen Rang einnimmt, läßt das auf mangelnde Konfliktlösungsfähigkeiten schließen. Nach erfolgreicher Suche schläft die nächste Partnerin vielleicht auch gern in frischer Luft, besteht aber zum Beispiel darauf, daß in der Wohnung die Straßenschuhe ausgezogen werden, wogegen er sich wiederum wehrt, und schon sind der nächste und weitere Konflikte vorprogrammiert.

Alle unter Beziehungsstreß getroffenen Entscheidungen, die mit »Nie wieder« beginnen, werden zum Bestandteil der Ausstrahlung. Bei erneuter Partnersuche werden alle, die diese Kriterien nicht erfüllen, von vornherein ausgeblendet. Wie wir sehen, spielen viel mehr tief verwurzelte Überzeugungen in die Wahl eines Partners hinein, als man zunächst meinen könnte. Wir sind, zum großen Teil unbewußt, in bestimmten Rollen gefangen und strahlen sie aus.

Die Ausstrahlung bei der ersten Begegnung

Am Anfang einer Beziehung läuft schon bei der ersten Begegnung zwischen zwei Menschen unglaublich vieles unterschwellig ab. Denken Sie einmal zurück an den Augenblick, als Sie Ihren Partner oder Ihre Partnerin zum ersten Mal sahen. Welche Ausstrahlung hatte er oder sie? Welcher Gedanke ist Ihnen als erstes durch den Kopf geschossen? Hat er sich bewahrheitet?

Wir kreieren uns die Beziehungen. Im ersten Moment nehmen wir einen Menschen wahr und treffen eine Entscheidung. Eine Freundin lernte ihren Partner beim Karneval in einer Kneipe kennen. Er lehnte, schon etwas schwer vom vielen Bier, am Tresen. Sie ist eine bildschöne Frau und sehr verführerisch. Von diesem Abend an waren sie lange Zeit unzertrennlich. Als er sich später an den ersten Moment ihrer Begegnung erinnerte, fiel ihm ein, daß er damals gedacht hatte: Von dieser Frau kann ich eine Menge lernen. Tatsächlich ist sie sehr aufgeschlossen und hat ihm ganz neue Lebensbereiche eröffnet. Den Grundstein, seine Bereitschaft dazu, legte er im ersten Augenblick ihrer Begegnung.

Eine Klientin berichtet von der ersten Begegnung mit einem Mann, der ihr auf eine Kontaktanzeige geschrieben hatte. Sie sah ihn und dachte Nein, er sah sie und dachte Nein. Trotzdem waren sie höflich, gingen in ein Café und redeten ohne Pause vier Stunden miteinander. Als sie sich trennten, sagte sie: »Ich weiß nicht, ob ich mich in Sie verlieben kann. Aber ich möchte Sie gern wiedersehen«. Sie trafen sich bald darauf zum zweiten Mal, fanden es nett zusammen und verabredeten sich immer von neuem. Wider besseres Wissen versuchten sie alles, um ein Paar zu werden. Es klappte nicht. Schließlich gaben sie es auf und wurden Freunde.

Verliebtsein

In dem französischen Film *Einige Tage mit mir* aus dem Jahr 1998 verliebt sich ein kontaktscheuer Industrieller, der vom Geld seiner

Mutter lebt, in ein schönes, unkompliziertes, lebensfrohes Dienst-mädchen. Sie hat, menschlich gesehen, alles, was ihm fehlt. Er ge-winnt sie für sich, und sie zieht nach zwei Tagen zu ihm. Er ist über-glücklich. Endlich fühlt er sich als ganzer Mensch. Eines Tages, als sie allein weggeht, fährt er ihr nach und beobachtet sie heimlich von der Straße aus in einem Café. Er sieht sie vergnügt und la-chend im Kreis ihrer Freunde sitzen. Da wird ihm seine eigene Einsamkeit noch mehr bewußt.

Je größer die vorausgegangene Einsamkeit und die Glücks-erwartungen an eine Partnerschaft sind, desto größer ist das Maß an Verliebtheit. Und je weniger Informationen, desto mehr Projek-tionen, das heißt, die andere Person wird idealisiert. Dem Partner werden Hoffnungen und Erwartungen übergestülpt, die kaum zu erfüllen sind. Die Welt scheint in Ordnung zu sein. Man ist nicht mehr allein.

Häufig gehen diesem Erleben der Wunsch oder zumindest die innere Bereitschaft, sich zu verlieben, voraus. Wir kreieren uns ein Liebesobjekt. Dabei fließen all unsere Glaubenssätze über das an-dere Geschlecht, Äußerlichkeiten, Eigenschaften und vieles mehr mit ein. Selbst wenn der andere Mensch die Gefühle nicht in glei-chem Maße erwidert, genügt es oft schon, wenn er oder sie sich für uns interessiert, und wir »fallen in Liebe«, wie es im Englischen so schön heißt. Zwischen Verliebtsein und Lieben gibt es also einen himmelweiten Unterschied. Wer verliebt ist, blendet alles aus, was er nicht sehen will. Selbst offensichtliche Hinweise, daß das Ganze im Fiasko enden muß, werden verdrängt. Die Entscheidung, sich zu verlieben und dem anderen eine bestimmte Rolle zuzuweisen, ist gefallen. Sehen wir uns einmal an, wie sich das Rollenspiel in Beziehungen weiterentwickelt.

Der Beziehungsvertrag

Am Anfang einer Beziehung wird zwischen den Partnern, meist unbewußt, ein Beziehungsvertrag geschlossen. Dabei werden

Rollen verteilt. Ich meine hier nicht so sehr Fragen wie: Wer bleibt zu Hause bei den Kindern oder: Wer verdient das Geld?, sondern unsichtbare Rollen, die zu tun haben mit menschlichen Eigenschaften, die ein Partner dem anderen zuschreibt. Das kann zum Beispiel die Rolle des Machers sein, in die eine eher phlegmatische Frau ihren neuen Partner unbewußt drängt, eine Rolle, die niemand auf Dauer durchhalten kann. Wenn dann im Alltag unweigerlich auch seine schwachen Seiten zum Vorschein kommen, ist die Enttäuschung groß.

Andere Beispiele für eine unausgesprochene Rollenverteilung können sein, daß ein Partner den anderen seelisch unterstützt und dafür Dankbarkeit erhält. Oder ein Partner ist intellektuell überlegen, und der andere läßt sich gern anregen. Häufig ist ein solcher ungeschriebener Vertrag die Basis für eine Beziehung. Wenn eine Seite ihn kündigt, wird damit das Ende der Partnerschaft oder zumindest eine Krise eingeläutet.

Es kann interessant sein sich zu fragen: Wie ist die Rollenverteilung in meiner Beziehung? Welchen Beziehungsvertrag haben wir von Anfang an mehr oder weniger bewußt geschlossen? Welche Rollen übernehme ich, welche lebe ich nicht aus und überlasse sie meinem Partner? Der andere ist ein Spiegel für mich, um meine Rollen zu erkennen und meine eigene Ausstrahlung zu erforschen.

Der Beziehungsalltag

Nachdem im anfänglichen Stadium einer Beziehung vielleicht die Verliebtheit vorherrschte oder zumindest die Bereitschaft, im Partner die positiven Seiten zu sehen, wandelt sich im Alltag nach und nach dieses Bild. Dies ist ein gesunder Prozeß. Immer mehr zeigt sich zum einen jeder, wie er ist und wie er auch sein kann. Das Vertrauen in die Stabilität der Partnerschaft wächst, und zunehmend läßt bei beiden die Angst nach, den anderen zu verlieren, wenn man sich einmal von der schwierigen Seite zeigt. Gleichzeitig kann man das idealisierte Bild vom Partner nicht länger aufrechterhalten. Die bis dahin ausgeblendeten unerwünschten Eigenschaften werden nun so offensichtlich, daß sie nicht mehr geleugnet werden können.

Niemand ist nur stark oder nur schwach, nur skeptisch oder nur naiv. Wenn der Partner nun plötzlich ganz anders erlebt wird, ruft das oft Enttäuschung hervor. Man meint manchmal, ihn oder sie nicht wiederzuerkennen. Diese Phase der Ernüchterung ist eine Bewährungsprobe. Im besten Fall führt das Erwachen zu der Erkenntnis: Mein Partner kann alles sein, genauso wie ich alles sein kann. Jeder kann alle Rollen spielen.

Die Polarisierungsfalle

»Mein Mann ist sehr pessimistisch, er sieht in allem und jedem nur das Schlechte«, klagte eine Klientin, »ich bin da ganz anders. Ich bin ein positiver Mensch.« Im weiteren Gespräch stellte sich heraus, daß ihr Mann besessen war von der Idee des Bösen im Menschen und sich dies durch entsprechende Erfahrungen und Lektüre über Massenmorde und Kriegsereignisse immer wieder bestätigte. Sie dagegen übernahm in Reaktion darauf immer den Standpunkt, nur das Gute zu sehen, andere Menschen zu verteidigen, auch für schlimme Taten Erklärungen und Rechtfertigungen zu suchen. Kurzum, ihre Rollen schaukelten sich gegenseitig hoch. Sie konnte die düstere Weltsicht ihres Mannes nicht ertragen und entwickelte sich zur zwanghaften Optimistin. Daraufhin ging er nun wiederum in Opposition und versuchte ihr zu beweisen, daß sie unrecht hatte. Beide saßen gleichermaßen fest in der Polarisierungsfalle.

Später wurde ihr bewußt, daß sie ein Muster ihrer Mutter übernommen hatte, allzu negative Themen einfach auszublenden. So wurde in ihrem Elternhaus so gut wie nie über den Krieg oder die Nazizeit gesprochen. Das Böse existierte auf diese Weise überhaupt nicht. Falsch verstandenes positives Denken schuf die Illusion, daß die Welt nur gut war. Genauso wie ihr Mann auf Negatives fixiert war, war sie der Fixierung auf das Gute verfallen. Beides waren nur zwei Seiten der gleichen Medaille.

Ausstrahlung beruht auch auf Wechselwirkung. Einseitige Rollen können leicht dazu führen, daß der Partner die entgegengesetzte Rolle übernimmt. Je extremer an einer Position festgehalten wird, desto größer ist die Gefahr der Polarisierung. In vielen Paaren sind die Rollen genau verteilt: Es gibt den Skeptiker und die Naive, den Autoritären und die Nachsichtige, den Wissenschaftsgläubigen und die Esoterikerin, den Unerschrockenen und die Ängstliche. Die Reihe dieser Gegensätze könnte man endlos fortsetzen.

Wir blockieren uns gegenseitig in dieser Rollenverteilung. Dem Unverwüstlichen kann man eine Menge zumuten, den Empfindlichen muß man schonen, die Abenteuerlustige schafft das schon, der Mutlosen traut man nicht so viel zu und so weiter. Wir machen mit bei diesem Spiel und verstärken dadurch die Rollen der anderen.

Vielleicht haben Sie Lust, sich zu fragen: In welchen Punkten sind mein Partner und ich extrem unterschiedlich? Wo haken wir uns fest in der Polarisierungsfalle?

Rollenwechsel

Wenn einer der Partner vielleicht nach langer Ehe auf einmal versucht, die Rolle zu wechseln, herrscht zunächst Unsicherheit und Irritation. Die Partnerschaft gerät in die Krise.

Immer wieder kommt es vor, daß eine Ehefrau wohlmeinend für ihren Mann einen Beratungstermin bei mir ausmacht. Sie hat vielleicht ein Buch von mir gelesen und sieht in meiner Arbeit eine Möglichkeit, ihrem Mann bei seinen Problemen zu helfen. Wenn er dann mir gegenübersitzt, frage ich ihn: »Was möchten Sie ändern?« Die Antwort ist nach langem Zögern: »Meine Frau«. Er selbst möchte am liebsten gar nichts ändern. Es soll alles so wie früher sein. Das ist aber nicht möglich, denn bei seiner Frau hat ein Rollenwechsel stattgefunden. Sie möchte zum Beispiel, statt aus dem gemeinsamen Geldtopf zu schöpfen, für ihre Hausarbeit einen festen Betrag auf ein eigenes Konto überwiesen haben. Oder sie möchte eine gut bezahlte Vollzeitstelle annehmen statt wie bisher eine Halbtagsstelle, braucht dann aber mehr partnerschaftliche Beteiligung an der Kinderbetreuung.

Verändert eine Partei die Rolle, muß die andere nachziehen. Der alte Beziehungsvertrag ist nicht mehr gültig, und ein neuer muß ausgehandelt werden. Im schlimmsten Fall kann eine Beziehung daran scheitern. Dann heißt es, die beiden hätten sich auseinanderentwickelt.

In einem Fernsehinterview mit dem ersten Ehemann von Marilyn Monroe weigerte sich dieser, sie mit ihrem Künstlernamen anzusprechen. Für ihn war sie immer noch sein unbekanntes liebreizendes Mädchen. In dieser Rolle hatte er sie geheiratet. Als sie sich ein neues Image zulegte und ein Star wurde, weigerte er sich, mitzugehen. Das Rollengefüge stimmte nicht mehr.

Oft geht die Veränderung auch schleichend vor sich. Nehmen wir an, in einer Partnerschaft ist die Frau für die Pflege des sozialen Netzes verantwortlich. Der Mann zieht sich zurück und will nur noch seine Ruhe haben. Die Rollenaufteilung entwickelt sich unmerklich ins Extrem. Je häufiger er verstummt, desto mehr ist ihr Redefluß nicht zu bremsen. Je unnahbarer er wird, desto mehr sucht sie vielleicht Kontakte zu anderen Menschen.

Immer sind an solchen Konflikten Rollen beteiligt, die sich gegenseitig bedingen. Doch dieses Phänomen bedeutet auch eine große Herausforderung für unsere persönliche Entwicklung.

Die Chance

In keinem Lebensbereich begegnen sich Menschen so intensiv und spiegeln sich eingefahrene Rollenmuster so deutlich wider wie in Liebesbeziehungen. Nach meiner Definition von Ausstrahlung treffen bei jeder Begegnung zwischen zwei Menschen auch all ihre Glaubenssätze über sich selbst, über andere Menschen und das Leben insgesamt aufeinander. Wir können uns vorstellen, daß wir ganz besonders in Paarbeziehungen erleben, welche Rollen wir ausstrahlen. Doch in dem Spiegel, den der Partner uns vorhält, liegt auch eine große Chance.

»Früher erlebte ich mich immer als Opfer von irgendwelchen anderen Menschen oder Systemen«, erzählt ein 36jähriger Sozialarbeiter. »Irgendwann habe ich dann begriffen: Wenn ich mich verändere, verändern sich die anderen automatisch mit, zumindest in meiner Wahrnehmung.«

Natürlich sind bei jedem Menschen bestimmte Eigenschaften besonders ausgeprägt, aber jeder hat auch die Chance, anders zu sein, alles zu sein. Ganz konkret heißt das, niemand ist nur positiv oder nur negativ. Wenn mein Partner mir zu negativ ist und ich im Widerstand dazu zur absoluten Optimistin werde, lasse ich meine negativen Seiten nicht zu. Mein Partner spiegelt mir also meine eigenen Widerstände. Je mehr ich bereit bin, auch meinen Pessimismus oder meine schwarze Sicht der Dinge zuzulassen, desto weniger werden mich diese Eigenschaften an meinem Partner stören.

Immer wenn ich in meiner Beziehung eine Polarisierung der Rollen erkenne, zeigt mir das, wo ich mich einseitig auf eine Rolle fixiert habe. Mein Partner bietet mir also einen Spiegel und damit eine Chance zur Selbsterkenntnis. Ich kann von ihm lernen, was ich mir nicht erlaube zu sein. Wenn ich mich dann entscheide, diese Rolle einmal probeweise zu erforschen und zu erleben, wie das ist, befinde ich mich schon auf dem ersten Schritt zu Ganzheit und Integration. Im nächsten Kapitel geht es um genau diese Fragen. Wie kann ich sonst noch sein? Wie kann ich das Spektrum meiner Ausstrahlung erweitern?

Unbewußte Identifikationsfiguren im Familiensystem

Sich selbst besser kennenlernen durch die Methode
des Familien-Stellens

Unsere Ausstrahlung setzt sich aus allem zusammen, was wir sind, aus unbewußten ebenso wie aus bewußten Anteilen unserer selbst. Es ist daher sinnvoll, sich selbst besser kennen zu lernen, um die eigene Ausstrahlung steuern zu können. Einen wichtigen Beitrag dazu leistet der Familientherapeut Bert Hellinger mit seiner einzigartigen Methode des Aufstellens von Familiensystemen, unbewußte Konflikte und Verstrickungen werden so aufgedeckt und gelöst.

Die nicht unumstrittene Hellingersche Methode des Familien-Stellens hat in diesem Buch über Ausstrahlung einen wichtigen Stellenwert. Wer sich mit den Gedankengängen Hellingers nicht so recht anfreunden mag, kann in der Lektüre auch direkt zum nächsten Kapitel übergehen.

Noch nie zuvor brachen so viele Ehen und Familien auseinander wie heute. Die Kinder aus diesen gescheiterten Ehen werden verstärkt mit neuen Partnern von Vater und Mutter konfrontiert und leben in sogenannten Patchwork-Familien. Der Familientherapeut Hellinger analysiert die Gesetzmäßigkeiten in der Familie, entschlüsselt die gestörte Dynamik mit allen Folgen für die Kinder und ihr Leben.

So können Kinder mit früheren Partnern eines Elternteils identifiziert sein, das heißt, sie übernehmen unbewußt deren Stelle in der Familie, leben deren Gefühle, ohne es zu ahnen, und strahlen sie aus. Das kann so weit gehen, daß ein Kind sich als der heimliche Ehepartner von Vater oder Mutter fühlt und nie richtig sein Frau- bzw. Mannsein entwickelt oder daß ein Kind unbewußt einem früheren Familienmitglied in den Tod folgen will und schwer erkrankt.

Man mag zu Hellinger stehen, wie man will. Es ist keineswegs meine Absicht, seine Art zu arbeiten zum Dogma zu erheben. Ich möchte Ihnen aber in diesem Abschnitt eine Methode vorstellen, die meiner Ansicht nach gerade zu dem Thema Ausstrahlung wertvolle Gedankenanstöße geben kann. Da wir alles ausstrahlen, was wir sind, gehört dazu auch eine eventuelle unbewußte Identifikation mit früheren Mitgliedern des Familiensystems und ihren Gefühlen. Wer sie aufdeckt und sich erfolgreich davon löst, gewinnt ein klareres Gefühl für sich selbst und eine authentischere Ausstrahlung.

Wie das Aufstellen der Familie funktioniert

Das sogenannte Familien-Stellen geht folgendermaßen vor sich: Wer in einem Seminar seine Familie aufstellt, wählt aus den anderen Teilnehmern einzelne aus mit den Worten »Du bist mein Vater«, »Du bist meine Mutter«, »Du bist mein Bruder« usw. und führt sie an einen bestimmten Platz im Raum. Zuletzt wählt er einen Stellvertreter für sich selbst und stellt auch diesen ins Bild. Dies ist ein konzentrierter, spontaner Prozeß. Die Aufstellung spiegelt das innere Bild wider, das jemand von seiner Familie hat. Und dann geschieht das Magische. In dem Moment, in dem jemand die Stellvertreterfunktion für einen völlig fremden Menschen übernimmt, spürt er dessen Gefühle, zum Beispiel Groll auf den früheren Partner oder Eifersucht auf die Ehefrau. Er zeigt das gleiche Verhalten und nimmt sogar dessen körperliche Symptome wahr, fühlt sich vielleicht wie gespalten oder bekommt keine Luft.

Ist die ganze Familie aufgestellt, fragt Hellinger oder der jeweilige Therapeut jeden einzelnen, wie es ihm oder ihr geht. Dabei wird deutlich, welche Beziehungen die Familienmitglieder zueinander haben und wo die natürliche Ordnung gestört ist. Nach Hellinger gibt es eine Ordnung in Familiensystemen, die, wenn sie verletzt wird, zu Verstrickungen führt. Dies ist unter anderem der Fall, wenn zum System gehörende Personen ausgeschlossen, totgeschwiegen oder vergessen wurden. Sie fehlen an ihrem Platz im Familiensystem, wirken aber im System weiter, und spätere

Mitglieder übernehmen dann deren Schicksal. Dabei ist es nicht notwendig, diese Menschen zu kennen oder auch nur etwas über sie zu wissen. So hat ein Kind vielleicht immer wieder schwere Unfälle und will jemandem damit unbewußt in den Tod folgen. Wie bei den Zustimmungsrollen ist das Motiv bei diesen Verstrickungen Liebe.

Durch behutsames Umstellen, immer wieder erneutes Befragen aller Beteiligten und schließlich das Wiederherstellen der natürlichen Ordnung durch eine neue Aufstellung, bei der alle sich wohlfühlen, entsteht das »Lösungsbild«. Dabei läßt Hellinger sich unmittelbar von seiner Intuition leiten. Er findet die Lösung durch Ausprobieren. Das Ergebnis wird für den Betroffenen zum neuen inneren Bild der eigenen Familie, und es wirkt im Inneren weiter. Verstrickungen können sich lösen. Die ganze Veränderung geschieht nur durch das verinnerlichte Bild. Dieses innere Lösungsbild wird ohne Worte in die Familie hineingetragen und entfaltet seine Wirkung im Inneren dieses Menschen und gleichzeitig in seiner Ausstrahlung nach außen.

Übernommene Gefühle strahlen aus

Was bedeutet nun Identifikation? Nach Hellingers Erfahrung gibt es so etwas wie »übernommene Gefühle«, das heißt, jemand nimmt, ohne es zu wissen, Gefühle von einer anderen Person im Familiensystem auf sich, zu dem auch frühere Partner der Eltern gehören. So kann ein Sohn aus zweiter Ehe, der sich unbewußt mit dem ersten Mann der Mutter identifiziert, sich als heimlicher Ehemann der Mutter fühlen und Konkurrenzgefühle zum Vater entwickeln. Wenn sich jemand oft aus nichtigem Anlaß tief verletzt fühlt, ist er oder sie vielleicht mit einem früheren Mitglied des Familiensystems identifiziert, das wirklich verletzt wurde. Hellinger geht sogar so weit zu sagen, daß das Gefühl, »außer sich« vor emotionaler Erregung zu sein, in der Regel übernommen ist.

Die Grundaussage Hellingers lautet, daß unser Platz im Familiensystem entscheidend unsere Gefühle und unser Handeln – und damit unsere Ausstrahlung – bestimmt. Nach seiner Erfahrung sind weit über 50 Prozent aller Probleme, die Menschen zur Psychotherapie bringen, keine auf eigenem Erleben beruhenden Dinge, sondern die Wiederholung eines übernommenen Schicksals. Die Lösung liegt für ihn im Aufstellen und Bewußtmachen dieses Familiensystems. Es muß erwähnt werden, daß Hellinger seine Erkenntnisse beim Aufstellen von Familiensystemen nicht als allgemein gültige Theorien verstanden wissen möchte. Deswegen bezeichnet er sie im Seminar manchmal selbstironisch als Hirngespinste. Es kommt ihm darauf an, mit dem Augenblick mitzugehen und zu schauen bzw. zu fühlen, welches die Dynamik und die Hintergründe der Verstrickung in der jeweiligen Familie sind.

Wer sich eingehender zu Hellinger informieren möchte, kann dies in ausgezeichneter Weise in dem von Gunthard Weber herausgegebenen Buch *Zweierlei Glück* tun. Da Hellinger sehr feste Vorstellungen bzw. Einstellungen hat, ruft er natürlich auch viel Widerstand hervor. Ich möchte mit Hellinger im Rahmen dieses Buches Denkanstöße geben und Sie anregen, anhand dieser für Sie vielleicht provozierenden Theorien Ihre eigenen unbewußten Glaubenssysteme zu überprüfen und damit Ihre Ausstrahlung positiv zu beeinflussen.

Unbewußte Identifikationen verhindern eine authentische Ausstrahlung

Auf den ersten Blick scheint der Zusammenhang des Familien-Stellens mit dem Thema Ausstrahlung vielleicht ein wenig weit hergeholt. Doch es ist interessant zu wissen, welche unbewußten Kräfte in unserer Ausstrahlung wirksam sind. Wenn wir davon ausgehen, daß wir alle Rollen, die wir spielen oder in denen wir gefangen sind, auch ausstrahlen, kann uns die systemische Familientherapie Hellingers ganz neue Horizonte eröffnen. Auf der vordergründigen Ebene stellen wir uns durch unsere äußere Erscheinung, unser Auftreten und unsere Worte dar. Auf einer hintergründigen Ebene wirken Kräfte, die wir zum Teil nur erahnen. Wenn wir diese ans Licht holen, haben wir eine Chance zu lernen, mit ihnen umzugehen.

Wir können nur dann wir selbst sein, wenn wir uns nicht unbewußt mit einem anderen Mitglied des Familiensystems identifizieren. Denn dann ist unserer Wahrnehmung ein Filter vorgeschaltet, der aus den Gedanken und Gefühlen dieses uns meist sogar unbekannten Menschen besteht, und eine solche unbewußte Identifikationen verhindert eine authentische Ausstrahlung.

Kapitel 3:
Wie können Sie sonst noch sein?

Sich spielend in neuen Identitäten erforschen

Wieviel Spiel-Raum gibt es in Ihrem Leben?

In den meisten von uns steckt viel mehr, als wir gewöhnlich der Außenwelt zeigen. Damit beschneiden wir selbst unsere Ausstrahlung und unsere Möglichkeiten. In jedem von uns stecken viele Personen, die sich gern artikulieren möchten. Damit spiele ich keineswegs auf das Krankheitsbild der Multiplen Persönlichkeitsstörung an. Ich meine vielmehr, daß wir schon früh lernen, wie wir sein oder uns zeigen müssen, damit wir besonders viel Liebe bekommen und darüber vergessen, wie wir noch sein könnten. Wenn wir diese unterdrückten Facetten unserer Persönlichkeit wieder ans Licht holen, etwa durch das Spielen, werden wir reicher in unseren Ausdrucksmöglichkeiten und flexibler in unserer Ausstrahlung.

In diesem Kapitel wird es also um die Frage gehen: Wie kann man sonst noch sein, und wie kann man das Spektrum der eigenen Ausstrahlung erweitern, indem man bisher Ungelebtes zum Leben erweckt? Schauspieler erleben es als fatal, wenn sie auf einen bestimmten Typus festgelegt werden. Sie wollen eine breite Palette von Rollen verkörpern, doch häufig klebt als Schattenseite des Berühmtwerdens durch eine ganz bestimmte Rolle ein Image an ihnen, das sie nur schwer loswerden. Auch wir mögen es nicht, wenn andere von uns ein Bild haben, mit dem wir uns nicht identifizieren können. Doch das gleiche machen wir mit uns selbst! Wir legen uns auf einige wenige Rollen fest und leben den Rest nicht aus. Wir lassen uns selbst keinen Spiel-Raum.

Gleich zu Beginn des Kapitels möchte ich Sie bitten, sich ein wenig Zeit zu nehmen und sich zu fragen: Wann in meinem Leben spiele ich? Wann habe ich das letzte Mal gespielt? Vielleicht fällt Ihnen dann Ihr regelmäßiger Skat-, Bridge- oder Rommé-Abend ein, oder Sie denken an das letzte Monopoly- oder Siedler-Spiel im Kreise Ihrer Freunde oder Ihrer Familie. Vielleicht denken Sie auch an Computerspiele, bei denen Sie die Zeit vergessen und sich vom Streß Ihrer Arbeit entspannen können. Oder Sie sind in Gedanken bei Ihren Kindern, mit denen Sie auf dem Boden herumtollen, basteln oder Fußball spielen. Bei all diesen Spielen sind Sie jedoch an bestimmte Regeln gebunden, und der kontrollierende Verstand bleibt eingeschaltet. Selbst das Spielen mit den eigenen Kindern ist nicht immer selbstvergessen, sondern oft von der Idee geleitet, für die Kinder da sein zu müssen und eine gute Mutter oder ein guter Vater sein zu wollen.

Ist Spielen nur Kinderspiel?

Wenn ich von Spielen rede, meine ich Spiel ohne feste Regeln, etwas, das die meisten von uns längst vergessen haben. Doch wir können es wieder lernen. Wir brauchen nur einem kleinen Kind beim Spielen zuzuschauen. Es ist völlig bei sich und geht ganz auf in dem, was es tut. In diesem Augenblick gibt es nichts Wichtigeres auf der Welt, keinen Gedanken an Vergangenes oder Zukünftiges, nur reines Sein und Tun. Es braucht auch nicht unbedingt Spielzeug, denn es hat seine Phantasie. Es nimmt dann das, was gerade greifbar ist, und funktioniert es zum Spielzeug um.

Spielen schafft Identität. Kinder erschaffen eine Figur und mit ihr eine ganze Welt, zum Beispiel, wenn ein Kind mit seiner Puppe Mutter spielt, um sich in dieser Rolle auszuprobieren und sie neu zu erfinden. Es erforscht sich und eventuelle Reaktionen aus dem Umfeld und erlernt dabei wie von selbst neue Fähigkeiten. Es hat keinerlei Vorstellung, wie das Spiel zu verlaufen hat und welche Ergebnisse dabei herauskommen müssen. Wenn es dabei von

Erwachsenen nicht gestört oder bewertet wird, kann es seine Kreativität frei entwickeln.

Daniel Goleman beschreibt in seinem Buch *Kreativität entdecken* ein schönes Beispiel, wie sich ein Kind entfalten kann, wenn ihm für seine Hobbys ein weiter Spielraum gewährt wird. Die Episode wird allerdings mancher Hausfrau einen Schauer über den Rücken jagen. Der von Goleman beschriebene Junge möchte mit seiner neuen Filmkamera für seine Jugendgruppe einen Horrorfilm drehen. Mit Erlaubnis seiner Eltern verwandelt er das Haus in ein Filmstudio. Höhepunkt ist roter, blutig aussehender Schleim, den seine Mutter aus Dosenkirschen gekocht hat und der nun von den Küchenschränken tropft. Der Junge, von dem die Rede ist, heißt Steven Spielberg.

Dieses Maß an elterlicher Toleranz dürfte wohl eher zur Ausnahme gehören. Es genügt jedoch schon, wenn Kinder spontan sein dürfen, wenn ihr Spiel nicht bewertet wird und sie so ihre schöpferische Kraft frei fließen lassen können. Umwege gehören dazu. Spielen bedeutet, nicht den direkten Weg zu gehen, sondern zu erforschen, auszuprobieren, neue Erfahrungen zu machen. Moreno, der Begründer des Psychodramas, von dem weiter unten die Rede sein wird, hat über das Spiel mit Kindern die kreative Kraft kennengelernt, die in Menschen freigesetzt werden kann, wenn sie sich erlauben, die Grenzen ihrer vermeintlichen Realität zu überschreiten.

Identität und Rolle

Wenn wir uns als Erwachsene in neuen Rollen oder neuen Identitäten ausprobieren wollen, um die Erfahrung zu machen: Aha, so kann ich auch sein!, können wir das am besten spielerisch tun.

In diesem Zusammenhang möchte ich versuchen, die Begriffe Rolle und Identität voneinander abzugrenzen. Unter einer Rolle verstehe ich in erster Linie die Verkörperung einer Facette unserer Persönlichkeit, also »die Perfekte«, »der Unnahbare« usw. Daneben gibt es durch die äußeren Umstände vorgegebene Rollen wie Tochter, Bruder, Nachbarin, Vater, außerdem unsere beruflichen Rollen. In jeder Rolle nehmen wir einen bestimmten Standpunkt in unserem Bewußtsein ein, der unsere Wahrnehmung und unsere Ausstrahlung beeinflußt. Zu jeder Rolle gehören bestimmte Fähigkeiten und Verhaltensweisen, Glaubenssätze und Werte, häufig Erwartungen von uns an andere und von anderen an uns. Vielleicht ist damit auch ein Gefühl der Zugehörigkeit zu anderen Menschen verbunden.

Ganz wichtig für uns, wenn auch häufig nicht bewußt, ist der Nutzen oder der Vorteil, den uns diese oder jene Rolle einbringt, sonst würden wir sie nicht immer wieder einnehmen. Es kann sehr aufschlußreich sein, sich zu fragen: Welchen Gewinn ziehe ich aus dieser Rolle? Wenn zum Beispiel ein vierzigjähriger Mann im Beisein seines Vaters den lieben Jungen spielt, möchte er seinen Vater vielleicht nicht enttäuschen. Nehmen wir an, er gibt dann immer vor, daß alles in seinem Leben bestens klappt, auch wenn ihn die Sorgen fast erdrücken. Sein Vorteil ist dann, daß er Anerkennung und Bewunderung bekommt. Außerdem braucht er sich seiner Angst, diese zu verlieren, wenn er sich mit seinen Schwächen zeigt, nicht zu stellen. Oder es macht ihm einfach nur Spaß, diese Rolle zu spielen, weil er sich dann selbst großartig fühlt.

Wenn wir eine bestimmte Rolle verkörpern, betonen wir eine Seite unseres Selbst. Eine Identität dagegen umfaßt eine eigene Figur mit ihren charakteristischen Eigenschaften, mit ihrer Vergangenheit und Zukunft, ihren Beziehungen. Wenn wir eine neue Identität annehmen, schlüpfen wir in mehr als nur eine Rolle. Wir sind dann eine andere Person mit allem, was zu dieser Person gehört. Für mich ist im deutschen Sprachgebrauch das Wort Identität umfassender als Rolle. Mit einer einzigen Identität kann man trotzdem in verschiedene Rollen schlüpfen.

Im alltäglichen Sprachgebrauch vermischen sich die beiden Begriffe allerdings. Ein Schauspieler verkörpert eine andere Identität; trotzdem sprechen wir davon, daß er eine Rolle spielt. Die Grenzen sind fließend.

Für beides ist es jedoch notwendig, eine Zeitlang das alte, feste Ich aufzugeben und ganz neu anzusetzen. Dabei ist es hilfreich zu spielen, sich zu erlauben, wieder wie ein Kind zu sein und die Welt ganz neu zu erforschen und zu gestalten.

Spaß statt Leistung

Spielen bedeutet auch, etwas aus Spaß tun, ohne dabei das Hauptaugenmerk auf einen bestimmten Zweck oder ein Ziel zu richten. Im Mittelpunkt steht das Tun, der schöpferische Prozeß. Nur wenigen gelingt es, dieses absichtslose Spielenkönnen ins Erwachsenenalter hinüberzuretten. Im Laufe unserer Sozialisation wandeln sich die Anforderungen hin zu einem eher vernunftbetonten, leistungsorientierten Denken. Doch spätestens wenn der Wunsch entsteht, kreativ zu sein und sein Innerstes zum Ausdruck zu bringen, stößt man, wenn man nicht mehr spielen kann, an seine Grenzen.

Julia Cameron hat ein Programm entwickelt, wie wir diesen inneren Künstler wiedererwecken können. Darin gibt es eine Aufgabe, die regelmäßig einmal pro Woche auszuführen ist: den Künstlertreff. Man nimmt sich Zeit nur für sich, um etwas Verrücktes und Ausgefallenes zu tun, das man sich sonst nicht erlaubt. Dabei kommen ganz schnell die inneren Zensoren auf den Plan. Sie verwerfen alle möglichen Ideen als sinnlos oder unvernünftig, und unweigerlich endet man bei der Frage: Was will ich eigentlich? Worauf habe ich wirklich Lust? Was wollte ich schon lange tun, habe mich aber nicht getraut, oder es gab immer etwas »Wichtigeres«? Aus eigener Erfahrung weiß ich, daß es gar nicht so einfach ist, diesen inneren Künstler aus seinem Verlies zu holen, wenn man mehr für Vernünftigsein und Leistung gelobt wurde als für kreative Einfälle. Aber es ist möglich.

»Endlich Unsinn nach so viel Sinn und Zweck und Zweck und Sinn«, sagt auch Hanns Dieter Hüsch, der Altmeister des deutschen Kabaretts.

Beim Spielen müssen wir einmal keine Erwartungen erfüllen, auch keine selbstgesetzten. Oft sind diese am schwierigsten loszulassen. Spielerische Leichtigkeit gewinnen wir, wenn wir uns wieder erlauben, etwas zu tun, das der strenge Verstand verurteilt, weil es »nichts bringt« außer dem momentanen Vergnügen, ohne Leistungsdruck etwas auszuprobieren. Spielen kann auch heißen, in den Tag hineinzuleben, nicht funktionieren zu müssen, einmal frei zu sein von seinen Verpflichtungen.

Die Fun-Mentalität ist sicher eine Antwort auf den Leistungszwang, der heute im Berufsleben in extremer Weise herrscht. Echtes Spielen hat nichts mit passiver Berieselung zu tun, im Gegenteil, es ist ein höchst aktiver Prozeß. Cameron empfiehlt in ihrem Programm einmal eine Woche Leseentzug, auch wenn er noch so schwer fällt. Dadurch gewinnt man viel Zeit, die für Kreativität frei wird. Das gleiche Resultat kann man mit einer Woche Fernsehentzug erreichen. Dabei lernt man sich von neuen Seiten kennen, Und schon fängt man an, mit seiner Ausstrahlung zu spielen.

Wann Erwachsene spielen dürfen

Immer wenn wir bewußt in eine Rolle schlüpfen, die wir sonst im Leben nicht einnehmen, spielen wir. In diesem Kapitel werde ich erläutern, was geschehen kann, wenn wir unsere »normale« Realität mit einer anderen vertauschen.

Eine Urlaubssituation ist ein gutes Beispiel, losgelöst von den alltäglichen Zwängen, können wir uns einmal anders zeigen. Wir machen nicht nur Urlaub, um uns zu erholen, sondern auch, um uns in dieser Zeit aus eingefahrenen sozialen Verhaltensmustern zu befreien. Ebenso bietet der Karneval einen gesellschaftlich sanktionierten Rahmen, in dem die Grenzen des Erlaubten weiter gesteckt sind als im normalen Leben.

Den Trend zur Lust am Rollentausch haben Seminaranbieter schon lange erkannt. In Überlebenstrainings kann man zum

Beispiel die Realität einmal aus einer anderen Perspektive erleben. Kürzlich las ich aber in der Zeitung auch von einem anderen höchst ungewöhnlichen Kurs, der von einer sozialen Einrichtung organisiert und mit »Obdachlos« überschrieben wurde. Nach der Bezahlung der Kursgebühr wird man entsprechend eingekleidet, gibt alle persönlichen Utensilien wie Geld, Schlüssel, Ausweis, Uhr und anderes ab und wird für vierundzwanzig Stunden zum Obdachlosen. Man erlebt, wie es ist, auf der Straße zu sitzen, Passanten anzubetteln und in Altglascontainern nach Pfandflaschen zu suchen. Bei diesem Rollenwechsel verändert sich nicht nur die Sicht der Welt, die Gefühle und Werte, es verändert sich die gesamte verbale und nonverbale Kommunikation. Danach kehrt man um eine Erfahrung reicher in sein Alltagsleben zurück.

Es muß ja nicht gleich ein derart drastischer Rollentausch sein. Es reicht auch schon, sein Äußeres einmal vollkommen zu verändern, zum Beispiel durch eine ganz andere Frisur mit ungewohnten Farben. Wer sich – wie es vor einiger Zeit Mode war – grüne Haare zulegt, tut dies vielleicht, um jemanden darzustellen, der er von Natur aus nicht ist, weil er seinen Freunden gefallen will, weil er gegen Konventionen protestieren will oder weil es einfach Spaß macht, einen Tag so, dann wieder so auszusehen. Je weiter die neue Rolle von der alten entfernt ist, desto mehr Mut braucht man dafür.

Auch den Wechsel in eine andere Sprache empfinde ich, wenn die Kommunikation nicht perfekt sein muß, als Spiel. Mit der neuen Sprache, ihrem Tonfall, ihrer Grammatik und ihrem Vokabular schlüpfe ich gleichzeitig ein bißchen in diese nationale Identität und ihre Mentalität. Ich habe lange in China gelebt und als Dolmetscherin für Chinesisch gearbeitet und dabei hautnah erlebt, wie ich quasi im Kopf eine andere Schublade öffnete, wenn ich chinesisch sprach. Aber auch in jeder anderen westlichen Sprache fühle ich etwas anderes mitschwingen als in meiner eigenen Sprache. Menschen, die zweisprachig aufgewachsen sind oder gar aus zwei sehr unterschiedlichen Kulturen kommen, erleben sich manchmal als wie gespalten, oder sie wechseln mit Leichtigkeit zwischen diesen beiden Identitäten hin und her. Es ist für sie wie ein Spiel.

Durch das Spielen mit verschiedenen Identitäten kann man sich neu und anders erleben und dadurch immer mehr Facetten der eigenen Ganzheit integrieren. Man erlebt, wie schnell und leicht man seine Ausstrahlung wechseln kann. Dabei ist jede Art von Kreativität sehr hilfreich.

Ähnlich wie das Laienschauspiel, von dem ich noch berichten werde, habe ich auch künstlerische Prozesse als sehr bereichernd erlebt. Genauso wie ich lange Zeit dachte, ich hätte kein Talent zum Schauspiel, habe ich mich auch viel zu lange durch die Überzeugung, ich könne nicht malen, eines Teils meiner eigenen Kreativität beraubt. Doch jeder kann malen. Das heißt nicht, daß jeder ein Picasso sein kann, aber das ist ja auch nicht nötig. Mit entsprechender Anleitung und der nötigen Wertschätzung auch für die ersten Malversuche kann jeder damit ganz neue Seiten an sich entdecken.

Wichtig ist auch hier wie bei einem Kind, das spielend lernt, daß dabei sehr viel Raum zum Ausprobieren vorhanden ist und in entscheidenden Momenten eine kompetente Leitung mit passenden, individuellen Anregungen neue Möglichkeiten aufzeigt. So finde ich es zum Beispiel sehr interessant, daß man beim Malen an der Staffelei zwischendurch immer wieder zurücktritt, um sein Bild aus größerem Abstand zu betrachten. Den gleichen kreativen Prozeß erlebe ich beim Schreiben. Ich trete innerlich zurück, versetze mich in meine Leser, um den Text auch mit ihren Augen sehen zu können. Ich muß auch sowohl beim Malen als auch beim Schreiben immer wieder dem Detail besondere Aufmerksamkeit widmen, darf aber darüber das Ganze nicht aus den Augen verlieren. Diesen ständigen Perspektivenwechsel kann man auch auf das tägliche Leben übertragen. Wenn man sich in Kleinigkeiten zu sehr verzettelt, kann man einen Schritt zurücktreten und sich fragen: Was ist jetzt wirklich wichtig? Und erst wenn man wieder den Überblick gewonnen hat, kommt die Frage: Was steht als nächstes an?

Eine sehr interessante Erfahrung ist es auch, beim Malen das halbfertige Bild zu drehen und in allen Richtungen auszuprobieren, wie es wirkt. Man nimmt damit andere Standpunkte ein. Manchmal gefällt einem das Bild von einer Seite oder auf den Kopf gestellt plötzlich besser, und man malt es dann in dieser Position weiter. Auf das Leben übertragen könnte das dazu anregen, einen Ort, an dem man häufig ist, einmal von einem anderen Standpunkt aus aufmerksam zu betrachten. Zum Beispiel könnte man sich auf eine Brücke über eine Autobahn stellen, auf der man regelmäßig fährt, und über den Straßenverkehr philosophieren, oder man könnte sein Haus einmal vom Nachbarbalkon oder -garten aus betrachten. Aus der veränderten Perspektive werden ganz neue Details sichtbar, die man nicht wahrnimmt, wenn man etwas immer vom gleichen Punkt aus sieht.

Jedesmal bin ich von neuem überrascht, wie schnell selbst blutige Anfänger unter diesen Bedingungen ihr kreatives malerisches Potential entdecken. Aufgrund dieser Erfahrungen kann ich Julia Cameron nur zustimmen, die davon ausgeht, daß in jedem von uns ein Künstler steckt. Es ist so wohltuend, unseren inneren Künstler und damit diese immense kreative Kraft in uns freizusetzen. Wir alle sind von Natur aus kreativ, es ist einfach ein Teil des Lebens. Wenn wir diesen Teil zulassen, werden wir wieder ein Stück vollständiger.

Spielen, und dazu gehört auch kreativ sein in welcher Form auch immer, hilft uns, uns in unserer Vielfalt zu begreifen. Im kreativen Prozeß stoßen wir immer von neuem an unsere Grenzen und können sie, wenn wir nicht aufgeben, überwinden und immer weiter stecken. Die Erfahrung ist jedesmal: Das kann ich also auch und: So kann ich auch sein. Dieses innere Wissen macht uns vollständiger und reicher und wird zum Bestandteil unserer Ausstrahlung.

Psychodrama – heilsame Rollenspiele

Therapeutisches Theater

Ein schönes Beispiel dafür, wie man durch das bewußte Ausprobieren neuer Rollen sein Lebensgefühl und seine Ausstrahlung intensivieren kann, ist das Psychodrama. Jakob L. Moreno (1890-1974), der Begründer, Arzt und Psychiater, entwickelte diese Form der Gruppentherapie aus seinen eigenen Theatererfahrungen. Seit dem Alter von siebzehn hatte er in den Wiener Parks mit Kindern Märchenspiele improvisiert. Im Jahr 1921 gründete er in Wien sein Stegreiftheater und experimentierte dort mit revolutionären Theaterkonzepten. So gab es keine Trennung zwischen Bühne und Zuschauerraum; das Publikum konnte und sollte aktiv in das Spielgeschehen eingreifen. In diesem »Theater ohne Zuschauer« traten an die Stelle geschriebener Stücke nur allgemeine Handlungsvorgaben, zum Beispiel wurden aktuelle Tagesereignisse nachgespielt. Dabei wurden der genaue Ablauf, die Texte, die Darstellung und die Lösung der Konflikte improvisiert.

Dabei entstand eine aus der Situation heraus geschaffene Kunst des Augenblicks. Die Bühne wurde zum Ort schöpferischer Freiheit. Als einzelne Darsteller die Erfahrung machten, daß dieses Erlebnis sie auch in ihren Lebensalltag hinein stark veränderte, war das therapeutische Theater geboren. Moreno siedelte 1925 nach Amerika über, entwickelte sein improvisiertes Theaterspiel mit Gruppen weiter und bis hin zur modernen Gruppentherapie. 1942 gründete er in New York das Moreno-Institut. Weltweit fanden seine Ideen Verbreitung. Heute ist das Psychodrama eine anerkannte psychotherapeutische Methode.

Handeln statt Reden

Im Mittelpunkt von Morenos Arbeit steht Kreativität in Form des spielerischen Ausprobierens von bisher nicht gelebten oder gewagten Rollen. Beim Psychodrama geht es darum, sich in anderen Rollen als den üblichen zu erleben. Es ist eine erfahrungsorientierte Methode: Nach Moreno sind tiefgreifende Veränderungen nur dann möglich, wenn sich dabei intensive Emotionen, Erkenntnisse und Körperreaktionen gleichermaßen abspielen. Konflikte werden in Handlung, in Spiel umgesetzt. Danach ist der Spieler verändert, und da jeder alles ausstrahlt, was er ist, wandelt sich auch seine Ausstrahlung.

In der Praxis sieht das Psychodrama zum Beispiel folgendermaßen aus: Eine Teilnehmerin wählt eine Konfliktsituation aus ihrem Leben aus, ein aktuelles Problem, eine vergangene unbewältigte Lebenssituation oder ein zukünftiges Szenario. Dieses ganz konkrete Problem stellt sie gemeinsam mit allen daran beteiligten Personen dar. Als sogenannte Protagonistin ist sie die zentrale Figur. Sie kann sich selbst spielen oder als Hilfs-Ich eine Stellvertreterin auswählen, damit sie selbst das Geschehen von außen beobachten kann. Oder sie kann selbst die Rolle eines eventuellen Widersachers übernehmen und die ganze Situation aus dessen Perspektive erleben.

Im Spiel darf die Protagonistin ihre Gefühle zeigen, ohne die sozialen Folgen befürchten zu müssen, die in der Realität wahrscheinlich eintreten würden. Durch das Ausleben dieser bisher unterdrückten Emotionen kommt es zu einer Katharsis, einer Art Reinigung. Danach tritt Erleichterung und Entspannung ein; sie fühlt sich befreit.

Therapie als kreativer Prozeß

Die heilende Wirkung des Theaterspielens war bereits in der Antike bekannt, doch erst seit dem 20. Jahrhundert wurde systematisch damit gearbeitet. Allerdings gibt es einen Unterschied zwischen Psychodrama und Theater. Der Schauspieler muß sich im Spiel kontrollieren, darf den Text nicht vergessen und muß den vorgegebenen Handlungsablauf einhalten. Der Protagonist dagegen, die zentrale Figur im Psychodrama, soll ganz er selbst bleiben. Er braucht keinerlei schauspielerische Leistung zu vollbringen, er darf improvisieren und dabei seinen Gefühlen freien Lauf lassen. Der kreative Prozeß besteht darin, seine Rolle voll und ganz auszuleben.

Unser Bewußtsein macht nur den kleineren Teil unserer Persönlichkeit aus, der weitaus größere Teil entzieht sich jedoch unserer bewußten Kontrolle. Durch das Rollenspiel werden unterdrückte Persönlichkeitsanteile wieder zurückgeholt und integriert. Erinnern wir uns an das Aufstellen von Familiensystemen nach der Methode Bert Hellingers. Auch hier wirkt das Ausgeschlossene als starke Kraft im System weiter, auch ohne daß wir es wissen. Wird es erkannt, gewürdigt und wieder integriert, werden wir ein Stück mehr wir selbst und strahlen das aus.

Doch integriert werden kann eben nur, was gewürdigt wird und was sein darf. Ein bewährtes Mittel im Psychodrama ist dabei das Übertreiben. Durch bewußtes und überzogenes Ausagieren in Wort und Verhalten kann jemand sich in einer bestimmten Rolle genauer wahrnehmen und sich darin ausleben. Wer sich zum Beispiel dauernd entschuldigt, kann diese Rolle übertreiben, indem er jeden Satz damit beginnt, sich für irgend etwas zu entschuldigen, oder indem er sich bewußt klein macht und erkennt, wie andere auf dieses Verhalten reagieren. Dieses Spielen mit Rollen und der eigenen Ausstrahlung bringt auf einer tiefen Ebene der Persönlichkeit einen heilsamen Prozeß in Gang.

Heilender Rollentausch

Ein Ziel des Psychodramas ist die Erweiterung des eigenen Rollenrepertoires. Dies geschieht durch das Einnehmen eines anderen Standpunktes, durch Rollentausch. Dazu bietet sich an, in die Rolle zu wechseln, mit der man in der realen Situation die größten Schwierigkeiten hat. Man steigt einmal aus dem alten Rollenverständnis aus und spielt sich selbst so, wie man vielleicht noch nie war. Vor allem die weniger sympathischen Seiten darzustellen ist ganz besonders interessant, ebenso wie die Seiten, die man normalerweise nicht zu zeigen wagt. Man bekommt dann eine Ahnung davon, wie man noch sein könnte, eine andere Sicht der Dinge und möglicherweise sogar Verständnis für das Verhalten anderer.

In geschütztem Rahmen kann man ausprobieren, wie bestimmte Rollen funktionieren und welche Reaktionen sie bei anderen hervorrufen. Nehmen wir an, eine immer freundliche Frau, die gelernt hat, Aggressionen zu unterdrücken, statt angemessen mit ihnen umzugehen, probiert sich in der Gruppe in der Rolle der Aufmüpfigen vorsichtig aus. Sie erfährt dann, daß das, was sie am meisten befürchtet, nämlich abgelehnt zu werden, nicht passiert. Statt dessen geschieht gar nichts. Wahrscheinlich bekommt sie sogar positives Feedback aus der Gruppe oder wird ermutigt, endlich einmal auf den Tisch des Hauses zu hauen.

Durch das Spiel im Psychodrama werden Persönlichkeitsanteile aktiviert, die bisher verschüttet waren. Dies kann von dem Betroffenen als große Befreiung erlebt werden, aber auch als tiefe Erschütterung, wenn »die böse Seite« einmal zugelassen wird. Es ist daher wichtig, daß das Spiel von einem einfühlsamen Therapeuten geleitet und in einer Nachbesprechung in der Gruppe behutsam ausgewertet wird, damit die neu erfahrenen Verhaltensweisen in den Alltag integriert werden können. Dann ist das Psychodrama ein heilsamer Prozeß. Wer sich darauf einläßt, geht mit einem neuen Bewußtsein und einer veränderten Ausstrahlung daraus hervor.

Erfolgserlebnisse im Seminar

Unvergeßliche Erfahrungen

Es ist faszinierend mitanzusehen, wie sich die Ausstrahlung eines Menschen nach einem Seminar mit gelungenen Rollenspielen verändert. Ich erlebe dies immer wieder in meinen Seminaren, aber auch einige meiner eigenen Erinnerungen als Seminarteilnehmerin sind unauslöschlich.

Ich denke dabei an einen Teilnehmer eines Kommunikationsseminars, einen unscheinbaren, zurückhaltenden jungen Mann, dem man nicht viel Originalität zutraute. Während der ersten anderthalb Tage hatte man von ihm nicht viel bemerkt. Als er mit seinem Auftritt an der Reihe war, entwickelte er zur allgemeinen Überraschung eine unfreiwillige Komik. Während die Gruppe vor Lachen fast unter dem Tisch lag, lief er immer mehr zu Höchstform auf. In der Nachbesprechung stellte sich heraus, daß er sich selbst mit seiner komischen Ader ganz neu erlebt hatte. Er nahm eine gehörige Portion mehr Selbstbewußtsein mit nach Hause.

Nie vergessen werde ich auch, wie ich als junge Studentin an einem Rhetorikseminar teilnahm. Dabei bekam ich nach dem Rollenspiel zu hören, daß ich in Sprache und Körpersprache wie eine damals bekannte Nachrichtenmoderatorin wirkte. Es stimmte, ich fand diese Frau bewundernswert und ahmte sie unbewußt nach. Zwar wirkte das Ganze durchaus professionell, aber ich war dabei nicht ich selbst.

Als ich einmal an einem Bewerbertraining teilnahm, probten wir ein kurzes Vorstellungsgespräch im Rollenspiel. Eine Mitteilnehmerin, die nach einer langen Zeit erfolgloser Jobsuche sehr wenig Selbstbewußtsein hatte, übernahm die Rolle der Bewerberin. Der Interviewer eröffnete das Gespräch, wie wir es gelernt hatten, mit freundlichem Smalltalk, um die Atmosphäre ein wenig zu lockern. Auf eine harmlose Eröffnungsfrage knallte sie ihm eine abweisende Antwort hin, und das Gespräch war gelaufen. Sie erkannte, wie sie aus Unsicherheit und Nervosität auch da scharf konterte, wo gar kein Angriff stattgefunden hatte, und wurde durch diese Erfahrung sehr nachdenklich.

Worauf es beim Rollenspiel ankommt

Rollenspiele gehören heute in Seminaren des Management- oder Verkaufstrainings, beim Telefon- oder Bewerbertraining als praxisnahe Phasen einfach dazu. Sie ergänzen die eher theoretischen Seminarteile und lassen die Lerninhalte durch die' praktische Erfahrung anschaulich werden. Außerdem macht es Spaß, mit seiner Ausstrahlung zu spielen.

Häufig ist eine genaue Fallstudie der Ausgangspunkt des Rollenspiels. Ein typischer Konflikt aus dem Arbeitsleben der Teilnehmergruppe wird darin auf den Punkt gebracht. Alle Mitspieler bekommen genaue Anweisungen, wen sie verkörpern und welche Haltung sie in der gestellten Situation einnehmen sollen. Aber dann entwickelt sich beim Spielen meist eine Eigendynamik, die die Spieler, die Zuschauer und den Trainer gleichermaßen in ihren Bann zieht. Das Schöne am Rollenspiel ist, daß es von der Persönlichkeit der Spieler lebt, wenn sie sich dabei mit ihrem ganzen Wesen einbringen. Dabei können natürlich auch heftige Emotionen mit ins Spiel kommen, und genau dadurch entsteht die gleiche Betroffenheit, als wäre der Konflikt real.

Rollenspiele sind immer auch ein Training in Sachen Ausstrahlung. Besonders deutlich wird jedem Teilnehmer seine eigene Wirkung auf andere Menschen bewußt, wenn dabei mit Videoaufzeichnungen gearbeitet wird. Besonders gnadenlos nehmen wir die eigene Körpersprache wahr, wenn dabei der Ton abgeschaltet wird. Die Kamera bringt ans Licht, wer wir in diesem Augenblick sind, was wir denken und fühlen, was wir ausstrahlen.

Zwar geht es auch ohne Video, doch unerläßlich ist bei jedem Rollenspiel eine von konstruktiver Kritik geprägte Nachbesprechung. Als außenstehende Beobachter bringen die anderen Teilnehmer manchmal ganz überraschende neue Standpunkte ein, und für die Spieler ist es erleichternd, noch einmal über ihre Erfahrungen zu sprechen.

Selbstbild und Fremdbild klaffen meist auseinander. Deshalb ist es so nützlich, einmal gute Freunde zu fragen, wie man nach außen wirkt. Die Manöverkritik nach dem Rollenspiel ist auch ein Weg zu erfahren, wie die eigene Ausstrahlung bei anderen ankommt. Ist man offen für die Anregungen und ist die Kritik so verpackt, daß man sie akzeptieren kann, steht den Aha-Erlebnissen auf dem Weg der Selbsterkenntnis nichts mehr im Wege.

Das Geheimnis Ihrer Ausstrahlung – das Seminar zum Buch

In meinem Seminar zum Thema Ausstrahlung sind die Rollenspiele der absolute Höhepunkt. Dabei bin ich in meinen Vorgaben eher zurückhaltend, denn mir kommt es darauf an, daß die Spieler sehr viel Raum haben, sich zu entfalten. In der Regel entwickeln wir die Rollenspiele aus der persönlichen Situation der Teilnehmer. Mit einigen wenigen Requisiten wie Hüten, Mützen, Tüchern, Schals verwandeln sie sich und tauchen in die jeweilige Rolle ein. Sie spielen zunächst einmal sich selbst mit ihren derzeitigen Grenzen. Das Wichtige dabei ist, daß sie diese Rolle diesmal bewußt einnehmen und übertreiben. Danach nehmen sie die Rolle eines Gegenübers ein oder spielen sich so, wie sie gerne sein möchten. Dabei passieren interessante Dinge.

Ein Teilnehmer, der sich nach seiner Scheidung innerlich völlig abgeschottet hatte, sich gleichzeitig aber nach einer neuen Beziehung sehnte, sah als seine größte Begrenzung seine Kontaktschwierigkeit. In einer gestellten Situation im Restaurant verschanzte er sich hinter seiner Zeitung und trotzte erfolgreich allen Annäherungsversuchen einer charmanten Frau, die ihm zunächst gegenübersaß, ihm aber dann immer mehr auf die Pelle rückte, woraufhin er allmählich zum Eisberg erstarrte. In einem späteren Gruppenrollenspiel übernahm er eine beschwichtigende Rolle, die sein hinter den Schutzmauern verstecktes weiches Wesen gut zum

Vorschein brachte. In einem Folgeseminar zwei Monate später zeigte er sich wesentlich netter und aufgeschlossener. Das Rollenspiel hatte in ihm einiges ausgelöst und seine Ausstrahlung verändert.

Eine Teilnehmerin stellte einem potentiellen Sponsor ihr Seminarkonzept vor. Sie zweifelte daran, ob sie überzeugend auftreten konnte. In der Szene wirkte sie absolut glaubhaft, klar und sicher. Sie fühlte sich selbst wohl dabei und bekam von allen Beteiligten ein sehr positives Feedback. Aus dem Rollenspiel nahm sie eine rundum bestärkende Erfahrung mit.

Ein anderer Teilnehmer hingegen, der gerade eine neue Firma gründete, erkannte in der gestellten Szene genau, wann er unsicher wurde, mit seiner Aufmerksamkeit von seinem Kunden zurück zu sich ging und anfing, weitschweifig zu werden, um seine Unsicherheit zu überspielen. Ihm wurde klar, wo sein Konzept in der Sache noch Ungereimtheiten aufwies und wie sich das in seinem Auftreten bemerkbar machte. Bei seiner Spielpartnerin hatte das ein autoritäres Verhalten ausgelöst, das seine Unsicherheit noch verstärkte. Beim nächsten Rollenspiel schlüpfte der Mann in die Rolle eines autoritären Sheriffs und lebte seine geheimen, unterdrückten Machtgelüste einmal voll aus.

Eine Teilnehmerin spielte eine Szene, in der sie bei ihrem Mann durchsetzen wollte, daß er sich mehr um die Kinder kümmerte. In entscheidenden Momenten wurde ihre Stimme jedoch immer schwach, und ihr Mitspieler hatte gewonnen. Sie rutschte wieder in ihr altes Muster, die gesamte Verantwortung für die Familie allein zu tragen. Das Feedback der Gruppe war interessant. Die Frauen resignierten mit ihr, aber die Männer redeten ihr zu, sich nicht alles gefallen zu lassen. Später übten wir, wie man einer Aussage Kraft und Überzeugungsvermögen verleiht, und in einem weiteren Rollenspiel trat dieselbe Frau mit einer völlig veränderten Ausstrahlung auf. Mit aufrechter Haltung, klarer Stimme und einer Aura von innerer Festigkeit brachte sie ihre Botschaft bei ihrem Gegenüber ganz anders an, und sie hatte erstmals Erfolg mit ihrem Anliegen. Beim Folgeseminar erzählte sie von ähnlichen Erfolgen auch zu Hause.

Sich in vielen Rollen auszuprobieren ist spannend und erweitert die eigenen Möglichkeiten. Dies erstmals im Seminar in einem geschützten Rahmen und mit unterstützenden Mitstreitern zu tun ist ein erfolgversprechender Weg. Manche entdecken dabei ihr komödiantisches Talent oder zumindest den Wunsch, Schauspielern als Hobby zu betreiben. Fast immer profitieren die Teilnehmer durch größere Sicherheit und mehr Selbstbewußtsein in ihrer Ausstrahlung.

Schauspiel als Hobby – sich neu und anders erleben

Sich spielend neu erfahren

Jeder, der das Glück hatte, sich als Laienschauspieler zu erproben, kennt das Vergnügen, das es bereitet, in eine andere Rolle zu schlüpfen, die Mühe, die es kostet, ein Stück bühnenreif zu gestalten, und das Lampenfieber, das zum Auftritt dazugehört. Aber auch wenn man es nicht bis zur Aufführung bringt, sondern es bei spielerischen Improvisationsübungen beläßt, kann man durch die einzigartigen und unvergeßlichen Erfahrungen für sein Repertoire an Ausdrucksmöglichkeiten und seine Ausstrahlung enorm profitieren. Das Sicheinlassen auf spielerische Übungen aller Art, das langsame Hereinwachsen in eine Rolle, das Miteinander in der Gruppe, all dies weckt Fähigkeiten und Talente, die bereits in jedem von uns schlummern. Es zeigt jedoch auch Grenzen auf, die es zu überschreiten gilt.

Ich selbst nahm an zwei verschiedenen Schauspielgruppen teil, deren Leiter nach den Methoden von Michael Tschechow und Lee Strasberg arbeiteten, beide legendäre Schauspiellehrer und Schüler des großes Theatermannes Konstantin Stanislawskij am Moskauer Künstler-Theater. Diese Methoden bieten eine Fülle von Anregungen zum Thema Ausstrahlung. Als Trainerin und Therapeutin erlebe ich natürlich diesen Unterricht mit besonderem Interesse für die persönlichen Prozesse, die dabei in Gang kommen.

Während ich im letzten Kapitel dieses Buch unter der Überschrift »Schauspielprofis über die Schulter geschaut« darauf eingehen werde, wie wir mit diesen Werkzeugen unsere Ausstrahlung gestalten können, liegt der Schwerpunkt hier darauf zu beschreiben, wie wir uns beim Spielen und vor allem beim Improvisieren in gewohnten und ungewohnten Rollen neu und anders erfahren können.

Über sich hinauswachsen

Meine erste Wiederbegegnung mit dem Schauspiel in jüngster Zeit, lange nach den üblichen Schultheatererfahrungen, machte ich auf einem Seminar. Wir bekamen die Aufgabe, in Gruppen zu zehn bis zwölf Personen innerhalb von zwei Stunden nach wenigen Vorgaben einen Sketch auf der Bühne zu präsentieren. Schnell waren alle Rollen verteilt. Eine Frau, die auch im realen Leben Künstlerin ist, übernahm die Rolle der künstlerischen Leitung für ein Musical, ich spielte die Produzentin. Ein Mann bot sich mir mit den Worten »Ich bin dein Sklave« als Assistent an, und ich war einverstanden. Nun war nur noch eine Frau ohne Rolle. Es fehlte noch eine persönliche Assistentin der künstlerischen Leiterin. Konkret bedeutete das in dem Stück zum einen, uns Kaffee zu bringen, aber auch Blitzableiterin für die Ausraster ihrer Chefin zu sein. »Ach, diese Rolle spiele ich ja sowieso schon in meinem Leben!« stimmte sie sofort überrascht zu. Wir spielten mit viel Engagement auf der Bühne, weit entfernt von jeglichem Perfektionismus, aber mit viel Spaß und riesigem Applaus. Wir alle kosteten unsere Rollen voll aus.

Am nächsten Tag begrüßte ich meinen Assistenten scherzhaft mit den Worten »Hallo, Sklave«. Er jedoch blieb ernsthaft und gesammelt, schüttelte den Kopf und meinte nur ruhig: »Nicht mehr.« Durch das bewußte und überzogene Spiel der Sklavenrolle hatte er erkannt, daß er sie auch im Leben oft gegenüber Frauen eingenommen hatte, und konnte von nun an frei entscheiden, ob er diese Rolle spielen wollte oder nicht. Auch die Assistentin meiner Kollegin hatte an Selbstbewußtsein gewonnen. Letztere konnte ihre exzentrische Ader voll ausleben, und mir hatte es Spaß gemacht, so richtig dominant zu sein. Wir vier waren in gewisser Weise im Spiel über uns hinausgewachsen.

Aha-Erlebnisse beim Improvisieren

Bei solchen Improvisationen wird deutlich, welche Rollen wir auch sonst im Leben bevorzugt spielen und welche uns schwerfallen, weil wir sie uns nicht erlauben oder weil wir so nicht sein wollen. Manchmal verbirgt sich dahinter aber auch ein bislang nicht bewußter Glaubenssatz. Einmal sollten wir in der Theatergruppe die Rolle eines Verkäufers darstellen, der mit allen Mitteln verschiedene, offensichtlich auf dem Flohmarkt gesammelte Utensilien anpreisen sollte. Jeweils die Hälfte der Gruppe spielte, die andere schaute zu. In der Rolle der Zuschauerin empfand ich höchstes Vergnügen, meine Mitspielerinnen dabei zu erleben, wie sie mit immer neuen Ideen die unmöglichsten Sachen über den grünen Klee lobten.

Als ich dann selbst mit dem Spielen an der Reihe war, tat ich mich schwer. Ich entdeckte, daß ich keine Lust dazu hatte und das Ganze am liebsten abgebrochen hätte. Schließlich wurde mir bewußt, daß ich einen tiefsitzenden Glaubenssatz hatte, der lautet: »Ich kann nicht verkaufen«. Er wirkte und brachte mich bei dieser kleinen Übung schnell an meine Grenzen. Dieser Glaubenssatz schimmerte in meiner Ausstrahlung einfach durch.

Schauspiel ist ein wunderbar direktes Erlebnis, für die Schauspieler wie für das Publikum. In Laiengruppen des Improvisationstheaters hat man neben dem eigenen Ausprobieren auch das Vergnügen, sich zwischendurch zurückzulehnen und den anderen Spielern zuzusehen. Eines Abends präsentierte jeder Gruppenteilnehmer seine typische Art zu gehen. Sich ganz des eigenen

Körpers bewußt, lief man in einem großen Kreis durch den Raum. Die anderen sahen zunächst nur zu und fühlten sich ein, dann schloß sich eine Zuschauerin den Gehenden an und folgte ihr mit möglichst identischen Bewegungen. Schließlich übertrieb sie die Besonderheiten des Ganges sogar und ging allein weiter. Auf diese Weise bekam jeder seine spezielle Art zu gehen vorgeführt. Ich war sehr erstaunt über meinen Gang!

Unterschwellige Botschaften erkennen

Bei einer anderen Improvisation gab es lediglich die Vorgabe, daß zwei Personen spielen und einer zum anderen wiederholt den Satz »Du hast es getan!« sagt. Diese Gruppe war in jeder Hinsicht sehr heterogen. Die Altersstruktur reichte von siebzehn bis siebzig. Bei dieser Übung spielten nun ein über 1,90 m großer, kräftiger Mann und eine extrem zierliche Frau von etwa 1,50 m. Zunächst war er mit dem Satz an der Reihe. Er näherte sich der Frau, beugte sich über sie – es war ein urkomisches Bild – und wollte mit dem Satz aggressiv werden, aber er konnte es nicht. Sein Ehrgefühl ließ es nicht zu, daß er seine natürliche Überlegenheit aufgrund seiner Körpergröße und -statur gegenüber einer Frau, die in dieser Situation kaum eine Chance hatte, noch mehr ausspielte. Von Natur eher mit einem freundlichen Wesen ausgestattet, brachte er es nicht übers Herz, seinen Vorteil schamlos auszunutzen. Später spielte er mit einem anderen Mann, der nur etwas kleiner und schmaler war als er. Jetzt brauchte er sich nicht mehr zu bremsen, im Gegenteil, er konnte seine Kraft voll ausspielen. Doch trotz seines kräftigeren Körperbaus erwies er sich diesmal als schwächer, und der andere stellte sich als der Durchsetzungsfähigere heraus.

Dieses Beispiel zeigt, daß häufig unter einer Aussage noch eine weitere Ebene liegt, eine nicht in Worte gefaßte unterschwellige Botschaft. Deshalb ist es so hilfreich, mit ganz reduzierten Worten eine Szene zu improvisieren. Diese zweite Ebene besteht aus

Gedanken, Gefühlen und Glaubenssätzen, die den gesprochenen Worten zuwiderlaufen, und zeigt sich in Tonfall und Körpersprache. Immer wieder beharrte unsere Schauspiellehrerin: »Was sagst du damit eigentlich aus?«, wenn sie mit der Ausstrahlungskraft eines Satzes nicht zufrieden war, und zwang uns so, die Wirkung einer Aussage zu hinterfragen.

Welche Gedanken gingen mir noch durch den Kopf, während ich einen bestimmten Satz aussprach? War ich überhaupt ganz bei der Sache? Glaubte ich an den Inhalt der Worte? Oder hielt ich sie insgeheim für Blödsinn? Hatte ich Selbstzweifel oder beobachtete ich mich beim Spielen? All diese geheimen Gedanken und Gefühle erreichen auch das Gegenüber. Sie gehören aber nicht dazu, und deswegen wird beim Schauspiel so lange geübt, bis die Botschaften klar und unverfälscht ausgesendet werden. Auf diese Weise bekommt man ein feines Gespür dafür, wann auch im täglichen Leben die eigene Ausstrahlung eindeutig ist und wann nicht.

Den Alltag hinter sich lassen

Damit man nach einem ausgefüllten Tag erst einmal abschalten kann, beginnt jedes Schauspieltraining mit vorbereitenden Aufwärmübungen. Der Körper als das Hauptinstrument des Schauspielers wird gedehnt, gelockert und bewußt wahrgenommen. Danach werden Kleinigkeiten des Ausdrucks variiert. Probieren Sie selbst: Gehen Sie ohne Schuhe durch den Raum und erzählen Sie dabei laut, was Sie heute gefrühstückt haben. Dann gehen Sie auf den Fersen und wiederholen Ihre Geschichte. Wechseln Sie nun die Gangart, gehen Sie auf den Zehenspitzen und reden Sie weiter. Schließlich variieren Sie Ihren Gang so, daß Sie zunächst nur auf der Außenkante des Fußes und anschließend nur auf der Innenkante gehen. Achten Sie darauf, wie sich jedesmal Ihre Stimme und Ihre Tonlage verändert.

Eine wahre Fundgrube an Übungen und Bewegungen, mit denen man etwas Bestimmtes ausstrahlen kann, bietet das

Schauspieltraining nach Michael Tschechow. Mit etwas Glück finden Sie einen Lehrer, der es auch für Laien anbietet und in kleine, leicht überschaubare und durchführbare Schritte aufgliedert. Immer geht es dabei um die innere Vorstellung beim Spielen, um die Verkörperung der eigenen Imagination. Man geht zum Beispiel durch den Raum und stellt sich vor, ein Löwe zu sein, groß, stark, unbesiegbar. Dann wechselt das innere Bild, und man schrumpft innerlich immer mehr, bis man nur noch ein kleines zusammengekauertes Etwas ist. Mit diesen beiden Vorstellungen im Wechsel geht man weiter und nimmt wahr, wie sich der Gang und die eigene Ausstrahlung jedes Mal verändern.

Meine Lieblingsübung ist das Strahlen. Zunächst geht man mit geschlossenen Augen mit seiner Aufmerksamkeit nach innen und nimmt den eigenen Körper wahr. Dann richtet man seine Aufmerksamkeit auf das eigene Skelett. Alle Knochen erglühen in einem warmen Rot. In allen Körperteilen ist dieses starke rote Glühen. Dann läßt das Glühen nach, das Rot verblaßt, und die Knochen beginnen in einem weißen Licht zu erstrahlen, das intensiver und intensiver wird. Immer weiter dehnt das weiße Licht seinen Radius aus, bis es über die Körpergrenzen hinaus in den Raum ausstrahlt und nach und nach den ganzen Raum erfüllt. Überall stellt man sich strahlendes weißes Licht vor. Dann öffnet man die Augen und nimmt die Atmosphäre im Raum wahr. Probieren Sie es selbst.

Das schöpferische Ich entdecken

Schauspielen bedeutet, in ein anderes Ich zu schlüpfen. Normalerweise identifizieren wir uns mit uns selbst und unserem Körper, unseren Gedanken, Worten, Handlungen, Talenten, unserer Familie, Vergangenheit usw. Das alles macht das Ich aus, als das wir uns empfinden, das Alltags-Ich. Doch es gibt Momente, in denen wir über uns hinauswachsen. Das können Momente der Gefahr sein, wenn wir ohne langes Nachdenken intuitiv richtig handeln, es können auch schöpferische Momente sein, in denen in uns eine Instanz erwacht, die größer ist als unser normales Ich. Jeder Künstler und jeder, der einmal künstlerisch tätig war und den kreativen Prozeß malend, schreibend, bildhauernd oder wie auch immer erlebt hat, weiß, wovon ich spreche. Julia Cameron nennt diese Instanz den inneren Künstler und hat ein wunderbares Programm zur Entfaltung dieses in jedem von uns vorhandenen Künstlers entwickelt.

Dieses schöpferische Ich ist es, das Grenzen durchbricht und nicht nur andere, sondern auch uns selbst in Erstaunen versetzt. Es ist immer da, im Alltag aber vom sogenannten normalen Ich überlagert, also auch von einer Menge sich selbst begrenzender Glaubenssätze und schmerzlicher Erfahrungen aus der Vergangenheit. Die Kunst des Schauspielers ist es nun, sich mit diesem schöpferischen Ich zu identifizieren, aus ihm heraus eine bestimmte Rolle mit allen Gefühlen, mit Stimme und Körper darzustellen und gleichzeitig dem Alltags-Ich verbunden zu bleiben, das die Kontrolle behält, das für den richtigen Einsatz sorgt, das den Text auswendig kennt, das sich an die Inszenierung hält.

Für Laien und Anfänger sind es sicherlich Sternstunden, wenn wir, vielleicht zum ersten Mal oder nach langer Zeit, dieses schöpferische Ich in uns erfahren. Aber auch wenn wir nur bewußt in eine Rolle und damit in ein anderes Ich schlüpfen, ist das Schauspielen eine Art Bewußtseinserweiterung. Wir verlassen unseren normalen Bewußtseinsradius und nehmen einen anderen inneren Standpunkt ein. Dies tun wir mit dem Willen, mit Konzentration und mit der Imagination. Ähnlich steuern wir unsere Gedanken und unsere Aufmerksamkeit, wenn wir unsere Ausstrahlung bewußt gestalten wollen.

Die Vorstellung lebendig werden lassen

Eine ganz einfache Übung besteht darin, nur durch den Raum zu gehen und uns dabei eine Landschaft mit allen Sinnen vorzustellen. Vielleicht ist es eine Wüste mit ihren Lichtreflexen, mit gnadenlos auf der Haut brennender Sonne, mit der Wahrnehmung absoluter Stille. Oder es ist ein dunkler Wald mit alten Nadelbäumen, unheimlich knackenden Ästen, weichem Moosboden mit knorrigen Verwurzelungen, die wir unter den Füßen spüren. Oder stellen Sie sich vor, Sie seien am Meer mit seinem endlosen Rauschen, der untergehenden Abendsonne, dem Wind, der Ihnen um den Körper streicht. Je mehr Sinne Sie dazunehmen, desto lebendiger wird Ihre Vorstellung. Und jedesmal ändert sich Ihr Gang. Probieren Sie es einmal aus.

Genauso kann man verschiedene Rollen improvisieren, während man durch den Raum geht. Man kann eine Geisha sein, ein Kind, das seine Mutter sucht, eine Frau, die einen Ohrring verloren hat, ein Taschendieb auf der Lauer nach seinem nächsten Opfer, ein junger Mann auf dem Weg zu seiner Liebsten. Um eine Rolle zu verkörpern, müssen wir uns fragen: Wer ist dieser Mensch? Was glaubt er über sich und seine Fähigkeiten? Wie denkt er über andere Menschen? Was für ein Leben hat er gehabt? Wie lebt er? Indem wir uns diese Fragen stellen, entsteht ein lebendiges Bild von einem Menschen in schillernden Farben. Ähnlich wie der Schriftsteller seine Romanfiguren entwirft, komponiert auch der Schauspieler seine Rollenfigur in der Imagination.

Tschechow beschreibt als kürzesten und amüsantesten Weg, sich in eine Rolle einzuleben, einen imaginären Körper für diese Figur zu erfinden. Dieser Körper muß zu den Eigenschaften der jeweiligen Figur passen. Man stellt ihn sich im und um den eigenen Körper herum vor und zieht ihn sich dann wie ein Kleidungsstück an. Als Ergebnis dieser Verkleidung passen sich auch die Gedanken und Gefühle der imaginären Figur an. So wie wir uns im Abendkleid anders fühlen als in Jeans, im Businesskostüm anders als im Badeanzug, so bewirkt auch das Hineinschlüpfen in einen von der eigenen Vorstellungskraft geschaffenen Körper, daß wir uns dementsprechend fühlen. Eine geniale Idee! Statt uns selbst zu kasteien und dafür zu verurteilen, daß der eigene Körper vielleicht nicht dem allgemeingültigen Schönheitsideal entspricht, können

wir einen Wunschkörper imaginieren und diesen dann verkörpern!

Neue Ausdrucksmöglichkeiten erforschen

Wenn wir beim Improvisieren Rollen darstellen, merken wir sehr
schnell, welche Rollen zu unserem üblichen Repertoire gehören
und welche wir ablehnen oder uns nicht erlauben. Bei einem
Improvisationsspiel in meiner Theatergruppe gingen wir zwang-
los durch den Raum und bekamen die Aufgabe, den anderen auf
eine bestimmte Art und Weise zu begegnen. Die vorgegebene
Stimmung war einmal Freude, sich wiederzusehen, dann aggressiv oder überlegen. Während es den meisten Frauen gar nicht
schwer fiel, freundlich zu den anderen zu sein, entdeckte eine Frau,
die in ihrem Beruf jahrelang sehr autoritär aufgetreten war, zu
ihrem Schrecken, daß sie nicht so einfach freundlich auf andere
zugehen konnte. Und nicht alle konnten auf Knopfdruck richtig
aggressiv sein, auch einem männlichen Teilnehmer widerstrebte
dieses Verhalten sehr. Wer nicht böse sein darf, hat irgendwann
diese in bestimmten Situationen natürliche Verhaltensweise zu
unterdrücken gelernt.

Solche verinnerlichten Muster lassen sich allein mit dem Verstand nicht ohne weiteres überwinden. Im Schauspiel kann man
sich selbst, ähnlich wie im Psychodrama, Schritt für Schritt neu
und anders erschaffen. Hier kann man endlich einmal ungestraft
einen Bösewicht darstellen. Es kann ungeheuer reizvoll sein, seine
fiesen Seiten im Rahmen der Rolle bewußt und gesteuert voll auszuleben. Aber nicht nur die abgelehnten negativen Eigenschaften,
sondern auch andere, bisher ungelebte Seiten dürfen und sollen
beim Schauspiel dargestellt und erfahren werden. Tschechow
empfiehlt sogar, sich in Tragödie, Drama, Komödie und Clownerie
gleichermaßen zu üben, weil auf diese Weise bestimmte Saiten in
uns zum Klingen gebracht werden, die sonst stumm blieben.

Zum Schauspielen braucht man auch Mut. Nicht jedem ist die

Freude am Sichzeigen und der Hunger nach Applaus ein Bedürfnis. Doch in einer vertrauten Gruppe, in der jeder einmal ein Spieler, dann wieder Zuschauer ist, schwinden die Hemmungen nach und nach. Es wird immer normaler, sich auf der Bühne zu zeigen. Unter geschickter Leitung lernt man kleine Tricks, die den Auftritt erleichtern und in jedem die geheime Freude an der Aufmerksamkeit im Rampenlicht herauskitzeln. Man lernt, eine imaginäre Bühne, die im Übungsraum nur durch einen Strich auf dem Boden gekennzeichnet ist, wirkungsvoll zu betreten und ebenso wirkungsvoll zu verlassen. Ein ausgeprägter Sinn für Anfang und Ende des Spiels entwickelt sich allmählich, und das Spiel wird kraftvoller. Man lernt, sich dem Publikum zuzuwenden und zu ihm auszustrahlen. Man lernt, ein imaginäres Zentrum in sich zu schaffen und aus diesem heraus kraftvoll zu handeln. Man lernt, die Konzentration mit dem Willen zu steuern. Man erlernt Bühnenpräsenz. Diese Art von Präsenz kann man im Alltag wiederum nutzen, um seine Ausstrahlung bewußt zu gestalten.

Geschlechtertausch in virtuellen Welten

Im Internet noch mehr Grenzen überschreiten

Bisher habe ich an unterschiedlichen Lebensbereichen aufgezeigt, was geschieht, wenn Erwachsene spielen dürfen: im Urlaub, bei künstlerischen Aktivitäten, im Psychodrama und beim Rollenspiel in Seminaren, im Karneval und als Laienschauspieler. Die Erfahrung ist jedesmal: So kann ich auch sein. Doch auch die virtuellen Welten bieten Möglichkeiten des Identitätswechsels, die in diesem Kapitel meines Erachtens nicht fehlen dürfen.

Wer sich im Netz in verschiedenen Figuren, vielleicht auch als Figur des anderen Geschlechts erfahren hat, verfügt möglicherweise über ein neues Selbstverständnis und strahlt dies auch in der Realität aus. Wenn man Ausstrahlung natürlich auf die äußere

Erscheinung und die Körpersprache reduziert, wäre dieser Ansatz eher sinnlos. Doch wie wir wissen, ist unsere Ausstrahlung wesentlich komplexer und umfaßt alles, was wir denken und fühlen, alles, was wir sind. Jede intensive emotionale Erfahrung verändert uns und unsere Ausstrahlung. Im Netz eigene Grenzen überschreiten zu dürfen kann ein solches intensives emotionales Erlebnis sein. Was das Internet für Möglichkeiten im Detail bietet, besonders auch, was seine Risiken und Gefahren angeht, so verweise ich hier auf die im Literaturverzeichnis angegebene einschlägige Literatur von Carl und Turkle. Hier nur kurz die wichtigsten Gedanken, die in diesem Zusammenhang von Bedeutung sind.

Spielregeln im Netz

Im Cyberspace können wir mit anderen plaudern und selbst erfundene Rollen spielen. Sogenannte Chatrooms stehen jedem offen, der mit anderen Netzteilnehmern Kontakt aufnehmen und sich mit ihnen austauschen möchte. Ohne sie jemals persönlich kennenzulernen, kann man mit diesen Menschen in virtuellen Gemeinschaften regelmäßig plaudern, chatten.

Daneben gibt es sogenannte Multi-User-Computerspiele, in denen eine Vielzahl von Teilnehmern nach festgelegten Spielregeln agiert. Jeder Spieler erschafft eine Figur, gibt ihr einen Namen, ein Geschlecht, ein Aussehen, einen Beruf und einen Charakter. Im Spiel tritt man als diese Figur auf und kommuniziert als diese mit anderen Figuren. Die gesamte Kommunikation findet über Worte statt. Es gibt bestimmte Befehle, an die man sich halten muß, zum Beispiel folgt nach *say* eine wörtliche Rede, und *emote* bedeutet, Emotionen auszudrücken oder ein Verhalten darzustellen.

Man kann sich XYZ nennen oder Sandelholz oder wie auch immer. Im Netz kann man als Mann, Frau oder Neutrum auftreten. Zu den ersten Fragen anderer Spieler gehört daher meistens die nach dem Geschlecht. Da sich hinter jemandem, der sich als Mann zu erkennen gibt, häufig aber eine Frau verbirgt und umgekehrt, gibt es eine Art Sport, das wirkliche Geschlecht herauszufinden. Jeder Spieler entwirft sein eigenes Selbst nach Belieben, und das kann auch eine Frau sein, die einen Mann spielt, der vorgibt, eine Frau zu sein. Natürlich kann man auch mehrere Figuren erschaffen und als diese gleichzeitig auftreten. Wenn der Spieler aufhört, sie zu spielen, hört die Figur auf zu existieren.

Im Internet weiß niemand, wie man in Wirklichkeit aussieht und wer man tatsächlich ist. Der Mann kann eine Frau sein und umgekehrt, der Dicke dünn, die Junge alt, die Schöne häßlich. Alles ist möglich. Man weiß noch nicht einmal, ob die anderen Figuren auch wirklich Spieler verkörpern, also dahinter Menschen stehen, oder ob es nur Programme sind, sogenannte Bots, die mit Figuren plaudern können. Ihr Name leitet sich von Roboter her. Bots sind von künstlichen Intelligenzen geschaffene Wesen, die sich als Menschen ausgeben. Vielleicht kommuniziert man also mit einem Computerprogramm.

Jedes Spiel hat eigene Regeln. Man kann sich das zum Beispiel so vorstellen, daß man sich einloggt, ein virtuelles Café betritt, von einem virtuellen Ober begrüßt wird, sich einen virtuellen Drink bestellt und anfängt zu plaudern. Man knüpft Kontakte, kommt mit einigen Figuren näher ins Gespräch und verabredet sich vielleicht zu einem virtuellen Date. Und so weiter.

Geschlechterrollen

Die Tatsache, daß eine der ersten Fragen anderer Spieler die nach dem Geschlecht ist, zeigt, daß unser Gehirn Schubläden hat, in die wir andere Menschen einsortieren. Die vertrauten Kategorien, in denen wir denken, geben uns Sicherheit. So ruft es auch im wirklichen Leben große Unsicherheit hervor, wenn wir mit jemandem zu tun haben, den wir nicht eindeutig als Mann oder Frau einordnen können. Auch wenn keineswegs sicher ist, daß hinter der männlichen Figur im Netz auch ein Mann steht, bietet diese

Information doch einen ersten Anhaltspunkt, wie man mit ihr umgehen kann.

In den virtuellen Welten ist der Geschlechtertausch wesentlich leichter als im wirklichen Leben. Man muß seine Kleidung, Haare und Körpersprache nicht verändern. Es genügt, sich auf dem Bildschirm mit den entsprechenden Worten zu beschreiben. Und doch ist es wiederum gar nicht so einfach, die Rolle des anderen Geschlechts auch überzeugend aufrechtzuerhalten. Ein Mann, der als Frau auftritt und mit anderen Frauen plaudert, muß für jede Situation eine Antwort haben, die ihm geglaubt wird. Dazu muß er entweder Frauen und ihre Sprache, ihr Verhalten und ihre Reaktionen sehr gut kennen, oder, und hierin liegt der Reiz des Geschlechtertauschs, erst nach und nach kennenlernen.

Hier ist Gelegenheit, sich unsere tief verwurzelten Erwartungen in bezug auf Geschlechterrollen bewußt zu machen. Man kann dabei erfahren, wie es ist, dem anderen Geschlecht anzugehören. Zum Beispiel kann ein männlicher Spieler erleben, was für ein Gefühl es ist, als Frau angemacht zu werden, oder eine Frau, die einen Mann spielt, kann sich in aggressiven Verhaltensweisen ausprobieren, die sie in ihrem wirklichen Umfeld nie an den Tag zu legen wagen würde.

Im Netz bin ich ganz anders

Ein Spieler drückt es so aus: »Im wirklichen Leben bin ich ein Macher. Ich muß immer etwas tun. Meine Ängste beschwichtige ich durch Aktivitäten, wenn ich ehrlich bin, nicht selten blinden Aktionismus. So komme ich nie zur Ruhe und muß mich meinen schmerzlichen Gefühlen nie stellen. Im Netz wage ich es, anderen die Initiative zu überlassen. Im Netz bin ich ganz anders.«

Ein besonderer Reiz im Internet besteht darin, daß viel mehr möglich ist als in einer physischen Begegnung. Da man nicht gesehen wird und der große Anteil der nonverbalen Kommunikation wie Körpersprache, Gestik, Tonfall, Akzent oder Mimik, nach dem

110

wir unser Gegenüber sofort einordnen, wegfällt, sind die Grenzen fast endlos weit gesteckt. »Du kannst der sein, der du sein möchtest, der zu sein du schaffst«, bringt es ein Spieler auf den Punkt. Genau das ist auch das Ziel bei einer bewußt gesteuerten Ausstrahlung.

Virtuelle Welten sind eine Spielwiese der unbegrenzten Möglichkeiten. Weit mehr als in einer realen Kommunikation kann man gezielt steuern, was man von sich zeigt. Das schnelle Einsortieren des Gegenübers nach Kriterien wie Kleidung, Körperform, Accessoires, Autos, Gesichtseindruck etc. entfällt. Alles, was die Mitspieler auf dem Bildschirm von anderen sehen können, sind die geschriebenen Worte. Man kann ein völlig anderer sein. Man kann sich jede beliebige Identität zulegen und auch jederzeit wieder aus dem Spiel aussteigen.

Wenn man mit neuen Figuren experimentiert, kann man jeder Figur Merkmale verleihen, die man bei sich selbst entwickeln möchte. Die Figur kann so sein wie man selbst, nur selbstbewußter und sicherer, lebendiger und extrovertierter, aufreizender und verführerischer oder wie man eben sein möchte. Man kann ihr alle Eigenschaften geben, die man gern ausleben würde, sich aber nicht traut. In der Anonymität des Netzes gibt es kein Image zu schützen.

Neue Erfahrungen

Eine Figur im Netz zu konzipieren ist ein kreativer Akt. Sie braucht ein Aussehen, eine Geschichte, ein Geschlecht, eine Art zu sprechen, sich zu verhalten und zu reagieren. Wer dabei das Geschlecht tauscht, kann die Welt, zumindest die virtuelle, von einem ungewohnten Standpunkt aus erleben. Er sieht sich in einer ähnlichen Situation wie ein Schauspieler, der sich seine Rollenfigur erarbeitet, oder ein Schriftsteller, der eine Geschichte schreibt und dafür Figuren entwirft.

So gesehen ist das Kreieren von individuellen Figuren nichts Neues. Neu daran ist der interaktive Charakter dieses Spiels, das heißt, man kann sich im virtuellen Gespräch mit anderen in dieser Rolle ausprobieren. Dies ist auch der entscheidende Unterschied zum Lesen oder Fernsehen. Das Geschehen ist interaktiv, man ist in die Entwicklung der Handlung einbezogen und damit beschäftigt, seiner Figur oder seinen Figuren überzeugende Konturen zu verleihen.

Außerdem kann man beim Spiel in virtuellen Welten Erfahrungen machen, die im wirklichen Leben unmöglich sind. Zum Beispiel kann man eine Figur entwerfen, die sich auf einen bestimmten Computerbefehl hin in eine andere verwandelt. Vorausgesetzt, man beherrscht die Technik, sind der Phantasie keine Grenzen gesetzt.

Realitätsebenen verschmelzen

Es stellt sich die Frage, was überhaupt als real betrachtet werden kann und wie real auch das Leben in virtuellen Welten für einen Menschen werden kann. Unser Gehirn unterscheidet nicht immer eindeutig Phantasien von tatsächlich Erlebtem. Nicht erst seit es das Internet oder das Fernsehen gibt, verschmelzen die Realitätsebenen.

Wir leben in einer neuen Kultur der Simulation, wie die Computer- und Internetforscherin Sherry Turkle es nennt. Wir nehmen den Papierkorb und die Ordner auf der Benutzeroberfläche des Computers für bare Münze. Wir öffnen Fenster auf dem Bildschirm und gewinnen damit Zugang zu verschiedenen Programmen und Welten. Es ist möglich, gleichzeitig mehrere Fenster geöffnet zu halten und darin zwischen der Examensarbeit und mehreren Chatrooms im Internet hin und her zu springen. Auch hier verschieben sich die Grenzen dessen, was als real erlebt wird. Das sogenannte reale Leben ist nur ein Fenster unter vielen.

Man kann sich im Netz in Gemeinschaften einloggen und intensive Beziehungen zu virtuellen Freunden und Geliebten haben, ohne sich vielleicht jemals kennenzulernen. Wenn beide einverstanden sind, steht natürlich auch einem persönlichen Treffen irgendwann nichts mehr im Wege, und so manche Liebesbeziehung hat ihren Anfang im Internet genommen. Es scheint so, als ob bei halbwegs ehrlichen Kontakten über das Netz auch etwas von der eigenen Ausstrahlung vermittelt wird.

Identität als ein Repertoire von Rollen

Während im Theaterstück ein Schauspieler im allgemeinen von Anfang bis Ende des Stücks eine Rolle verkörpert, kann man im Netz in vielen virtuellen Welten gleichzeitig und als viele Identitäten parallel existieren. Wer mehrere Figuren im Spiel hat, aktiviert damit jeweils einen anderen Teil seiner Persönlichkeit.

Immer mehr Menschen erleben Identität als ein Repertoire von Rollen. Identität ist etwas, das man konstruieren kann. In Online-Diskussionsforen kann jeder Teilnehmer in eine Rolle schlüpfen, die in beliebiger Distanz zu sich selbst liegen kann. Man kann verschiedene Geschlechtsidentitäten und Lebensstile ohne Risiko ausprobieren. Man ist seine Figur und ist sie doch nicht. Man ist Schöpfer der eigenen Identität und kann mit ihr spielen.

Genauso verstehe ich Ausstrahlung – man ist Schöpfer der eigenen Ausstrahlung und kann mit ihr spielen. Das Internet bietet Menschen die Möglichkeit, bisher unerforschte Aspekte ihrer Identität auszuleben. Ein Spieler, der sich im wirklichen Leben weigerte, Autoritäten anzuerkennen, berichtet von seiner Erfahrung, in einem virtuellen Raum eine leitende Funktion auszuüben. Dabei wandelte sich seine Einstellung zu Autorität grundlegend. Er meinte, jeder solle einmal einen Tag lang eine Führungsposition bekleiden. Neben seiner neuen Achtung für Autoritätspersonen entdeckte er an sich einige Fähigkeiten wie Verhandlungs- und Organisationstalent. Er hatte sich selbst neu erfahren und mehr Verständnis für andere gewonnen.

Wie können unsere reale Identität und unsere Ausstrahlung denn nun von virtuellen Charakteren profitieren? Die virtuellen

Welten können möglicherweise Chancen zu persönlicher Weiterentwicklung und Veränderung eröffnen, aber nicht für jeden und nicht unter allen Umständen. Nur wenn positive Erfahrungen im Netz verinnerlicht und in das eigene Selbstbild eingebaut werden, kann man sie ins wirkliche Leben übertragen.

Das Internet hat zu einer grundlegenden Neubestimmung der menschlichen Identität und zu der Idee einer multiplen Identität beigetragen. Seine Benutzer können sich ein flexibles Selbst schaffen, das aus vielen Online-Ichs oder Cyber-Ichs besteht. Wenn sie auf dem Bildschirm zwischen verschiedenen geöffneten Fenstern pendeln und dabei in jeweils andere virtuelle Figuren mit wechselnder Geschlechtszugehörigkeit schlüpfen, werden für sie rasche Identitätswechsel möglicherweise auch in der Realität zum Lebensstil.

Mehr als nur Spiel

Solche Rollenspiele sind halb fiktiv und halb real, sie sind mehr als nur Spiele. Sie können eine Chance sein, sich mit Problemen des Lebens einmal auf eine andere Art auseinanderzusetzen und neue emotionale Lösungen zu finden. Man experimentiert, ohne Konsequenzen befürchten zu müssen. Sie sind ein sicherer Ort, um sich zum Beispiel Wut zu gestatten und Ängste einzugestehen. Zum Spiel gehören eine begrenzte Dauer und der Vorteil, immer wieder neu beginnen zu können. Eine neue Rolle erlaubt einen neuen Anfang, man kann die Vergangenheit hinter sich lassen und sich von einer neuen Seite zeigen.

Doch auch in der Online-Kommunikation ist, wie Turkle betont, die Fähigkeit, Bindungen einzugehen, Voraussetzung dafür, daß man dieses Spiel auf konstruktive Weise für sich nutzen kann. Schnell können intensive intellektuelle oder auch erotische Beziehungen wachsen. Zwar stehen beim Chatten nur wenige Informationen über die anderen Figuren zur Verfügung, aber wie wir beim Thema Verliebtsein gesehen haben, ist das kein Hindernisgrund für die Kommunikation. Das Gehirn ergänzt die fehlenden Teile zu einem kompletten Bild. Leider gibt es trotz interessanter Begegnungen im Netz jedoch keine Garantie dafür, daß man sich auch dann noch sympathisch findet, wenn man sich gegenübersteht. Wenn man die Protokolle der Online-Gespräche später noch einmal durchliest und sie plötzlich aus einer anderen Perspektive wahrnimmt, wird einem bewußt, wie sehr Beziehungen in der Vorstellung konstruiert werden.

Das Leben in virtuellen Welten kann das Bewußtsein dafür schärfen, wie das eigene Selbst sich ständig weiterentwickelt, genauso wie Ausstrahlung etwas ist, das sich ständig wandelt. Durch das Spielen mit der eigenen Identität, mit vielen Seiten seines Selbst entsteht vielleicht ein neuer kreativer Umgang mit sich selbst. Figuren werden erschaffen, erfahren und schließlich, wenn sich ihr Reiz erschöpft hat, wieder aufgegeben.

Wenn wir etwas sein wollen, es im wirklichen Leben aber nicht wagen zu sein, heißt das, daß wir es als negativ bewerten. Wir möchten über eine selbstbewußte und entschiedene Ausstrahlung verfügen, haben aber gelernt, daß eine Frau lieb und brav zu sein hat und besser niemanden vor den Kopf stößt. Wir bewerten es also als unweiblich. Vielleicht möchten wir lebendiger und extrovertierter sein, haben aber erlebt, wie wir von jemandem, der viel redet, ständig überrollt wurden, bis wir entschieden: So will ich nie sein. Wir bewerten dieses Verhalten als dominant. Oder wir möchten weiblicher und verführerischer sein, haben aber den Standpunkt eingenommen, daß wir es nicht nötig haben, Männer auf diese Weise zu beeindrucken. Wir bewerten es dann als billig.

Diese Bewertungen, die uns zum großen Teil nicht einmal bewußt sind, halten uns davon ab, so zu sein, wie wir gern sein wollen. Andererseits übt Verbotenes einen Reiz aus, auch das, was wir uns selbst verboten haben. Erinnern wir uns an das Zitat eines Spielers im Internet: *Du kannst so sein, wie du sein möchtest, wie du es schaffst zu sein.* Wenn wir nun in einem anonymen Kontext Gelegenheit haben, diese innere Grenze zu überschreiten, können wir unser Verhaltens- und Seinsrepertoire immer mehr erweitern.

Vielleicht entdecken wir ganz schnell, daß wir, wenn wir ehrlich zu uns sind, sogar Spaß daran haben, aggressiv oder aufreizend oder dominant zu sein. Dann können wir es mit Wonne ausleben. Irgendwann kommt dann der Punkt, an dem der Reiz aufhört. Wir wissen dann: *Ich kann all das sein und ausstrahlen, denn das sind alles Facetten meines Seins.* Wir wissen, wir können sie jederzeit zum Leben erwecken, aber wir müssen nicht. Wir haben die Bewertung aufgelöst, es ist für uns weder verboten noch insgeheim reizvoll, wir haben diese Eigenschaften in unsere Persönlichkeit integriert.

Wir sind ein Stück vollständiger geworden und damit auch unsere Ausstrahlung.

Kapitel 4:
Wer sind Sie wirklich?

So bin ich eben! – Aber müssen Sie so bleiben?

Ich bin, wer ich zu sein glaube

Lassen Sie mich das folgende Kapitel mit einer Geschichte beginnen, mit *Der goldene Adler* von Anthony Demello.

Ein Mann fand einmal ein Adlerei und legte es einer seiner Hennen im Hühnerhof ins Nest. Der Adler wurde zusammen mit den Küken ausgebrütet und wuchs mit ihnen auf. Da er sich für ein Huhn hielt, gackerte er. Er schlug mit den Flügeln und flatterte immer nur höchstens einen oder anderthalb Meter in die Höhe wie ein anständiges Huhn. Und er scharrte in der Erde nach Würmern und Insekten.

So verging Jahr um Jahr, und der Adler wurde alt. Eines Tages sah er einen prächtigen Vogel, der hoch oben am Himmel majestätisch seine Kreise zog. Bewundernd blickte der alte Adler nach oben.

»Wer ist das?« fragte er ein Huhn, das gerade neben ihm stand.

»Das ist der Adler, der König der Vögel!«, antwortete das Huhn.

»Wäre es nicht herrlich, wenn wir auch so hoch am Himmel kreisen könnten?« fragte der Adler sehnsuchtsvoll.

»Vergiß es«, sagte das Huhn. »Wir sind nur Hühner.«

Also vergaß der Adler es wieder. Und er lebte und starb in dem Glauben, ein Huhn zu sein.

Viele Menschen behaupten von sich »So bin ich eben!« und nehmen sich damit die Chance, auch einmal ganz anders sein zu können. Man will sich nicht mit Dingen auseinandersetzen, die nicht in das eigene, vielleicht enge Weltbild passen. Veränderung erzeugt

Angst, weil die alten Koordinaten plötzlich ins Wanken geraten. Es ist leichter, alles beim alten zu belassen und in den eigenen Lieblingsrollen zu verharren. Doch man bezahlt dafür einen Preis.

Neue Perspektiven durch Rollentausch

Wer seine angestammte oder häufig eingenommene Rolle einmal tauscht, kann das Leben aus einer veränderten Perspektive betrachten und sich selbst anders erleben. Die neuen Erfahrungen, die man dabei macht, können einen zunächst verunsichern, aber auf Dauer nur bereichern.

»Am Elternsprechtag habe ich mit fünf Lehrern gesprochen«, erzählt die Mutter einer 16jährigen Tochter, die selbst an einer Schule unterrichtet. »Alle fünf sind so unterschiedlich in ihren Ansichten. Sie gehören zwar zu einem Lehrkörper, aber ich komme mir vor, als wäre ich in fünf Schulen gewesen. Jede Lehrkraft hat ein völlig anderes Bild von meiner Tochter.« Nach diesen Gesprächen begann sie auch ihre Meinungen über ihre eigenen Schüler, die ihr selbstverständlich geworden waren, zu hinterfragen.

Der Richter wird in seinem eigenen Scheidungsprozeß zum Kläger oder zum Beklagten und erlebt, daß er nicht einmal selbst die Unterschrift unter ein Dokument setzen darf, sondern daß dies aus rein formalen Gründen ein Anwalt für ihn tun muß. Der Arzt nimmt normalerweise die Position des Helfers ein und tut sich schwer, wenn er selbst krank wird und auf die Hilfe anderer angewiesen ist. Viele Ärzte können bestätigen, daß ihre Kollegen besonders unleidliche Patienten sind. Der Rollenwechsel behagt ihnen gar nicht.

Immer wieder ich selbst und ein wenig anders sein

Wenn wir glauben, nun einmal so oder so zu sein, meinen wir damit bestimmte grundlegende Eigenschaften, Werte oder Verhal-

118

tensweisen, die wir von uns kennen und mit denen wir uns identifizieren. Wir sind ehrlich, pflichtbewußt, reiselustig, engagiert im Beruf, liebevoll zu den Kindern, treu in der Partnerschaft.

Doch sind wir wirklich immer gleich? Der bereits erwähnte Schauspiellehrer Michael Tschechow gibt darauf folgende Antwort: »Sowohl auf der Bühne wie im Leben ändern wir uns von Begegnung zu Begegnung. Nur starre, steife und sehr eitle Menschen bleiben sich selber immer gleich im Umgang mit anderen. Bühnencharaktere so darzustellen wäre unwahr und puppenhaft monoton. Beobachte dich doch selbst, und du wirst sehen, wie unterschiedlich du in Sprache, Bewegung, Gefühl und Gedankengang je nach deinem Gesprächspartner reagierst. Du bist immer du selbst plus immer ein anderer dazu, selbst wenn die Veränderung nur klein und kaum bemerkbar ist.«[1]

Je nach Situation können wir uns in den verschiedenen Beziehungen und Begegnungen des Alltags in all unseren Rollen und unserer Vielfalt erleben. Die Karrierefrau und Mutter hat in jeder dieser beiden Rollen einen anderen inneren Standpunkt und agiert aus verschiedenen Glaubenssätzen heraus. Als Karrierefrau muß sie zum Beispiel meist sachliche Interessen in den Vordergrund stellen, während sie als Mutter vielleicht mehr ihre weiche Seite leben kann. Im Laufe eines Tages übernimmt sie eine ganze Reihe von Rollen, in der sie immer sie selbst und doch ein wenig anders ist.

Neben diesen offensichtlichen Funktionen schlüpfen wir in Wechselwirkung mit unserem jeweiligen Gegenüber bewußt oder unbewußt in eine weitere Palette von Rollen. Der eine ruft in uns den Idealisten wach, der andere den Saboteur, wieder ein anderer die Gleichgültige. Beziehungen und vor allem Liebesbeziehungen können uns mit Seiten von uns selbst in Kontakt bringen, die wir bisher nicht kannten. Besonders wenn die Partnerschaft belastet oder problematisch ist, können Eigenschaften und Gefühle ans Tageslicht kommen, die uns selbst erschrecken wie zum Beispiel maßlose Eifersucht oder Hysterie. Vielleicht erkennen wir uns selbst sogar in manchen Augenblicken überhaupt nicht wieder. Auch so können wir sein!

Wenn wir wach sind für unser Gegenüber, reagieren wir auf jeden ein wenig anders bzw. stellen jeweils andere Seiten von uns in den Vordergrund. Beim Rollenspiel in meinem Ausstrahlungs- seminar erleben wir das besonders deutlich. Eine Teilnehmerin, die sonst sehr flexibel in ihrer Kommunikation ist und genauso gut zuhören wie sich darstellen kann, begann plötzlich zu monologi- sieren, als sie merkte, daß ihr Spielpartner dazu neigte, ihr das Wort abzuschneiden. Eine andere Spielerin verlor völlig ihre nor- male Kraft, als ihr Partner ihr gegenüber betont autoritär auftrat. Ihre Stimme wurde immer schwächer, und sie sank in sich zu- sammen. Ein Teilnehmer, der normalerweise sehr direkt kommu- nizierte, fing an, sich in Ausreden und Lügen zu verstricken, als er sich von seiner Spielpartnerin beherrscht fühlte.

Ich bin so, wie ich es entscheide

»Das bin ich ja auch!« rief eine Seminarteilnehmerin überrascht aus, nachdem sie einem Rollenspiel zugesehen hatte. Sie erkannte sich in vielen Rollen wieder, und es wurde ihr bewußt, daß sie all das auch sei und wie vielfältig ihre Ausstrahlung sein konnte.

Während meines Seminars erleben sich die Teilnehmer in un- terschiedlichen Rollen, und dementsprechend wandelt sich auch ihre Ausstrahlung. Eine Teilnehmerin, die ich ein paar Jahre zuvor als fröhliche, lebensbejahende Frau kennengelernt hatte, erkannte ich zu Beginn des Seminars kaum wieder. Sie schien um mindes- stens zehn Jahre gealtert. Ihr Gesichtsausdruck war verkniffen, ihre Mundwinkel zeigten nach unten, ihre Augen waren glanzlos. Was war geschehen? In der Vorstellungsrunde erzählte sie, daß sie große Probleme mit ihrem dreizehnjährigen Sohn hatte. Er nahm Drogen und wollte die Schule abbrechen. An ihrem Mann hatte sie wenig Unterstützung. Er hielt sich fein raus aus der Erziehung, und trotz aller Versuche gelang es ihr nicht, ihn in seine Verant- wortung einzubinden. Sie war erschöpft und verbittert und saß vollkommen fest in der Opferrolle.

Während des Seminars erfuhr sie sich in mehreren Rollenspielen von vielen verschiedenen Seiten: als Opfer, als Furie, als jemand, der sich aus der Verantwortung stiehlt. Die Kommentare der anderen Kursteilnehmer gaben ihr zu denken. Vor allem zwei Männer, die sich ihrer Verantwortung als Vater aus vollem Herzen stellten, stärkten ihr den Rücken. Allmählich eröffneten sich ihr neue Perspektiven. Ihr altes spitzbübisches Lächeln kehrte zurück. In einigen Improvisationsübungen aus dem Schauspieltraining fand sie ihre alte Kraft wieder, um für das zu kämpfen, was ihr wichtig war. Mit klaren, leuchtenden Augen, aufrechtem Gang und entschlossener Haltung fuhr sie am letzten Abend nach Hause.

In zwei Tagen hatte diese Frau eine breite Palette ihrer Gefühls- und Ausdrucksmöglichkeiten durchlebt, auch solche, die eine Weile verschüttet waren, und neue, die sie sich noch nie zugestanden hatte. Danach war sie nicht länger Opfer, brauchte nicht mehr zur Furie zu werden, hatte erfahren, wie es ist, verantwortungslos zu sein und durch dieses Sichentziehen Macht auszuüben. Sie konnte nun ihren Mann klar und entschieden mit seiner Verantwortung konfrontieren.

Jeder ist alles

Wenn wir sagen: »So bin ich eben!«, beschränken wir uns in unseren wenigen bekannten Möglichkeiten. Wir haben alle ein viel größeres Rollenrepertoire, als wir glauben. Je eingefahrener unsere Rollenmuster sind, desto weniger flexibel und weniger steuerbar wird unsere Ausstrahlung. Wer dagegen die Erfahrung gemacht hat, mit Leichtigkeit in Rollen hinein-, aber auch herauszuschlüpfen, weiß: *Ich bin alles.*

Welche Glaubenssätze haben Sie über sich selbst?

Wir strahlen unsere Glaubenssätze aus

Wir alle haben Glaubenssätze, die nützlich und hilfreich sind, und solche, die bei Licht besehen geradezu lächerlich erscheinen, und doch leben wir nach ihnen, ohne sie in Frage zu stellen. Sobald wir sie uns bewußt machen, können wir sie daraufhin überprüfen, ob sie noch Gültigkeit für uns haben.

So möchte ich Sie an dieser Stelle anregen, Ihr eigenes Bewußtsein einmal genauer unter die Lupe zu nehmen und es in seiner Einzigartigkeit zu erleben. Ich finde es sehr erhellend, sich einmal bewußt zu machen, was man über sich, seine Fähigkeiten, seinen Körper und viele andere Facetten des eigenen Selbst glaubt, denn all dies prägt die Ausstrahlung.

Personalchefs und alle, die Bewerbungsgespräche führen, wissen das. Bei vielen Bewerbern mit ungefähr gleichen Qualifikationen entscheidet letzten Endes die Persönlichkeit. Welche Einstellung man zu sich, der Firma, dem Arbeitsgebiet, der eigenen Eignung für den Job, zur Motivation hat, ja, die gesamte Lebenseinstellung drückt sich in der Art und Weise aus, wie ein Mensch auftritt. Wer nur halbherzig in ein Vorstellungsgespräch geht, kann sich die Mühe gleich sparen oder die ganze Veranstaltung bestenfalls als Lernerfahrung abbuchen.

Deshalb schlage ich Ihnen vor, an dieser Stelle Papier und Stift zur Hand zu nehmen und einige Ihrer Glaubenssätze aufzuschreiben. Vielleicht haben Sie Lust, Ihre Notizen mit dem aktuellen Datum zu versehen und in einem halben Jahr erneut anzuschauen. Dann können Sie erkennen, welche Einstellungen ziemlich fest in Ihnen verankert sind und auf welchen Gebieten Sie flexibler sind.

Was Sie über sich glauben

Beginnen Sie damit, Glaubenssätze über sich selbst aufzuschreiben: Vollenden Sie die folgenden Sätze mit allem, was Ihnen dazu einfällt:

> *Ich bin ... Ich bin nicht ...*
> *Ich will ... sein ... Ich will nicht ... sein*
> *Ich kann ... Ich kann nicht ...*
> *Ich darf ... Ich darf nicht ...*
> *Ich muß ... Ich muß nicht ...*
> *Ich sollte ... Ich sollte nicht ...*
> *Ich werde ... Ich werde niemals ...*
> *Ich bin stolz auf ... Ich bin nicht stolz auf ...*
> *Ich mag an mir ... Ich mag nicht an mir ...*

Besonders interessant ist es, in einer Gruppe die Ergebnisse zu vergleichen. Wenn ein Paar ein Seminar besucht und er sich als asketisch, sie sich dagegen als leidenschaftlich definiert, weiß man gleich, wo der Hauptstreitpunkt der beiden liegt. Wer sich in erster Linie für einen Einsiedler, einen Macher, einen geselligen Menschen, einen Spieler oder einen Mitläufer hält, erlebt sich auch so. Solange das für einen selbst akzeptabel ist, braucht man an diesen Überzeugungen nicht zu rütteln. Wenn der Einsiedler aber unter seiner Einsamkeit leidet, der Macher sich auch einmal zurücklehnen möchte, der Mitläufer es leid ist, immer nur zu tun, was andere bestimmen, ist es an der Zeit, sich bewußt zu machen, daß die Meinung über sich selbst aus Glaubenssätzen besteht, die verändert werden können. Auch wenn wir vielleicht meinen, so oder so zu sein, ist es doch nicht unabänderlich so. Wir glauben es nur von selbst, aber, falls wir das wollen, können wir uns eine Chance geben und uns auch anders erleben.

Vor allem unsere vermeintliche Unfähigkeit stellt häufig eine große innere Begrenzung dar. Wer von sich glaubt, nicht kontaktfähig zu sein, strahlt das aus und nimmt wahrscheinlich so manche Gelegenheit, mit anderen ins Gespräch zu kommen, überhaupt nicht wahr. Ich glaubte, nicht malen oder schauspielerisch tätig sein zu können, und versuchte es viele Jahre lang gar nicht erst. Zum Glück habe ich diese Glaubenssätze irgendwann in Frage gestellt und mir damit neue Hobbys und einzigartige Erfahrungen erschlossen.

Die grundlegenden Glaubenssätze über uns selbst, die mit »Ich bin« oder »Ich bin nicht« beginnen, beeinflussen unser Lebensgefühl und unsere Ausstrahlung entscheidend. Aus »Ich bin«-Definitionen besteht unsere Kernidentität, das tief in uns verwurzelte Gefühl von uns selbst. Zu irgendeinem Zeitpunkt haben wir uns bewußt oder unbewußt für diese Überzeugungen entschieden, haben dann jedoch vergessen, daß wir selbst sie wählten. Es sind nicht so sehr Prägungen, die wir erhalten haben, vielmehr sind es Kommentare und Urteile anderer über uns, die wir verinnerlicht haben und die unser Selbstbild bestimmen. Unsere Eltern mögen vielleicht nicht mehr leben, aber ihre Wertvorstellungen sind tief in uns verwurzelt, weil wir sie übernommen und nie hinterfragt haben. Wir mögen aus der Kirche ausgetreten sein, und trotzdem wirken einige ihrer Moral- oder sonstigen Vorstellungen in uns weiter, weil wir sie internalisiert haben.

Die »Ich will«-Glaubenssätze tragen häufig auch das Gegenteil versteckt in sich. Wenn ich etwas unbedingt tun will, heißt das noch lange nicht, daß ich es auch tue. Starke Wünsche sind oft nur die eine Seite der Medaille und lenken von den mindestens ebenso starken Widerständen ab. Gesetzt den Fall, ich will abnehmen, es gelingt mir aber nicht, dann gibt es einen Teil in mir, der das nicht will und dafür sorgt, daß ich es nicht schaffe. Die klare Entscheidung wäre »Ich nehme ab«. Da ist kein »Ja, aber«, kein Zweifel, kein Unsicherheit, nur gerichtete Aufmerksamkeit. Spüren Sie genau hin und nehmen Sie den feinen Unterschied wahr zwischen etwas, das Sie wollen, aber irgendwie klappt es einfach nicht, und etwas, das Sie bereits erreicht haben. Im ersteren Falle machen Sie sich am besten Ihre inneren Widerstände bewußt und räumen sie aus, dann stehen Ihre Chancen gleich viel besser.

»Ich sollte«- und »Ich muß«-Glaubenssätze sind wesentlich für unsere Zustimmungsrollen. Meistens sind es bestimmte Wertvorstellungen unserer Eltern und anderer wichtiger Bezugspersonen, die wir, auch noch im Erwachsenenalter, übernommen und verinnerlicht haben. Jedenfalls sind es nicht unsere eigenen Werte und Bedürfnisse, im Gegenteil, diese werden durch sie unterdrückt. Wer zum Beispiel bei politischen Wahlen eine Partei wählt, nur weil der Partner oder Ehemann sie favorisiert, handelt nach »Ich sollte«-Ideen. Übertriebene Anpassung erlaubt uns nicht, uns selbst und unsere eigenen Werte wahrzunehmen. Durch sorgfältiges Erforschen dieser Glaubenssätze können wir uns ihrer jedoch bewußt werden und sie daraufhin auf ihre weitere Gültigkeit überprüfen.

Was Sie über Ihr Leben glauben

Gehen wir nun einen Schritt weiter und schauen unsere Glaubenssätze über uns und unser Leben noch genauer an. Schreiben Sie am besten spontan auf, was Ihnen zu den angegebenen Begriffen einfällt:

Mein Körper ...
Mein Aussehen ...
Meine Sexualität ...
Meine Fähigkeiten ...
Meine Schwächen ...
Meine Arbeit ...
Meine Beziehungen ...
Meine Gesundheit ...
Meine Werte ...
Meine Prinzipien ...
Meine Visionen ...
Meine Ausstrahlung ...

Wenn es noch andere Gebiete gibt, zu denen Sie Ihre Glaubenssätze besser kennenlernen wollen, können Sie die Liste beliebig verlängern. Danach empfehle ich Ihnen, sie noch einmal durchzulesen und sich zu fragen, in welcher Weise sie Ihre Ausstrahlung beeinflußt. Wir strahlen immer unsere innere Einstellung aus, und andere Menschen, die dafür offen sind, können sie wahrnehmen. Wenn wir uns dieser Tatsache bewußt sind, dann können wir vor wichtigen Situationen unsere Ausstrahlung besser einschätzen.

Zuletzt können Sie noch erforschen, was einige zentrale Begriffe im Leben für Sie bedeuten. Im Seminar ist es interessant, danach die Inhalte dieser Definitionen zu vergleichen. Die Teilnehmer sind meist überrascht, welchen unterschiedlichen Stellenwert und Inhalt so grundlegende Dinge im Leben für jeden Menschen haben können. Vollenden Sie einfach die folgenden Satzanfänge:

Leben bedeutet für mich ...
Liebe bedeutet für mich ...
Familie bedeutet für mich ...
Gesundheit bedeutet für mich ...
Beziehungen bedeuten für mich ...
Arbeit bedeutet für mich ...
Geld bedeutet für mich ...
Kreativität bedeutet für mich ...
Urlaub bedeutet für mich ...
Ausstrahlung bedeutet für mich ...

Was glauben Sie in verschiedenen Rollen?

Wenn Sie Ihre Bewußtseinsstrukturen weiter erforschen wollen, gehören auch die diversen Rollen dazu, die Sie in Ihrem Leben spielen. In jeder Rolle nehmen wir ja einen anderen inneren Standpunkt ein und tragen sozusagen eine andere Brille. Mit dieser Brille sehen wir die Welt anders und strahlen auch etwas anderes aus.

Um uns in unseren Lieblingsrollen besser kennenzulernen, können wir uns zu jeder Rolle die folgenden Fragen stellen:

Wie verhalte ich mich in dieser Rolle als ...?
Worauf ist meine Aufmerksamkeit gerichtet?
Welches sind meine besonderen Fähigkeiten?
Was ist mir dabei wichtig?
Welche Glaubenssätze gehören zu diesen Rollen?
Wer bin ich, wenn ich sie spiele?
Welche Erwartungen und Hoffnungen habe ich dabei?
Welche Rechte und Pflichten sind mit ihr verbunden?
Mag ich diese Rolle?
Steht sie mit einer anderen Rolle in Konflikt?

In meinem Seminar zum Thema Ausstrahlung stellen die Teilnehmer sich in verschiedenen Rollen mit all diesen Aspekten vor. Keine zwei Mütter oder Väter, keine zwei Musiker oder Chefs haben die gleiche Einstellung zu ihrer Rolle. Während sie ihre Glaubenssätze näher erforschen und in ihrer Einmaligkeit erleben, wird ihnen bewußt, wie sich diese in ihrer Ausstrahlung widerspiegeln.

Wie weit kennen wir uns wirklich?

Ich erinnere mich an eine Szene aus dem Film *Eine pornographische Beziehung*, in der Sie Ihm eine Liebeserklärung macht und mit ihm zusammen leben will. Er ist überrascht und gerührt, aber auch unsicher, und entgegnet: »Du kennst mich doch gar nicht«. Woraufhin Sie lächelnd sagt: »Ach, wieso? Man kennt sich doch selbst nicht. Wie kann man dann einen anderen kennen?«

Das spannendste Rätsel im Leben sind wir selbst. Wie viele Menschen sind auf der Suche nach sich selbst, wollen sich selbst verwirklichen! Doch dazu muß man erst einmal wissen, wer man ist. Auf diesem Weg zu uns selbst können wir viele interessante

Entdeckungen machen, denn ein großer, wenn nicht der größte Teil unserer Persönlichkeit ist unbewußt.

Es gibt zwei Möglichkeiten, diese unbewußten Teile an uns zu erforschen: Der eine ist, ganz wach für alle Ereignisse und Begegnungen zu sein, die einem im Leben widerfahren. Zum Beispiel, wenn etwas nicht klappt, was wir uns doch so sehr wünschen, ist womöglich ein unbewußter Glaubenssatz am Werk. Wenn wir nach ihm forschen, ihn entdecken und auflösen, bekommen wir zu diesem Thema eine veränderte Ausstrahlung und können etwas anderes bewirken. Der andere Weg ist, sich unter fachkundiger Leitung auf die Reise nach innen zu begeben. Mit Hilfe von professionellem Feedback kann man seine eigene Ausstrahlung hinterfragen und auf diese Weise auch seine diversen Glaubenssätze ans Licht bringen.

Ich möchte Ihnen dazu von einer persönlichen Erfahrung erzählen. In einem Seminar über Drehbuchschreiben, an dem ich teilnahm, machten wir verschiedene Übungen, um unsere Kreativität in Fluß zu bringen. Unter anderem sollten wir spontan Geschichten erfinden und uns gegenseitig erzählen. Ich hatte den großen Wunsch, Geschichten zu erzählen, tat mich aber irgendwie schwer. Im Laufe des Seminars entdeckte ich den Grund dafür: Ein unbewußter Glaubenssatz stand mir im Weg. Als wir jeder eine Begebenheit aus unserer Kindheit erzählten, wurde mir der Zusammenhang klar. Ich hatte damals eine Schulfreundin, die nach ihren eigenen Worten schon weit in der Welt herumgekommen war und mir immer ausführlich von ihren Reisen erzählte. Ich bewunderte sie sehr und konnte gar nicht genug von diesen Geschichten hören, bis ich eines Tages im Gespräch mit ihrem Vater erfuhr, daß sie weder in Finnland noch in Australien noch sonst irgendwo gewesen war. Sie hatte alles nur erfunden. Für mich brach eine kleine Welt zusammen. Damals verinnerlichte ich den Glaubenssatz »Geschichten erzählen ist gleichzusetzen mit Lügen«. Unbewußt wirkte er immer weiter und störte mich zunächst auch nicht. Erst als ich kreativ sein und Geschichten erfinden wollte, blockierte er mich vehement, zumindest so lange, bis ich ihn aufgedeckt hatte. Dann erst konnte ich mich von dieser blockierenden Überzeugung trennen und mich mit großem Vergnügen dem Geschichtenerzählen widmen.

So hat jeder von uns seine »Leichen im Keller«. Können Sie sich eine Drehbuchautorin vorstellen, die glaubt, Geschichten erfinden heiße lügen? Mit Sicherheit hat sie keine sehr überzeugende Ausstrahlung. Wenn dagegen neue Ideen und Geschichten aus ihr nur so heraussprudeln, strahlt sie Freude an ihrer Arbeit, Kompetenz und Kreativität aus.

Spielchen erkennen

Nehmen wir an, jemand bietet ständig allen möglichen Bekannten seine Hilfe an und klagt gleichzeitig darüber, zu wenig Zeit zu haben. Was könnte hinter dieser widersprüchlichen Haltung stehen? Vielleicht der Wunsch, gebraucht zu werden, das Bedürfnis nach Dankbarkeit und Bewunderung, der Drang, sich für alles verantwortlich zu fühlen, Gesprächspartner oder Zuhörer zu haben, der eigenen Einsamkeit oder der Trostlosigkeit einer monotonen Beziehung zu entfliehen, sich selbst oder anderen etwas beweisen zu müssen, sich wichtig zu machen oder schmerzliche Gefühle nicht erleben zu wollen.

All dies und noch mehr sind versteckte Absichten, die die wahre Triebfeder eines bestimmten Verhaltens darstellen. Ein aufmerksamer Beobachter nimmt wahr, daß hinter dem nach außen zur Schau gestellten Verhalten, das Freundlichkeit und Hilfsbereitschaft zeigt, eine zweite Schicht liegt, die etwas ganz anderes verrät. Eine doppelbödige, diffuse Ausstrahlung ist die Folge.

Um solche versteckten Absichten aufzudecken, können wir uns fragen: Welchen Nutzen ziehe ich aus meinem Verhalten und meiner Rolle? Was habe ich davon? Wir können davon ausgehen, daß jedes Verhalten, das wir nicht aufgeben können, und jede Rolle, in der wir feststecken, uns einen geheimen Gewinn oder zumindest die Hoffnung darauf bringt.

Wer eine klare, direkte Ausstrahlung haben will, braucht die innere Bereitschaft, sich mit seinen – vielleicht unbewußten – Spielchen auseinanderzusetzen und zu entscheiden, ob er sie weiter spielen will oder nicht. Vielleicht ist es mit einem großen Aha-Erlebnis verbunden, sich selbst auf die Schliche zu kommen.

Glaubenssätze, die sich hinter versteckten Absichten verbergen, lauten: »Ich kann, was ich mir wünsche oder was ich eigentlich will, nicht auf direktem Wege bekommen. Nur wenn ich ... (mein Spielchen spiele), erhalte ich (hoffentlich) das, was ich so sehr brauche.« Dieser Mangel oder das Gefühl von Unfähigkeit ist ein Bestandteil der Ausstrahlung. Doppeldeutige Botschaften kommen an und verunsichern. Man weiß als Empfänger vielleicht nicht, warum man sich plötzlich unwohl mit jemandem fühlt, spürt aber ganz genau, daß etwas nicht stimmt, und das reicht schon, um eine Irritation in die Beziehung zu bringen. Wer klare Beziehungen und eine klare Ausstrahlung haben möchte, kommt nicht umhin, solche Hintertürchen zu schließen.

Welches Welt- und Menschenbild strahlen Sie aus?

Was halten Sie für möglich?

In seiner vielzitierten Antrittsrede als Präsident von Südafrika im Jahre 1994 sagte Nelson Mandela unter anderem folgendes:

Unsere größte Angst ist nicht, unzulänglich zu sein. Unsere größte Angst ist, grenzenlos mächtig zu sein. Unser Licht, nicht unsere Dunkelheit, ängstigt uns am meisten. Wir fragen uns: Wer bin ich denn, daß ich so brillant sein soll? Aber wer bist du, es nicht zu sein? Du bist ein Kind Gottes. Es dient der Welt nicht, wenn du dich klein machst. Sich klein zu machen, nur damit sich andere um dich herum nicht unsicher fühlen, hat nichts Erleuchtetes. Wir wurden geboren, um die Herrlichkeit Gottes, der in uns ist, zu manifestieren. Er ist nicht nur in einigen von uns, er ist in jedem einzelnen. Und wenn wir unser Licht leuchten lassen, geben wir damit unbewußt anderen die Erlaubnis, es auch zu tun. Wenn wir von unserer eigenen Angst befreit sind, befreit unsere Gegenwart automatisch die anderen.

Macht wird meistens als »Gewalt« definiert, die andere über uns oder wir über andere ausüben. Sie hat in der Regel einen negativen Beigeschmack. Doch wenn wir den Begriff Macht einmal von einem ganz anderen Standpunkt aus betrachten, nämlich als eine Kraft, die wir uns selbst zuschreiben, bekommt sie eine andere Wertung. Sie hängt dann damit zusammen, in welchem Maße wir unsere Gedanken steuern und mit unseren Gefühlen angemessen umgehen können. Je größer die Macht über unser eigenes Leben ist, desto weniger Grenzen erleben wir, denn Grenzen im Äußeren haben auch etwas mit Begrenzungen in unserem Bewußtsein zu tun.

Daher lautet eine grundlegende Frage, mit der Sie Ihr Weltbild formen: Was halten Sie für möglich in Ihrem Leben? Um dieser Frage auf den Grund zu gehen, brauchen Sie nur über ein Projekt zu reden, das Sie gern verwirklichen möchten. Das Projekt kann beruflicher Art sein, etwa der Sprung in die Selbständigkeit oder die Kündigung einer ungeliebten Stelle, es kann auch privater Natur sein, zum Beispiel eine Reise, von der Sie schon lange träumen, oder das Zusammenziehen mit Ihrem neuen Partner. Bitten Sie jemanden, Ihnen genau zuzuhören und danach ein ehrliches Feedback zu geben.

Wenn wir über die Dinge reden, die uns wichtig sind, spiegeln sich in der Wahl unserer Worte unsere Glaubenssätze wider. Formulierungen wie »Ja, aber«, »Ich würde ja gern, aber«, »Es wäre schön, wenn« drücken aus, wo unsere inneren Begrenzungen, unsere Zweifel und Unsicherheiten liegen. Sie sind Teil unserer Ausstrahlung und beeinflussen alle Aktivitäten, die wir unternehmen, um dieses Projekt in die Tat umzusetzen. Wenn wir die Realisierung unserer Idee allerdings ohne Wenn und Aber für möglich halten, strahlen wir auch das aus und haben die besten Karten bei deren Umsetzung.

Ihr Welt- und Menschenbild schwingt in Ihrer Ausstrahlung mit

Wenn Sie Ihr Welt- und Menschenbild und damit Ihre Wirkung auf andere Menschen näher erforschen möchten, können Sie die folgenden Fragen schriftlich beantworten. Am besten besprechen Sie Ihre Antworten danach mit einem vertrauten Menschen und geben sich gegenseitig Rückmeldung darüber, wie Ihre Glaubenssätze zu diesen Themen Ihre Ausstrahlung beeinflussen. Dabei lernen Sie andere Standpunkte kennen, und Ihr Weltbild relativiert sich in dem Sinne, daß Sie deutlich erkennen, wie es sich aus Ihren Glaubenssätzen zusammensetzt.

Vervollständigen Sie bitte die folgenden Sätze:

> *Die Menschen sind ...*
> *Männer sind ...*
> *Frauen sind ...*
> *Meine Mutter ist ...*
> *Mein Vater ist ...*
> *Der Sinn des Lebens ist ...*
> *Politiker sind ...*
> *Lehrer sind ...*
> *Ärzte sind ...*
> *Die Jugend von heute ist ...*
> *Alte Menschen sind ...*
> *Mein Nachbar ist ...*
> *Mercedesfahrer sind ...*
> *Italiener sind ...*
> *Amerikaner sind ...*
> *Sport ist ...*
> *Fernsehen ...*
> *Fleischessen ist ...*

Natürlich können Sie auch Ihren eigenen Fragebogen entwickeln zu Themen, die für Sie wichtig sind. Lassen Sie Ihre Antworten einen Tag liegen und lesen Sie sie dann noch einmal durch.

Stellen Sie sich nun vor, Sie würden einem Menschen mit diesen Glaubenssätzen begegnen. Wie würde er auf Sie wirken? Hätten Sie gern näheren Kontakt mit ihm? Warum würden Sie sich von ihm angezogen oder abgestoßen fühlen? Was würden Sie ihm zutrauen? Welche Ausstrahlung hat er? Würden Sie ihm vertrauen? Würden Sie gern mit ihm zusammenarbeiten?

Wenn wir nur einigermaßen wach und offen für einen anderen Menschen sind, nehmen wir ihn und seine Ausstrahlung bewußt und unbewußt als Ganzes wahr. Da bei intensiven menschlichen Begegnungen ein immenser Austausch stattfindet, können wir alle Informationen gar nicht so schnell bewußt verarbeiten oder sortieren. Wir können jedoch wahrnehmen, ob wir uns mit einem Menschen und in einer bestimmten Situation wohl fühlen oder nicht. Dieses Gefühl ist das Ergebnis eines rasanten Sortierprozesses unseres Unterbewußtseins, das die unzähligen Details der Ausstrahlung des anderen aufnimmt, mit unseren eigenen Werten und Erfahrungen vergleicht und ein vorläufiges Ergebnis ausspuckt.

Ein positives Männer- oder Frauenbild wirkt ebenso auf andere wie ein negatives Weltbild. Die Aufmerksamkeit, die jemand nach außen durch seinen individuell gefärbten Filter richtet, prägt nicht nur seine Wahrnehmung, sondern zieht auch entsprechende Menschen und Erfahrungen magisch an. Wir können spüren, wenn uns jemand von hinten intensiv ansieht und vielleicht sogar, ob dieser Blick mit Neugier, Freude, Begehren oder Ablehnung einhergeht. Ebenso strahlen unsere Gefühle, die viel mit unseren Glaubenssätzen zu tun haben, in unser Umfeld aus.

Ein guter Freund von mir ist ein rasanter und meines Erachtens aggressiver Autofahrer. Außerdem ist er der Meinung, »alle anderen Idioten« im Straßenverkehr wollten ihn nur ärgern. Tatsächlich wird er auf der Autobahn dauernd von irgendwelchen Langsamfahrern oder Lastwagenfahrern ausgebremst, und so bestätigt sich sein Vorurteil immer von neuem. Wenn ich mich dann – ich bin in der Regel eine eher besonnene Fahrerin – ans Steuer setze,

scheint es, als ob alle Fahrer um uns herum plötzlich ausge-
wechselt worden wären. Sie sind rücksichtsvoll, freundlich und
zuvorkommend.

Da unser Welt- und Menschenbild dynamisch ist und sich auch
mit der momentanen Stimmung verändert, ist auch unsere Ausstrahlung nichts Starres, sondern vielmehr eine höchst lebendige
Angelegenheit. Kinder reagieren besonders sensibel darauf, denn
sie sind noch ganz offen, und ihre Wahrnehmung ist sehr fein.
Meine sechsjährige Nachbarin will nichts von mir wissen, wenn
ich gestreßt bin und ausstrahle, daß ich in Ruhe gelassen werden
möchte. Sobald ich aber Zeit und Muße habe, liebevoll an sie denke
und mir wünsche, sie würde mich besuchen, habe ich immer wieder erlebt, wie sie plötzlich vor meiner Tür steht und klingelt.

Besonders in der Beziehung zwischen Männern und Frauen
spielen Glaubenssätze eine bedeutende Rolle. Unbewußt nehmen
wir sie auf jeden Fall wahr. Wenn wir also als Frau unsere Beziehung zu Männern und umgekehrt als Mann die Beziehung zu
Frauen verbessern oder irgendwie verändern wollen, fragen wir
uns am besten, welche Einstellungen zum anderen Geschlecht wir
in uns tragen. Warum ziehen Frauen und Männer, die sich zwar
nach einer glücklichen Partnerschaft sehnen, sich im Grunde
ihres Herzens aber nicht wirklich binden wollen, immer wieder
verheiratete oder gebundene Partner an? In ihrer Ausstrahlung
schwingt etwas von ihrer wahren Einstellung mit, und sie senden
entsprechende Signale aus, die bei anderen Menschen, die dafür
empfänglich sind, auch ankommen.

Idealtypische Vorstellungen

Einer meiner Klienten litt sehr darunter, nach seiner Scheidung
und einer darauffolgenden Beziehung, die unglücklich endete, allein leben zu müssen. Er war überzeugt, daß sich sein gesamtes
Leben und Lebensgefühl zum Positiven wenden würde, sobald er
die richtige Partnerin gefunden hätte. Er wußte auch genau, wie

sie sein sollte: groß, schlank, sportlich, auch im Gesicht schön anzuschauen, außerdem intelligent, selbständig, glücklich in ihrem Beruf, finanziell auf eigenen Beinen stehend, Feinschmeckerin, Hobbyköchin, eine gute Zuhörerin, nicht klammernd und voller Verständnis für seine Interessen und Probleme. Leider genügte keine Frau seinem Idealbild. Die eine kochte und aß gern mit ihm, war ihm aber zu dick und zu wenig sportlich, die andere machte mit ihm anstrengende Fahrrad- und Bergtouren, hatte aber keine Geduld zum Kochen, die dritte machte zwar alles mit, was er vorschlug, hatte aber zu wenig Eigeninitiative und war ihm nicht intellektuell genug. Er war völlig frustriert.

Je ausgeprägter unsere idealtypischen Vorstellungen sind, desto schwieriger wird es, sie zu realisieren. Auf jeden Fall lohnt es sich, sich einmal über diese Ideen klar zu werden. Fragen Sie sich also, welche Idealvorstellungen Sie zu folgenden Themen haben, und schreiben Sie alle Details auf. Auch hier lohnt es sich, immer wieder einmal seine Idealvorstellungen zu überprüfen, weil diese sich von Zeit zu Zeit ändern.

Eine glückliche Partnerschaft
Guter Sex
Erfolg im Beruf
Ein idealer Job
Gut geratene Kinder
Ein ideales Haus
Ein gepflegter Garten
Ein perfekter Körper
Glücklichsein
Ein gelungenes Fest
Ein köstliches Essen
Ein erfolgreiches Projekt

Mit Sicherheit ist es ein Weg zum Unglücklichsein, die eigenen Voraussetzungen zum Glück unermeßlich hoch zu schrauben. Vielleicht gibt es ja die intellektuelle, liebevolle Frau für meinen

Klienten, die gern kocht, ißt, davon aber nicht zunimmt und auch noch Extremsport macht, aber die Wahrscheinlichkeit ist eher gering. Und wenn es sie gibt, muß er sie noch finden, und sie müssen sich mögen und lieben lernen. Solange er an dieser Idealvorstellung festhält, wird er wahrscheinlich noch eine Menge Frust und Einsamkeit erleben.

Das gleiche gilt für Arbeiten, an die man einen extremen Perfektionsanspruch stellt. Ein ehemaliger Kollege schrieb neben seiner Berufsarbeit fünf Jahre lang an seiner Dissertation und wurde doch nicht fertig. Schließlich nahm er ein halbes Jahr unbezahlten Urlaub, um sie abzuschließen. Doch er entdeckte immer neues Material, und auch zwei Jahre später war das Ende noch nicht abzusehen. Vielleicht wäre es mir ähnlich gegangen, doch da ich unerwartet schnell meine erste Stelle nach dem Studium fand, mußte ich meine Doktorarbeit, die schon ziemlich weit gediehen war, innerhalb von drei Monaten vollenden. Auf den Tag genau wurde sie fertig. Für übertriebenen Perfektionismus hatte ich zum Glück keine Zeit.

Sicher kann man etwas immer noch besser machen, aber muß man das wirklich? Es gehört zum Leben, sich weiterzuentwickeln, und das bedeutet für das Jetzt, so gut zu sein, wie man eben jetzt ist. Manchmal schämen sich erfolgreiche Schauspieler für ihre Jugendfilme, doch das war eben ihr Bestes zu dem damaligen Zeitpunkt. Wo sie nicht hingehört, kann Perfektion auch durchaus etwas Lebensfeindliches haben. Natürlich gibt es graduelle Unterschiede. Während ein Chirurg mit absoluter Perfektion operieren sollte, ist die Frage, ob der Erdbeerkuchen für die Familienfeier wirklich hundertprozentig perfekt gelungen ist, im Grunde genommen nur so wichtig, wie man ihr selbst Bedeutung beimißt.

Auch der kulturelle Hintergrund prägt uns und unser Weltbild

In jeder Gesellschaft sind andere kulturelle und religiöse Werte verankert, die ihren Mitgliedern, ob sie wollen oder nicht, in gewisser

Weise in Fleisch und Blut übergehen. Sehen wir uns einmal genauer an, wie ein Japaner sein Land beschreibt und von welchen Werten das Welt- und Menschenbild eines »typischen« Japaners geprägt sein wird.

Der Sozialpsychologe Masao Miyamoto beschreibt die japanische Gesellschaft als perfekte Gruppengesellschaft, als Zwangsjackengesellschaft, er vergleicht sie mit einem Nagelbrett, aus dem kein einziger Nagel herausschauen darf, er spricht sogar von psychologischer Kastration. Am höchsten zählt die Fähigkeit, sich reibungslos in eine Gruppe einzuordnen. Damit die Kinder früh lernen, sich an Gruppenstrukturen anzupassen, gibt es bereits Aufnahmeprüfungen für Kindergärten, denn nur wer bereits in den möglichst besten Kindergarten geht, schafft später den Karrierelauf durch die möglichst besten Schulen und Universitäten. »Versagen ist verboten« und »Prüfungen sind wie Kilometersteine, sie kommen regelmäßig auf uns zu«, so erlebte Miyamoto die Paukschule. Spielen ist nur in einer virtuellen Welt in Gamecentern erlaubt, die es an jeder Ecke gibt, und Probleme werden unter die Reisstrohmatte gekehrt.

Diese krasse Beschreibung einer Gesellschaft zeigt, wo ihre höchsten Werte liegen: Leistung und Anpassung. Eine ähnliche Erfahrung machte ich, als ich in Taiwan studierte und nebenbei an einer Militärschule für Soldaten Deutsch unterrichtete. In einem Text stießen wir auf das Wort individuell, und meine Schüler wollten, daß ich ihnen seine genau Bedeutung erkläre. Bald merkten wir, daß an diesem Begriff deutlich wurde, wie hier zwei Welten zusammenprallten. Sie meinten bald, es bedeute »egoistisch«, während ich ihnen klarzumachen versuchte, daß es für uns etwas sehr Wertvolles sei, unsere Individualität zu entfalten. Während in den westlichen Ländern Selbstverwirklichung und Individualität sehr hoch im Kurs stehen, ist es für einen eher zu Anpassung und Gruppenkonformität erzogenen Asiaten schwer, darin etwas Positives zu sehen.

An diesen Beispielen können wir sehen, wie unterschiedlich grundlegende Werte in jeder Zivilisation ausgeprägt sind. Schon als Kinder übernehmen wir sie von unseren Eltern, von anderen wichtigen Bezugspersonen und von der Schule, und sie werden für uns ganz selbstverständlich zu Eckpunkten unseres Bewußtseins. Vielleicht hinterfragen wir sie nie. Je mehr wir allerdings mit anderen Kulturen in Berührung kommen, desto eher können wir diese Werte und Glaubenssätze als etwas Relatives sehen. Dann stellen wir fest, daß eine typische italienische Mamma eine andere Ausstrahlung hat als eine eher kühl wirkende Nordeuropäerin und daß ein im Islam aufgewachsener Mann die gottgegebene Überzeugung ausstrahlt, ein Recht auf mehrere Frauen zu haben, während ein christlich geprägter Europäer solche Phantasien bestenfalls im geheimen ausleben kann. Ich finde es lohnend, auch diese Ebene in unserem Bewußtsein zu erforschen und uns bewußt zu machen, wie sehr wir doch Kinder der religiösen, kulturellen und historischen Traditionen unseres eigenen Kulturkreises sind und dies auch ausstrahlen.

Unser Selbstbild färbt auf unser Welt- und Menschenbild ab

Eine Klientin sagte einmal: »Wenn ich jemanden sehe, suche ich immer gleich etwas Negatives, um mich überlegen zu fühlen.« Was für ein Spiel! Ein Seminarteilnehmer drückte es so aus: »Wenn ich mit jemandem zu tun habe, dem ich mich unterlegen fühle, suche ich an ihm eine Schwäche, damit ich mich ihm überlegen fühle. Damit ist unser Verhältnis ebenbürtig.«

Doch das ist ein Irrtum. Solange wir im Unterlegenheits-Überlegenheits-Spiel gefangen sind, existiert keine Ebenbürtigkeit. Es geht dann nur um einen Machtkampf. Erst wenn es keinen Gedanken an einen eigenen Mangel gibt, der auf einen anderen Menschen projiziert werden muß, kann wahre Begegnung auf einer gleichen Ebene stattfinden.

Babys und kleine Kinder finden sich völlig in Ordnung, so wie sie sind. Sie beurteilen sich nicht. Sie sind einfach. Deshalb beurteilen sie auch andere nicht. Wenn wir als Erwachsene mit uns selbst und der Welt im Einklang sind, beurteilen wir andere Menschen nicht. Dann können wir sie dazu bringen, ihre besten Seiten nicht nur zu zeigen, sondern auch zu leben.

Bewertungen färben unsere Wahrnehmung. Je festere Vorstellungen wir haben, wie man zu sein hat, desto mehr kritisieren wir uns selbst und andere. Diese Vorurteile führen zu Schubladen, in die wir andere – wie gesagt – aufgrund schneller Schlußfolgerungen einsortieren nach äußerem Erscheinungsbild, Hautfarbe, Körperform, sozialem Status, Nationalität. Dieses blitzschnelle Einsortieren macht uns blind für ihre anderen Eigenschaften. Wir rufen dann frühere Erinnerungen ab und vergleichen den Menschen aufgrund einzelner Eigenschaften mit anderen Menschen, mit denen wir einmal positive oder negative Erfahrungen gemacht haben, und entwickeln sofort Sympathie oder Antipathie.

Dabei gibt es wirklich absurde Vorurteile. Als ich in Taiwan studierte, war die Kriminalitätsrate dort sehr niedrig, und als dann einmal ein Mord geschah, geriet die Welt aus den Fugen. Der Täter war auch noch ein Ausländer, ein Amerikaner, und er hatte einen Bart! Kein Wunder, daß er nach Ansicht der Chinesen zu so einer Tat fähig war. Männer mit Bart erschienen ihnen höchst suspekt. Wenn man in solchem Schubladendenken verhaftet ist, hat man ein sehr enges Menschenbild und wird dem anderen in seiner Einzigartigkeit kein bißchen gerecht.

Während wir durch die Welt gehen, können wir unsere Antennen auf ganz verschiedene Weise ausfahren und dementsprechend Verschiedenes wahrnehmen.

Ich erinnere mich an eine Fernsehreportage über den Kölner Karneval aus der Sicht der Polizei. Während mir bisher nur Karnevalsmuffel oder »Karnevalsjecken« bekannt waren, erschien das bunte Treiben nun aus dem Blickwinkel der Ordnungshüter erstmals als ein Pulverfaß, das jeden Augenblick explodieren konnte. Wenn nur irgendwo ein Grüppchen junger Menschen zusammenstand, witterten sie bereits unmittelbar Krawalle und nahmen die Personen manchmal sogar vorbeugend in Gewahrsam. Die phantasievoll maskierten Karnevalisten waren für sie nicht harmlose

Zivilisten, die eben einmal unter Alkoholeinfluß ein wenig über die Stränge schlagen konnten, sondern gefährliche Tretminen, die man rechtzeitig entschärfen mußte.

Bewertungen färben nicht nur unsere Wahrnehmung, sondern auch unsere Ausstrahlung. Eine Seminarteilnehmerin kam nach einer Übung zu dem Schluß, daß sie eigentlich sehr mißtrauisch durch die Welt ging. Aufgrund alter Verletzungen war sie auch dort übervorsichtig und nahm zunächst einmal das Schlechteste von einem Menschen an, wo es gar nicht angebracht war. Außerdem wurde ihr klar, daß sie sich mit ihrer mißtrauischen Ausstrahlung, die bei einem Bodyguard sicher absolut gerechtfertigt ist, manche Möglichkeit zu einem unbeschwerten Kontakt verbaute.

Andererseits sehen wir, wenn wir verliebt sind, nicht nur unseren Partner, sondern die ganze Welt und alle Menschen durch eine rosarote Brille, und wir haben eine umwerfende Ausstrahlung, die niemandem verborgen bleibt. Wenn wir erkennen, daß unser Welt- und Menschenbild eine Projektion unserer eigenen Bewertungen darstellt und darüber hinaus noch in unserer Ausstrahlung vermittelt wird, lohnt es sich, es ganz bewußt zu gestalten.

Ihre Bewußtseinsstrukturen sind entscheidend

Ihre Ziele und Ihre Ausstrahlung dazu

Ganz gleich, wie weit wir reisen oder wohin wir auch gehen, wir nehmen uns und unsere Bewußtseinsstrukturen überall hin mit. Ebenso schwingen alle unsere Gedanken, Gefühle und Glaubenssätze in jeder Begegnung und jeder Situation immer mit. Bei Vorhaben, die uns wichtig sind, ist es daher sinnvoll zu überprüfen, ob unsere Einstellung dazu erfolgversprechend ist, und dann eventuell unsere Pläne zu korrigieren oder unsere innere Haltung zu ändern.

Mit einer Klientin, die ansonsten meinte, mit ihrem Leben zufrieden zu sein, arbeitete ich am Thema der seit Jahren ergebnislosen Suche nach einer Eigentumswohnung. Es sollte eine Altbauwohnung im Erdgeschoß mit Garten sein, denn sie ist eine begeisterte Hobbygärtnerin. Rein objektiv gesehen war es sicher nicht ganz einfach, ein solches Domizil zu finden, aber durchaus nicht unmöglich. Trotz aller Versuche gelang es ihr nicht. Sie fuhr schon am Wochenende nicht mehr weg, obwohl sie dies gern tat, um nur ja gleich auf Anzeigen in der Zeitung reagieren zu können, und bei den einschlägigen Maklern war sie auch in der Interessentenkartei registriert.

Als wir ihre Glaubenssätze zu ihrer Wunschvorstellung auflisteten, lauteten sie folgendermaßen: Ich habe einfach Pech. Die Situation ist festgefahren. Es gibt keine positiven Änderungen im Leben, es gibt nur negative. Ich bin zu ungeschickt, ich kenne nicht die richtigen Leute. Ich werde übersehen. Ich werde nicht ernst genommen. Ich bin ein Pechvogel. Das Leben ist schwer und anstrengend. Es wird einem nichts geschenkt im Leben. Es ist kein Platz für mich auf dieser Welt. Es liegt daran, daß ich eine Frau bin. Frauen werden nicht ernst genommen. Ich habe das Glück, das ich mir wünsche, gar nicht verdient. Mich will keiner als Eigentümerin. Die Menschen kennen mich nicht gut genug. Was ich mir wünsche, gibt es nicht. Eine Frau hat erst dann ein Recht auf ein schönes Zuhause, wenn sie mit einem Mann zusammen ist. Ich bin eine arme Socke. Die anderen haben immer mehr Glück als ich. Die Welt ist gegen mich. Meine Vorstellungen sind zu kompliziert. Ich komme nie ans Ziel. Ich habe keinen Erfolg. Es steht mir nicht zu. Es gibt keine angemessene Wohnung. Das Leben behandelt mich ungerecht. Man muß um alles furchtbar schwer kämpfen. Ohne Fleiß kein Preis. Vielleicht soll ich mich ja hier gar nicht wohl fühlen. Ich bin am falschen Ort. Ich finde meinen Platz hier nicht. Ich bin nicht wichtig genug. Ich bin nicht reich genug. Ich schaffe es ja doch nicht.

Es mag vielleicht ein bißchen unglaubwürdig und übertrieben klingen, aber wenn man nicht gleich aufgibt und weiter in die Tiefe forscht, was man zu einem Vorhaben, das einfach nicht klappen will, tatsächlich glaubt, kann man interessante Entdeckungen machen. Die Glaubenssätze in diesem Beispiel sind typisch für eine ausgeprägte Opferrolle. Meine Klientin war ziemlich erschüttert über ihre bisher verdrängte innere Haltung. Ihr wurde klar, daß sie bei allen Unternehmungen ihrer Wohnungssuche bisher die Ausstrahlung eines Opfers hatte. Wenn sie mit Maklern oder Wohnungseigentümern sprach, fühlte sie sich klein und glaubte von vornherein nicht daran, daß sie die Wohnung bekommen würde. Nachdem sie ihre Rolle und ihre Ausstrahlung deutlich wahrgenommen hatte, verstand sie allmählich, warum sie ihren Herzenswunsch trotz aller Bemühungen bisher nicht verwirklichen konnte. Zu viele innere Barrieren, die sie ausstrahlte, sprachen dagegen.

Ein umgekehrtes Beispiel erzählte eine Freundin, die eine Zeitlang für eine Stiftung arbeitete und dort für die Vergabe von Stipendien zuständig war. Sie fand ihre Arbeit faszinierend, weil sie mit vielen verschiedenen Menschen in Kontakt kam. Andererseits litt sie auch darunter, daß sie nur einem kleinen Teil der Bewerber ein Stipendium geben konnte, obwohl es ihrer Meinung nach aufgrund ihrer Qualifikation viele verdient hätten. Sie machte es sich nicht leicht, denn sie wußte, daß sie über Schicksale entschied. Doch sie konnte nur nach bestem Wissen und Gewissen die Stipendien vergeben, die vorhanden waren. Ein halbes Jahr nach ihrer Auswahl traf sie bei einem Symposium ihre Kandidaten wieder und interviewte sie über ihren weiteren Werdegang. Zu ihrer Überraschung entdeckte sie bei allen eine durchgehend positive Grundeinstellung und wußte plötzlich, warum sie, unabhängig von den fachlichen Voraussetzungen, gerade diesen Bewerbern das Stipendium gegeben hatte. Sie hatten innere Sicherheit, Zuversicht und Freude an ihrem Beruf ausgestrahlt und sie damit angesteckt.

Mitunter verfolgen wir Ziele auch mit gemischten Gefühlen. Zwei Seelen in der Brust kämpfen miteinander. Dann ist es hilfreich, eine Pro-Contra-Liste zu erstellen nach dem Motto: Was spricht für dieses Ziel? Was spricht dagegen? Wichtig ist dabei,

genau nach innen zu horchen und zu fühlen, was einem dazu einfällt, und es dann spontan aufzuschreiben. Es kann schon ein
Hinweis sein, darauf zu achten, mit welcher Seite man anfängt,
und manchmal ist man überrascht, daß die Zahl der Einträge in
einer Spalte so stark überwiegt. Wenn man sich Zeit und Ruhe
nimmt, um diese Liste sorgfältig zu erstellen, ist man hinterher
garantiert klüger und kennt sich im Hinblick auf dieses Ziel besser
als vorher. Vor allem weiß man, welche Ausstrahlung man dabei
hat, eine siegessichere, mitreißende oder eher eine unsichere, zwei-
felnde. Beides tut seine Wirkung.

Auch Ihre unbewußten Glaubenssätze strahlen aus

Eine andere Klientin suchte mit ihrer Familie schon lange ohne
Erfolg nach einem Haus. Objektiv gab es keinen Grund, warum
ihre Haussuche ergebnislos verlaufen sollte. In der Gegend, in der
sie suchten, gab es ausreichend Objekte im Angebot, ihr Finanz-
rahmen war großzügig und ihre Ansprüche keineswegs überzo-
gen. Trotzdem war es wie verhext, irgend etwas stimmte immer
nicht. Als wir nach inneren Hindernissen in Form von unbewußten, begrenzenden Glaubenssätzen suchten, fiel meiner Klientin
zunächst nichts ein. Doch plötzlich dämmerte es ihr. Sie hatte bei
zwei befreundeten Familien miterlebt, wie diese innerhalb eines
Jahres nach dem Umzug in ihr Traumhaus von einem Unglück
heimgesucht worden waren. In der einen Familie erlitt der Mann
einen schweren Herzinfarkt, in der anderen erkrankte die Frau an
Krebs. Nun wohnten diese Freunde endlich in dem Haus, nach
dem sie sich so lange gesehnt hatten, und waren doch nicht glücklich. Unbewußt assoziierte meine Klientin mit dem Einzug in das
erträumte Haus ein herannahendes Unglück für die Familie. Nachdem ihr diese Verkettung von Glaubenssätzen bewußt geworden
war, konnte sie sich davon lösen. Inzwischen wohnt sie mit ihrer
Familie seit zwei Jahren glücklich und zufrieden in ihrem neuen
Haus.

Wenn uns unsere unbewußten Glaubenssätze bewußt werden, verlieren sie ihre Macht über uns und beherrschen uns nicht mehr. Nun können wir vielmehr über sie bestimmen. Nur solange wir sie nicht kennen, sie aber trotzdem wirken, sind wir ihnen ausgeliefert.

In jeder zwischenmenschlichen Kommunikation strahlen wir unsere unbewußten Glaubenssätze über uns selbst und andere Beteiligte aus. Mindestens 80 Prozent unserer Kommunikation spielt sich auf der nonverbalen Ebene ab und nur etwa 20 Prozent auf der verbalen. Das heißt, nicht so sehr unsere Worte sind entscheidend, sondern unsere Körpersprache, der Tonfall, die Gestik, Mimik, in der wir etwas sagen oder auch nicht sagen. Doch genau darin drückt sich unsere innere Einstellung aus. Wie wir uns bewegen, den Kopf halten, in unserem Blick und unserer Stimme liegt die Gesamtheit all unserer momentanen Gedanken und Gefühle sowie unserer Glaubenssätze. Es ist unmöglich, unsere Körpersprache vollkommen zu kontrollieren. Natürlich können wir in Seminaren bestimmte Grundregeln erlernen, doch wenn die Art und Weise, wie wir wirken wollen, mit unserem Inneren nicht übereinstimmt, wird sich das letzten Endes in der Körpersprache Ausdruck verschaffen.

Wir kommunizieren immer, verbal oder nonverbal. Wie wir auf einen Menschen zugehen, offenbart unser Selbstbild, unser Welt- und Menschenbild und unsere momentane Verfassung. Es macht uns auch unsere Bewertungen deutlich. Zum Beispiel sehen wir einen sehr dicken Mann. Was passiert? Es gibt viele Möglichkeiten: entweder er läßt uns gleichgültig, weil wir keinerlei Bewertung über Korpulenz haben, oder wir finden ihn abstoßend, weil wir selbst nicht dick sein wollen. Auf jeden Fall ist es unsere eigene Bewertung, die wir dabei wahrnehmen und die dazu führt, daß wir negative Gefühle haben. Schnelle Urteile über andere Menschen sind Projektionen! Sie bieten uns eine Chance, unsere unbewußten Glaubenssätze aufzudecken. In dem Maße, wie wir uns mit allen unseren Seiten akzeptieren, werden wir ganz. Wir nehmen uns dann immer mehr an und können auch andere immer besser lassen, wie sie sind.

144

Selbsterkenntnis als Sprungbrett für unsere Ausstrahlung

Wenn wir unser Bewußtsein in der Tiefe erforschen wollen, brauchen wir uns nur unser Leben anzusehen, so wie wir es gerade leben. Es spiegelt unsere Glaubenssätze über uns, über die Menschen und über das Leben wider, denn wir strahlen sie aus, ob wir wollen oder nicht. Worte und die Realität können hier weit auseinanderklaffen. Wer behauptet, sich unbedingt selbständig machen zu wollen, aber immer wieder an irgendwelchen äußeren Hindernissen scheitert, hat auf einer tiefen Ebene Glaubenssätze, die verhindern, daß sein bewußtes Vorhaben realisiert wird. Es ist vielleicht eine tief verwurzelte Angst vor finanziellen Problemen oder gar dem Ruin. Das kann bis zu dem Horrorszenario gehen, in der Gosse zu enden. Auch wenn es, realistisch gesehen, nicht den geringsten Anhaltspunkt dafür gibt, daß es jemals dazu kommen könnte, halten diese Gedanken und Gefühle jemanden doch in ihrem Bann und führen zu einer übervorsichtigen oder sogar ausgesprochen ängstlichen Ausstrahlung.

Wenn es bestimmte Situationen in unserem Leben gibt, in die wir immer wieder geraten, können wir uns fragen: Was könnte das mit meiner Ausstrahlung zu tun haben? Welche innere Einstellung strahle ich aus? Glaubenssätze sind nur Glaubenssätze. Sie sind wirksam, zumindest so lange, wie wir daran glauben, daß es so ist. Wir können sie ändern, wenn wir erkennen, daß sie nicht unwiderruflich wahr sind, sondern nur in unserer Wahrnehmung wahr zu sein scheinen.

Dazu folgende alte Legende aus dem Mittelalter:

Ein Bürger wurde von einem Ritter gefangen und in einem Keller in dessen Schloß eingeschlossen. Er wurde von einem wild aussehenden Kerkermeister, der einen großen Schlüssel von einem Fuß Länge trug, dunkle Treppen hinuntergeführt, tiefer, tiefer, tiefer. Eine Zellentür wurde geöffnet, und er wurde in ein dunkles Loch gestoßen. Die Tür schlug mit lautem Krach zu, und da war er nun in diesem

145

Loch. Er lag zwanzig Jahre in diesem dunklen Kerker. Jeden Tag kam der Kerkermeister, und die große Tür wurde mit lautem Knarren und Ächzen geöffnet, eine Kanne Wasser und ein Brot wurden hineingeschoben, und die Tür wurde wieder geschlossen.

Nach zwanzig Jahren beschloß der Gefangene, daß er das nicht länger durchhalten könnte. Er wollte sterben, aber er wollte keinen Selbstmord begehen. So beschloß er, am nächsten Tag den Kerkermeister anzugreifen. Der Kerkermeister würde ihn dann zur Selbstverteidigung töten, und sein Elend wäre damit zu Ende. Er dachte, er werde die Tür vorsichtig prüfen, damit er für den nächsten Tag vorbereitet sei, und damit faßte er den Griff und drehte ihn. Zu seinem Erstaunen ging die Tür auf, und bei der Nachprüfung entdeckte er, daß kein Schloß daran war (und niemals gewesen war) und daß er während der ganzen zwanzig Jahre nicht anders eingeschlossen war als nur in seiner Einbildung.

Während dieser langen Gefangenschaft hätte er zu jeder Zeit die Tür öffnen können, wenn er es nur gewußt hätte. Er tastete herum und suchte sich den Weg nach oben. Oben an der Treppe unterhielten sich zwei Soldaten, aber sie machten keinen Versuch, ihn aufzuhalten. Er durchquerte den großen Hof, ohne irgendwelche Aufmerksamkeit auf sich zu lenken. Auf der Zugbrücke am großen Tor standen bewaffnete Wachposten, aber sie achteten nicht auf ihn, und er ging als freier Mann hinaus. Er lief ungestört nach Hause und lebt seitdem glücklich und zufrieden.

Begrenzung oder Herausforderung?

Im Laufe dieses Buches haben wir uns mit den unterschiedlichsten Rollen befaßt, die wir bewußt oder unbewußt spielen. Während die Rollen, um die es im zweiten Kapitel »Was zeigen Sie von sich?« ging, hauptsächlich Glaubenssätze beinhalten, die mit »Ich muß ...«. beginnen, beruhen die Rollen des dritten Kapitels »Wie können Sie sonst noch sein?« auf Glaubenssätzen wie »Ich kann ...«. oder »Ich kann auch ...«. An dieser Stelle und im näch-

sten Kapitel richtet sich unser Fokus immer mehr auf Glaubenssätze wie »Ich muß gar nichts, aber ich kann, wenn ich will ...«.

Wie wir eine Situation erleben, hängt von unserer Wahrneh-
mung ab, der Brille, durch die wir sie betrachten. Ich erinnere mich
an eine Diskussion in einem Seminar. Eine Teilnehmerin Mitte
Vierzig sagte:»Es ist schade, daß der Arbeitsmarkt so eng wird. Alle
Firmen wollen Leute bis höchstens Ende Dreißig. Schaut euch die
Annoncen an, die meisten sind so.«

Daraufhin entgegnete eine andere Teilnehmerin im gleichen
Alter, die ein bewegtes Berufsleben hinter sich hatte und wußte,
daß ihre derzeitige Stelle in einem halben Jahr abgelaufen sein
würde: »Das ist so, aber ich habe für mich beschlossen, daß ich
trotzdem immer eine Stelle bekomme. Sieh mal, meine jetzige Stelle
war für jemanden mit einer kaufmännischen Ausbildung ausge-
schrieben, und ich habe sie bekommen, obwohl ich aus einer ganz
anderen Ecke komme. Ich würde mich jederzeit auf eine Stelle
bewerben, die bis Ende Dreißig begrenzt ist. Sollen die mich doch
aussortieren.«

Erfolglose Menschen spielen gern die Rolle des hilflosen Opfers
der Umstände. Sie sind Meister im Erklären, warum etwas nicht
geht, und sie erleben es tatsächlich so. Der erste Schritt hin zu einer
neuen Sicht der Dinge und mehr Erfolg ist, sich über die eigene
Ausstrahlung und die innere Haltung, die sich in ihr ausdrückt,
klar zu werden. Ideal ist es, wenn man Umstände, die für manche
frustrierend sind, sogar als Chance oder Herausforderung erlebt.

Ich kenne einen Unternehmensberater, für den es eine besondere Herausforderung darstellt, festgefahrene Strukturen langsam
und stückweise aufzuweichen. Sein Job paßt genau zu seiner inneren Einstellung. Er arbeitet für eine ehemalige Behörde, die pri-
vatisiert wurde und deren Führungskräfte nun umdenken müssen, ob sie wollen oder nicht, denn statt bürokratischen Denkens
sind jetzt Management-Fähigkeiten wie Flexibilität, Entschei-
dungsfreude und Streben nach Rentabilität gefragt. Ein anderer
würde vielleicht manchmal wegen der Unbeweglichkeit seiner
Kunden resignieren und an den kleinen Erfolgen verzweifeln. Er

jedoch freut sich über die Ergebnisse der kleinen Schritte und ist davon überzeugt, daß größere folgen werden. Damit hat er für seine Kunden genau die richtige Ausstrahlung. Er ist sehr erfolgreich in seinem Job.

Unsere Bewußtseinsstrukturen entscheiden über unsere Wahrnehmung der Dinge und über unsere Ausstrahlung. Ob wir eine Situation als hoffnungslos, bedrohlich oder sogar reizvoll erleben, hängt von unserer Einstellung und Bewertung ab. Unsere bewußten und unbewußten Glaubenssätze bilden die Basis dafür. Und hier liegt die große Chance. Wir können sie erkennen und uns für eine neue Einstellung entscheiden, was sich unmittelbar in einer veränderten Ausstrahlung niederschlägt.

Sie sind mehr als die Summe Ihrer Rollen

Was macht Identität aus?

Wer bin ich? Was ist Identität? Was macht meine Identität aus? Diese Fragen haben die Menschen schon immer beschäftigt und die unterschiedlichsten Antworten hervorgebracht. Descartes' Antwort auf die Frage »Was ist das Ich?« lautete noch »Cogito ergo sum« – »Ich denke, also bin ich.« Moderne Künstler formulieren dagegen: »Ich bin darstellbar, also bin ich« (Alba D'Urbano), »Ich konsumiere, also bin ich« (Jenny Holzer) bis hin zu Klaus Staeck: »Ich sehe fern, also bin ich«. Eine Zeile in Hans Magnus Enzensbergers neuesten Gedichten lautet schlicht »Ich ist verschieden«.

Auf der Suche nach unserer Identität geht es uns ein wenig wie den Blinden mit dem Elefanten. In diesem buddhistischen Gleichnis stießen mehrere Blinde im Wald auf einen Elefanten. Jeder von ihnen betastete einen anderen Körperteil des riesigen Tieres und versuchte, daraus Rückschlüsse auf seine Beschaffenheit zu ziehen. Der eine, der den Rüssel berührte, glaubte, das Tier ähnele einer Schlange. Der zweite berührte ein Bein und fand, es ähnele einem Baumstamm. Der dritte berührte den Schwanz und meinte, das Tier ähnele einem Strick. Der vierte schließlich, der die Flanke des Elefanten betastete, entschied, es ähnele einer Mauer. Anfangs stritten die Blinden darüber, wer von ihnen wohl recht habe. Jeder von ihnen war davon überzeugt, seine Wahrnehmung sei ein vollständiges und wahres Abbild der Wirklichkeit, und verstand einfach nicht, wie alle anderen derart abwegige Behauptungen aufstellen konnten. Erst als sie begannen, einander zuzuhören und ihre Erkenntnisse zu einer Gesamtheit zusammenzufügen, waren sie imstande, sich das wirkliche Aussehen und die Größe des Elefanten vorzustellen.

Genauso versuchen wir, bei der Bestimmung unserer Identität einzelne Puzzlestücke unserer Selbstwahrnehmung zu einem Bild zusammenzusetzen. Nur wissen wir im Unterschied zu den Puzzles aus dem Spielzeugladen nicht von vornherein, wie das fertige Bild aussieht. Wahrscheinlich ist es gerade deshalb für uns so spannend, uns auf diesen Prozeß einzulassen.

Identität ist nichts Statisches. Sie ist etwas sich im Austausch mit anderen Menschen und mit der Umwelt ständig Wandelndes. Wir nehmen neue Informationen auf, grenzen uns davon ab oder integrieren sie und entwickeln uns auf diese Weise permanent weiter.

In der Psychologie und der Philosophie herrschen sehr unterschiedliche Ansichten darüber, was unser Selbst, der Kern unserer Identität ist. Diese variieren von der Vorstellung, daß wir selbst aus unserem Inneren heraus in Kindheit und Jugend ein Gefühl für unsere Identität entwickeln, bis hin zum Behaviorismus, der behauptet, unser eigenes Bewußtsein sei dabei irrelevant, und wir bestimmten unsere Idee von uns selbst nur durch das, was andere von uns denken, das heißt, allein die Reflexion anderer Menschen lasse erst die eigene Identität entstehen. Natürlich ist uns Feedback von außen über uns selbst wichtig. Doch wenn wir uns in erster Linie darüber definieren würden, wie andere uns sehen, hätten wir eine durch viele verschiedene persönliche Filter gefärbte Wahrnehmung von uns. Das Bild, das andere von uns haben, sind wir genausowenig wie lediglich das Bild, das wir von uns selbst haben. Wir sind mehr als das.

Sind wir wirklich unsere Gedanken, Gefühle und Rollen?

Wenn wir herausfinden wollen, wer wir sind, fallen uns zunächst ganz viele Dinge ein, über die wir uns selbst definieren. So ist unsere Vorstellung von uns selbst zum Beispiel sehr stark an unseren Körper und unsere Glaubenssysteme gebunden. Doch sind wir wirklich all das? Wir können uns damit identifizieren, aber ebenso können wir uns auch von außen mit Abstand betrachten.

Die amerikanische Psychotherapeutin Mary Goulding hat eine Methode entwickelt, wie wir mit unterschiedlichen Aspekten unserer Persönlichkeit oder Gedanken über uns selbst umgehen können. Jeder kennt die innere Stimme, die uns in der Du-Form anspricht nach dem Motto: »Jetzt mal ganz ruhig, Isa« oder »Was machst du jetzt schon wieder?!« bis hin zu »Blöde Kuh!«. Sie nennt diese vielen inneren Stimmen unsere »Kopfbewohner« oder unsere inneren »Monster«. Um diese innere Fremdbestimmung handhaben zu können, lernt man, sie bewußt wahrzunehmen und mit ihr auf sehr kreative Weise zu spielen. Zunächst gibt man jedem Teil einen charakteristischen Namen, zum Beispiel: der Alleswisser, der Schwarzseher, der Miesmacher usw. Dann stellt man ihn sich bildlich vor, wie eine konkrete Person mit einem bestimmten Aussehen, und zwar so detailliert wie möglich. Falls einem dieses Vorgehen albern vorkommt, hat man bereits einen inneren Kritiker an der Angel. Man achtet dann auf sein Verhalten, seine unvergleichliche Art und Weise zu reden, seinen Tonfall, seine Worte, die Mimik dazu, mit denen er einem den Spaß verdirbt. Immer fragt man seinen Kopfbewohner auch, ob er eine nützliche Botschaft für einen hat. Oft ist das der Fall, sie ist allerdings meist versteckt und will erst herausgehört werden. Schließlich läßt man den Teil schrumpfen oder verändert ihn auf einem imaginären Fernsehbildschirm, bis er unwichtig wird oder ganz verschwindet.

Man kann seine inneren Bösewichter auch im Spiel darstellen. Mit den passenden Requisiten, mit ausgestrecktem Zeigefinger und krächzender Stimme kann man sich zum Beispiel in der Rolle des Kritikers so richtig austoben. Ganz gleich, ob dieses Spiel nur in der Phantasie oder auch ganz plastisch in der Realität ausgeführt wird, die Erfahrung ist ähnlich: Wir können uns mit den eigenen Persönlichkeitsanteilen identifizieren, in sie hineinschlüpfen, sie für eine Weile sein und uns dann auch entscheiden, sie wieder zu verlassen, sie von außen zu betrachten und Distanz zu ihnen halten. Dieser Wechsel vermittelt uns die Gewißheit, Macht über uns selbst zu haben.

Die bekannte amerikanische Familientherapeutin Virginia Satir arbeitete ähnlich und ließ ihre Klienten ihren Teilpersönlichkeiten, die sie deren Gesichter nannte, Namen von berühmten Persönlichkeiten geben. Da wurde der Teil, der alles komisch fand oder sich über alles lustig machte, zu Charlie Chaplin, der Teil, der stur an allem Bisherigen festhielt und auf seiner Sicht als der einzig wahren beharrte, zu Hans Moser, der Teil, der den Anspruch hatte, immer liebevoll und liebend zu sein, zu Jesus, der weise Anteil zu Aristoteles und der sexy Anteil zu Marlene Dietrich. Durch diese Personifizierung entsteht ein gesunder innerer Abstand zu diesen Aspekten des Selbst, gleichzeitig auch ein Blick darauf, daß man sie so lassen kann, wie sie sind, ohne sie zu verurteilen, und es entsteht als Folge davon die Möglichkeit, sich von ihnen zu lösen.

Ähnlich wie das Aussteigen aus Persönlichkeitsanteilen funktioniert auch das Programm zur Schmerzreduktion, das der Verhaltensmediziner Jon Kabat-Zinn entwickelt hat. Das Zauberwort heißt auch hier: Aufhören, sich mit dem Schmerz zu identifizieren. Dies gelingt durch die innere Haltung des neutralen Beobachters, der ihn nicht bewertet. Mit einiger Übung kann man lernen, seine Aufmerksamkeit bewußt zu verschieben und abwechselnd in den Schmerz hineinzugehen und ihn zu erleben, sich aber auch jederzeit wieder herauszuziehen und ihn von außen wahrzunehmen. Durch diesen Wechsel zwischen Erleben und Beobachten verändert sich das Schmerzempfinden. Ist die Identifikation einmal gelöst, erkennt man, daß man nicht der Schmerz ist, sondern ihn hat, und kann ihn willentlich beeinflussen.

Um das Aussteigen aus Gedanken, Gefühlen und Ideen geht es dem Psychologen Stephen Wolinsky in seinem Buch *Quantenbewußtsein*. Er wendet die Erkenntnisse der Quantenphysik – nach denen der Beobachter eines Experiments durch die Art und Weise, wie er es arrangiert, Einfluß auf sein Ergebnis ausübt – auf die Psychologie an. Dieser Ansatz vermittelt ein ganz neues Verständnis für die Arbeitsweise des menschlichen Geistes. In vielen Übungen führt Wolinsky die Leser schrittweise zu einem flexiblen und vorurteilsfreien Bewußtsein, das es erlaubt, sich nach Belieben mit Gedanken, Gefühlen und Ideen zu identifizieren und sich auch wieder von ihnen zu lösen. Dabei macht man zum Beispiel die Erfahrung, abwechselnd Trauer, Wut oder Einsamkeit intensiv zu fühlen und dann wieder zu ihrem Beobachter zu werden. Man weiß, daß man mehr ist als diese Gefühle.

Diese Methode führt dazu, daß man von Mal zu Mal leichter aus Gefühlen, vor allem sogenannten »negativen« Gefühlen aussteigen kann, eine hilfreiche Fähigkeit, um seine Ausstrahlung bewußt zu steuern. Nur solange man mit diesen Gefühlen identifiziert ist, haben sie Macht über einen, und man ist ihren Auswirkungen ausgeliefert. Wenn es gelingt, sich von ihnen zu lösen und in den Beobachterstatus zurückzugehen, ist man frei. Langsam bekommt man ein Gespür für den Unterschied zwischen den flüchtigen Gefühlen, Gedanken und Ideen, die man pausenlos im mehr oder weniger schnellen Wechsel erlebt, und dem ruhigen Raum des Beobachters, der von all dem unabhängig immer gleich ist.

Ebenso können wir uns nach Belieben in verschiedenen Rollen visualisieren und danach gleich wieder gedanklich aussteigen. Wenn wir in unserer Vorstellung in eine Rolle hineinschlüpfen, können wir, je nach Übung und Erfahrung, dabei ganz bestimmte innere Bilder sehen, Stimmen und Geräusche hören, Gerüche und Körperempfindungen wahrnehmen, einen inneren Dialog mit uns selbst führen und bestimmte Emotionen erleben. Danach gehen wir wieder aus der Rolle heraus und entscheiden uns vielleicht, in unserer Vorstellung die nächste mit allen Sinnen zu erleben. Im Wechsel sind wir bald innerhalb, bald außerhalb einer Rolle und können leichter aufhören, uns mit dieser Rolle zu identifizieren. Wir wissen, daß wir diese Rollen nicht sind, sondern sie lediglich spielen.

Das ICH jenseits von Gedanken, Gefühlen und Rollen

Die Erfahrung bei diesen und anderen Methoden ist die gleiche: Ich bin es, der all diese Gedanken denkt. Ich bin es, der all diese Gefühle fühlt. Ich bin es, der all diese Rollen spielt. Ähnlich wie der innere Beobachter bei Wolinsky eine unveränderliche Instanz ist, gibt es eine Dimension in uns, die willentlich entscheiden kann, ob sie bestimmten Gedanken folgen will und welchen davon, ob sie Gefühle fühlen will und welche davon, ob sie eine Rolle spielen will und welche. Es gibt ein ICH jenseits von all dem.

Wenn wir durch zu viel Streß hektisch geworden sind und die Balance verloren haben, sagen wir: »Ich möchte wieder einmal zu mir kommen«. Zu uns selbst kommen heißt, die eigene Mitte zu finden und sich zu fühlen. In diesem Zustand ist der Wille in der Lage, Gedanken und Gefühle zu steuern. Alle Arten von Meditation, sei es christliche, buddhistische, Zen-Meditation oder andere, zielen darauf ab, in diesen Seinszustand zu gelangen. Es ist die Ebene jenseits des Denkens. Hier hört die emotionale Achterbahnfahrt auf, weil es jederzeit möglich ist, sich aus der Identifikation mit seinen Gefühlen zu lösen. In diesem Bewußtseinszustand ist das Leben mühelos, man ist im Einklang mit sich und der Welt und handelt spontan und intuitiv richtig. Statt in Ängsten, Zweifeln, festen Vorstellungen oder Rollen gefangen zu sein, ist man einfach nur entspannt und in der Lage, aus freiem Willen Entscheidungen zu treffen.

Dabei können wir von Babys und kleinen Kindern lernen. Sie sind einfach, was sie sind, und bewerten nicht. Für sie ist niemand zu häßlich, zu dick, zu alt, denn sie finden sich selbst in Ordnung, so wie sie sind. Erst im Laufe der Zeit lernen sie, die Welt in Gut und Böse zu unterteilen. Um ihren Kern aus reinem Sein häufen sie Schichten von Glaubenssätzen an, wie etwas zu sein hat, wie sie selbst und andere Menschen zu sein haben, und strahlen sie aus. Irgendwann als Erwachsene wundern sie sich dann, warum das Leben so mühsam geworden ist. Wenn der Leidensdruck, der Wunsch nach Veränderung oder die Sehnsucht nach Leichtigkeit groß genug geworden ist, fangen sie vielleicht an, sich zu fragen, was ihre Glaubenssätze und ihre Ausstrahlung mit ihrem Erleben zu tun haben. Dann machen sie sich vielleicht auf die Reise nach innen und tragen Schicht für Schicht ihre Vorurteile und Bewertungen ab, um sich diesem ursprünglichen Seinszustand wieder zu nähern. Das meinte Jesus, als er sagte: »Werdet wie die Kinder.« Es ist der Prozeß des Lebens.

Wie ist es zu verstehen, sich nicht länger mit seinen Gedanken, Gefühlen und Rollen zu identifizieren und statt dessen in einen Bewußtseinszustand jenseits davon zu gehen, einen Zustand, in dem Babys und kleine Kinder auf ganz natürliche Weise sind? Wenn es einen Gedanken gibt, gibt es jemanden, der ihn denkt, und dieser Denker ist nicht mit dem Gedanken verschmolzen, wenn er ihn beobachtet. Genauso verhält es sich mit Gefühlen und Träumen. Jedes Gefühl erfordert jemanden, der es fühlt, und dieser Jemand ist nicht identisch mit dem Gefühl, solange er es beobachtet und sich dessen bewußt ist. Um träumen zu können, braucht es jemanden, der träumt. Während des Traums ist der Träumer damit identifiziert und erlebt ihn am eigenen Leibe als real, doch nach dem Aufwachen ist er getrennt von ihm und kann sich daran erinnern, ihn erzählen und analysieren.

Wenn es schwerfällt, die Identifikation mit einem Gedanken, einem Gefühl oder einer Rolle zu lösen, gibt es noch eine Bewertung darüber wie etwa »Ich will nicht Opfer sein«, »Wut darf ich nicht zeigen« oder »Ich muß positiv denken, anstatt mir Sorgen zu machen«. Dieses Urteil läßt einen wie mit Kitt daran festkleben. Erst wenn man diese Bewertung aufgegeben hat, ist es möglich, die Perspektive des neutralen Beobachters einzunehmen.

Das ICH jenseits aller Rollen ist etwas Göttliches. Es ist das, was wir nach einem wunderbaren Konzert spüren können. Am Anfang fühlen wir uns fremd in der Menge. Nichts verbindet uns mit all den Menschen um uns herum. Doch wenn wir uns auf die Musik einlassen, kommen wir an unseren göttlichen Wesenskern und fühlen uns mit den anderen Menschen verbunden. Die Gesichter werden weicher, ein Lächeln erscheint, wir sind alle auf der gleichen Ebene angesprochen, auf der wir eins sind. Auf dieser Ebene können wir uns von unserer besten Seite zeigen, wir brauchen keine Schutzmauern.

Das ICH jenseits von Gedanken, Gefühlen und Rollen kann man zum Beispiel auch in Seminaren zum Thema Erleuchtung erfahren. In Zweierübungen fordert einen der Partner immer wieder auf: »Sag mir, wer du bist«. Zunächst zählt man alles auf, womit man sich normalerweise identifiziert: Name, Familie, Beruf, Titel, Körper, Charaktereigenschaften, Erinnerungen, Wünsche usw. Wenn einem nichts mehr einfällt, kommt es vielleicht zu der blitzartig aufleuchtenden Erkenntnis, daß man all das nicht ist, sondern etwas jenseits davon, das reine Sein.

Es ist tröstlich, daß man diesen Bewußtseinszustand keineswegs nur in der Meditation erreichen kann, losgelöst von der Realität. Im Gegenteil, die Umsetzung von Erkenntnissen, die man vielleicht in der Stille oder in einem guten Gespräch gewonnen hat, kann nur im alltäglichen Leben erfolgen.

Wir können unsere Achtsamkeit oder Aufmerksamkeit trainieren als eine Art Meditation im Alltag – in dem Sinn, daß wir jeden Augenblick bewußt erfassen. Dann brauchen wir dafür keine zusätzliche Zeit. Nicht nur in Zeiten der Muße, sondern bei jeder Tätigkeit können wir achtsam sein, urteilsfrei beobachten und wahrnehmen. Wenn die Bewertung wegfällt, ist es nicht mehr so wichtig, was man tut. Auch Bügeln oder Unkrautjäten können dann meditative Tätigkeiten sein.

Manchmal erfordert das Leben ein radikales Umdenken. Einschneidende Erlebnisse wie Krankheit, Unfall, Trennung, Scheidung oder der Verlust eines geliebten Menschen können dazu führen, daß man seine Grundeinstellungen ändert. Ich kenne eine Frau, die erleben mußte, wie ihr wesentlich älterer Ehemann durch einen Schlaganfall pflegebedürftig wurde. Dieses tragische Ereignis konfrontierte sie direkt mit ihrer eigenen Sterblichkeit. Sie stellte sich vor, wie es wäre, wenn sie nur noch zwölf Monate zu leben hätte, und fing an, systematisch alles in ihrem Leben zu ordnen, was in materieller Hinsicht oder in ihren Beziehungen noch nicht geregelt, geklärt oder abgeschlossen war. In dieser Zeit veränderte sie sich sehr. Alles, was sie früher ausmachte, wie zum Beispiel Ehrgeiz, Leistungsdenken, Streben nach Erfolg, ist heute nicht mehr da. Sie hat eine völlig veränderte Ausstrahlung, denn ihre Werte haben sich gewandelt. Ihr ICH jenseits von Glaubenssätzen und Rollen hat sich entschieden, die Prioritäten in ihrem Leben neu zu setzen, und nun erlebt sie andere Gedanken und Gefühle, erlebt andere Rollen und strahlt all dies auch aus.

Ich kann alles sein

In dem Bewußtsein, daß es in uns eine unveränderliche Dimension gibt, die beobachten und entscheiden kann, womit sie sich identifiziert und womit nicht, sind wir frei, alles zu sein, was wir sein wollen.

Wenn wir uns fragen: »Wer bin ich wirklich?«, »Was ist mein wahres Selbst?«, lautet die Antwort: Ich kann alles sein. Ich bin mein Verhalten, meine Eigenschaften, meine Gefühle, meine Handlungen, meine Träume, meine Hoffnungen, meine Erwartungen, meine Macken. Ich bin freundlich und unfreundlich, anpassungsfähig und stur, mutig und ängstlich, fleißig und faul. All das gehört zu mir, und gleichzeitig bestimme ich darüber, wie ich sein möchte.

In ihrem Buch *Meine vielen Gesichter* formuliert es Virginia Satir wie folgt: »Wer bin ich also wirklich? Ich bin all das, was ich besitze. Und ich besitze letztlich alles, was in mir ist. Wie ich mich jeweils zeige, entspricht meinem Selbst, wie es sich gerade in dem Augenblick ausdrückt. Wenn ich das freundlich akzeptiere, komme ich leichter einen Schritt vorwärts. Ich bin einmalig.«[2]

Während meiner Zeit in China hatte ich reichlich Gelegenheit, gängige Vorurteile über »die Chinesen« in Frage zu stellen. Asiaten lernen früh, ihre Emotionen zu kontrollieren. Doch das bedeutet keineswegs, daß sie keine oder weniger intensive haben, nur weil sie sie im täglichen Leben eher dosiert zeigen. Hinter der Maske des »immer lächelnden Chinesen« lauert, wie man nicht nur aus der jüngeren Geschichte Chinas weiß, einerseits ein beträchtliches Gewaltpotential. Andererseits dürfen in chinesischen Filmen Emotionen überraschend viel Raum einnehmen. Viele Fernsehfilme sind von einer für Europäer fast unerträglichen Gefühlsduselei, die auf den ersten Blick zu den beherrscht erscheinenden Chinesen in krassem Widerspruch zu stehen scheint. Welche Seite auch immer am stärksten nach außen präsentiert wird, jeder Mensch verfügt doch über die gesamte Palette an Gefühlen und Verhaltensweisen. Wir können alle alles sein.

In einer Fernsehreportage über die indonesische Insel Java und ihre so sanft wirkenden Menschen wurden Trancetanzrituale vorgestellt, bei denen ein Tänzer einem lebendigen Vogel den Kopf abbeißt. »Ab und zu läßt jemand stellvertretend die Sau raus«, lautete der lakonische Kommentar des Sprechers, und er bezeichnete Java als »das Land, in dem sanfte Menschen vergiftete Dolche tragen«. Auch hieran können wir sehen, daß niemand nur sanft oder nur grausam, nur kontrolliert oder nur emotional ist. Jeder kann alles sein.

Jeder Mensch ist einmalig. Auch wenn wir körperlich die gleiche Grundstruktur haben, ist doch jeder Körper einzigartig. Jeder hat eine andere Nase, andere Finger, einen anderen Mund, jeder Fingerabdruck ist unverwechselbar. Jeder hat seine individuellen Bewußtseinsstrukturen, die sich auch noch ständig wandeln. Gerade diese Einzigartigkeit ist es, die uns füreinander interessant macht. An jedem Menschen gibt es unendlich viel zu entdecken. In jedem von uns steckt die Möglichkeit zu unendlicher Vielfalt.

Jeder kann alles sein. Niemand ist nur gut oder böse, Engel oder

157

Teufel, liebenswert oder hassenswert. Jeder Mensch hat positive, aber auch negative Seiten, den »Schatten«, wie Carl Gustav Jung ihn nennt. Wenn wir unsere Glaubenssätze und Wertvorstellungen, unsere Gedanken, Gefühle und Verhaltensweisen erforschen, stoßen wir zwangsläufig auf Widersprüche, denn wir sind vielschichtige Wesen.

Darin liegen für uns ungeahnte Möglichkeiten. Wir können innere Grenzen sprengen und uns in etwas völlig Neuem erproben. Es war auch das Ziel der Psychotherapie C. G. Jungs, einen seelischen Zustand hervorzubringen, wo nichts mehr für immer gegeben und hoffnungslos versteinert ist, in dem feste Strukturen aufweichen und der Patient anfängt, mit seinem Wesen zu experimentieren.

Viele Künstler leben uns vor, daß die Grenzen fließender werden. Der Ex-Beatle Paul Mc Cartney tritt heute als Maler, morgen wieder als Musiker auf. Da der künstlerische Prozeß beim Schreiben, Malen, Bildhauern vergleichbar ist, leuchtet es ein, daß Künstler sich in mehreren Metiers der Kunst erproben wollen. Das bedeutet nicht nur, daß sie einfach Multitalente sind. Sie haben vielmehr weniger festgesteckte Grenzen, was ihre eigenen Fähigkeiten und Möglichkeiten betrifft, und gehen spielerisch mit Rollenwechseln um.

Gleichzeitig wird es auch für Nichtkünstler immer mehr erforderlich, sich im Berufsleben in verschiedenen Identitäten zu bewähren. Daß jemand seinen zunächst erlernten Beruf ein Leben lang ausübt, wird seltener. Berufliche Identitäten müssen immer öfter gewechselt werden. Das hängt einerseits mit dem enger werdenden Arbeitsmarkt zusammen, der es notwendig macht, daß immer neue Existenzen geschaffen werden, aber auch mit einem veränderten Lebensgefühl. Die berufliche Identität ist immer größeren Anforderungen an Wandel und Entwicklung ausgesetzt.

In dem Wissen, daß wir viele sein können, schlüpfen wir also nach Belieben in alle möglichen Rollen. Das gehört zum Leben. Wozu sollte man das Spiel mit Rollen verteufeln? Ich bin der Ansicht, daß der entscheidende Unterschied darin liegt, ob man die

Rolle, die man gerade einnimmt, frei gewählt hat und sich ihrer bewußt ist, während man sie spielt, oder nicht. Findet das Rollenspiel unbewußt statt, kommt es zu einer Einengung des Bewußtseins, und man meint, eben so und nicht anders zu sein. Man hat keine Wahlfreiheit und projiziert wahrscheinlich das Gegenteil der eigenen einseitigen Rolle auf die Welt. Hat dagegen eine freie Entscheidung für eine bestimmte Rolle stattgefunden, wird gleichzeitig der innere Beobachter, das Ich jenseits der Rolle, angeschaltet, und man ist jederzeit frei, diese Rolle weiterzuspielen oder auszusteigen. Im Hintergrund ist immer das Wissen: *Ich kann meine Rolle wechseln, denn ich kann alles sein,* und *ich kann alles ausstrahlen, was ich will.*

Daraus könnte sich die Frage ergeben: Spiele ich immer nur eine beliebige Rolle, oder bin ich auch irgendwann jemand, der ich wirklich bin, und nicht erst jemand, der ich beschlossen habe zu sein? Ich habe keine definitive Antwort auf diese Frage und kenne keinen Standpunkt dazu, den ich für den einzig richtigen halte. Da jeder von uns sich jedoch als so verschieden von anderen und gleichzeitig als etwas erlebt, das trotz aller Veränderungen im Leben gleich bleibt, gibt es wohl einen individuellen Kern in uns, eine Art roten Faden in unserem Erleben von uns selbst. Im nächsten Kapitel werde ich versuchen, mich diesem Einzigartigen in uns, das unser innerstes Wesen ausmacht, zu nähern.

Kapitel 5:
Wer wollen Sie sein?

Ganz Sie selbst sein – was bedeutet das?

Ausstrahlung als Spiegel der Seele

Wenn wir Ich sagen und dabei mit dem Finger auf uns zeigen, deuten wir automatisch auf unser Herz. Richten wir dagegen den Finger auf die Schläfe, also das Gehirn, wird diese Geste vielleicht anerkennend mit der Bedeutung »Köpfchen!«, möglicherweise aber auch mit der Aussage »Idiot!« assoziiert. In der Körpersprache drückt sich die archetypische Vorstellung aus, daß unser wirkliches Ich in unserem Herzen beheimatet ist.

Dieses Innerste, das unser wahres Wesen ausmacht, nennt man auch die Seele eines Menschen. Ein Freund antwortete mir auf die Frage, was denn seiner Meinung nach Ausstrahlung sei: »Ausstrahlung ist für mich der Spiegel der Seele.«

Einen interessanten Ansatz, diese Seele zu erfassen, beschreibt Paul Pearsall in seinem Buch *Heilung aus dem Herzen.* Nach neueren Erkenntnissen gibt es einen sogenannten Herzcode, die Art und Weise, wie das Herz jedes Menschen auf einzigartige Weise fühlt und denkt. Danach besitzen die Herzzellen ein eigenes Gedächtnis und kommunizieren mit allen anderen Zellen des Körpers über Hormone, Neurotransmitter und eine subtile Quantenenergie. Neurokardiologen entdeckten dieses Phänomen, als sie unerklärlichen Veränderungen in Bewußtsein und Lebensgefühl von Empfängern fremder Herzen nach der Transplantation auf den Grund gingen. Zum Beispiel veränderte sich der Musikgeschmack eines Zweiundfünfzigjährigen völlig. Statt wie bisher klassische Musik bevorzugte er nun Rock'n Roll wie sein junger Spender, der bei einem Unfall ums Leben gekommen war. Offensichtlich wird bei der Verpflanzung eines Herzens sein gesamtes Zellgedächtnis und damit ein Stück der Persönlichkeit des Spenders mit übertragen. Diese neuen Beobachtungen könnten einen ähnlich starken Einfluß auf unser Weltbild, unsere Sicht des Menschen, die Aufgabenstellungen der Medizin und die Erforschung der Wirksamkeit feinstofflicher Energien haben wie bereits die Ergebnisse der Hirnforschung in den neunziger Jahren. Fachübergreifende Disziplinen wie die Psycho-Neuro-Immunologie erforschten die Zusammenhänge zwischen psychischem und nervlichem Zustand und dem Immunsystem und führten zu einem ganzheitlicheren Denkansatz der Medizin.

Wir können von diesen Erkenntnissen profitieren, indem wir unsere Antennen auf unseren Herzcode ausrichten. Wenn wir in unsere Mitte kommen, den Verstand zur Ruhe bringen und die Aufmerksamkeit auf unser Herz richten, können wir lernen, dessen eigene Weisheit zu spüren. Es ist ein Prozeß des Fühlens, bei dem wir das tiefe Wissen aus dem Zellgedächtnis unseres Herzens anzapfen können. Wenn wir offen für die Botschaften sind, die es uns sendet, können wir genau spüren, ob etwas mit unserem Innersten im Einklang ist oder nicht.

Sich selbst finden in Identitätskrisen

Manchmal ist unser wahres Ich jedoch mit so vielen Glaubenssätzen und Rollen zugeschüttet, daß erst etwas Altes sterben muß, bevor etwas Neues entstehen kann. In Krisenzeiten, vor allem in Identitätskrisen, geschieht eben genau das. Wenn nichts mehr funktioniert und wir ganz auf uns selbst zurückgeworfen werden, kommen wir an diesen Kern, der unser wahres Wesen ausmacht. Die alte Form geht zugrunde, und etwas Neues kann sich bilden und Ausdruck verschaffen, wie in der Geschichte von dem Bächlein:

Es fließt ein Bächlein munter durch die Lande und kommt eines Tages an eine große Wüste. Und wie es so in die Wüste schaut, bekommt es Angst, denn dort ist es so heiß, so fremd.

Da hört es auf einmal eine Stimme: »Geh' ruhig weiter!«

Das Bächlein hat aber Angst und zögert, weil es sich sagt: »Da könnte mir etwas passieren, da könnte ich sterben.«

Da hört es wieder die Stimme: »Wenn du nicht weitergehst, dann wirst du nie erfahren, was am anderen Ende – hinter der Wüste – ist.«

Das Bächlein ist neugierig und beschließt, trotz der Angst weiterzufließen. Und wie es so weiterfließt, wird es immer heißer und heißer, das Bächlein beginnt zu verdunsten, und bald ist es ganz verdunstet. Das Wasser sammelt sich oben am Himmel, bildet Wolken, und die Wolken fliegen über die Wüste.

Am anderen Ende über dem Ozean, hinter der Wüste, regnen sich die Wolken ab, und das Bächlein ist jetzt im großen Meer.

Es läßt sich sanft von einer Welle tragen und sagt dann leise zu sich: »Jetzt habe ich mehrmals meine Daseinsform verändert, und doch bin ich mehr ich selbst als je zuvor.«

Chaos, Verwirrung und Angst sind eine normale Begleiterscheinung von Veränderung und Identitätskrisen. An diesen Gefühlen führt kein Weg vorbei. *Ganz ich selbst sein* heißt zu spüren, wenn man über etwas hinausgewachsen ist, wenn etwas zu Ende geht. Dann steht es an, sich den neuen Herausforderungen und Ängsten zu stellen und das Alte loszulassen.

Ganz ich selbst sein bedeutet auch, den eigenen grundlegenden Werten treu zu bleiben. In einer Identitätskrise geben andere uns gern gutgemeinte Ratschläge. Doch wir müssen genau darauf achten, was sie in uns auslösen, ein gutes Gefühl, Neutralität oder »Bauchweh«, ein inneres Sichzusammenziehen. Nur wenn wir genau hinfühlen, ob eine Idee wirklich zu uns paßt und unseren inneren Werten entspricht, wie plausibel sie auch klingen mag, können wir mit ihrer Umsetzung glücklich werden.

Manchmal erreichen wir unser Ziel erst nach einigen Umwegen. Ein befreundeter Hobbymusiker hatte vor vielen Jahren eine

Ausbildung zum Jazzmusiklehrer begonnen. Doch dann bekam er Probleme mit dem rechten Arm und konnte seine Instrumente nicht mehr spielen. Er lief von Arzt zu Arzt und erhielt fünf verschiedene Diagnosen, bis ihn endlich einer fragte: »Wollen Sie eigentlich wirklich Berufsmusiker werden?« Da wurde ihm klar, daß er ein großes Sicherheitsbedürfnis hatte und die materielle Ungewißheit als Musiker ihm eher angst machte. Er brach sein Studium ab und wurde Beamter. Einige Zeit später, als seine Armprobleme sich gebessert hatten, nahm er sein Hobby Musik wieder auf. Außerdem arbeitete er an seiner inneren Entwicklung und setzte sich ernsthaft mit vielen Lebensfragen auseinander. Heute spielt er in seiner Freizeit mit großem Engagement in mehreren Bands. Er weiß im Rückblick, daß er erst all dies einsehen und verstehen mußte, um Musik von der Qualität machen zu können, zu der er jetzt fähig ist.

Die eigenen Fähigkeiten und Möglichkeiten leben

»Wir sind um so authentischer, je ähnlicher wir dem Traum werden, den wir von uns selbst haben«, läßt der spanische Regisseur Pedro Almodóvar eine seiner Hauptfiguren in dem Film *Alles über meine Mutter* sagen. Es geht ihm darin um Selbstfindung durch das Spiel mit verschiedenen Identitäten. Indem man sich seine ungelebten Potentiale bewußt macht und sie in sein Leben integriert, wird man immer mehr man selbst. Spielt man dagegen einseitig immer nur eine bestimmte Rolle, verneint man etwas in sich.

Ganz ich selbst sein heißt, die eigenen Fähigkeiten und Möglichkeiten zu leben. Doch wie finde ich heraus, was meins ist? Sicher gibt es dafür viele Wege. An dieser Stelle möchte ich im wesentlichen auf drei davon eingehen, die sich durchaus überschneiden: in die Stille und auf die Reise nach innen gehen, Informationen einholen und sie in sich aufnehmen oder sich davon abgrenzen und, last not least, das Ausprobieren.

Der erste Punkt betrifft die innere Ausrichtung auf das, was einem wichtig ist, und die Übereinstimmung mit den eigenen Werten. Ein guter Weg, um sich selbst zu fühlen, ist das Atmen. Durch bewußtes Atmen verlagert man seine Aufmerksamkeit in seinen Körper und nimmt sich wahr. Man ist im wahrsten Sinne des Wortes bei sich. Wenn man in sich geht und seine eigenen Glaubenssätze und Rollen hinterfragt, hat man die Chance, sich von denjenigen zu lösen, die nicht mehr stimmig sind, und so seinem Kern ein Stück näher zu kommen. Dann kann man wieder fühlen, was man wirklich leben will.

Als zweites kann man seine Antennen überallhin ausfahren und alle möglichen Informationen für neue Wege durch Gespräche mit anderen, Bücher, Zeitungen, Zeitschriften, Internet einholen. Bevor ich mich als Heilpraktikerin selbständig machte, gaben mir zwei Kollegen freundlicherweise Gelegenheit zu einer Assistenz in ihrer Praxis. Dabei bekam ich viele wertvolle Anregungen zur Praxisorganisation, zum Umgang mit Patienten und zu verschiedenen Arbeitsweisen. Gleichzeitig wurde mir in der einen Praxis sehr deutlich, daß ich nicht wie mein Kollege in einem Raum drei Patienten parallel, nur durch Stellwände voneinander getrennt, behandeln wollte. Ich erkannte, daß es mir wichtig war, meinen Patienten einen geschützten Raum zu bieten, in dem sehr persönliche Gespräche möglich sind. Durch den Vergleich mit ihrem Stil, das Übernehmen einiger Dinge und die deutliche Abgrenzung von anderen fand ich meinen Weg, meine Ideale zu leben. Umgekehrt können wir die Originalität eines Menschen dann am deutlichsten erfassen, wenn wir ihn und seine Arbeit mit anderen vergleichen und sich so seine spezielle Eigenart herauskristallisiert.

Den dritten Weg, durch Ausprobieren herauszufinden, wer man ist und welche Potentiale man leben will, ging zum Beispiel der Jazzsänger Bobby McFerrin. Bevor er öffentlich als Künstler tätig war, hörte er sich zwei Jahre lang keine anderen Sänger an. Er zog sich mit seinem Kassettenrecorder zurück und sang. Dabei entdeckte er irgendwann, daß er ständig zwischen Baß und Oberstimme hin und her sprang, er sang beim Einatmen die oberen und beim Ausatmen die tiefen Töne. Sein ganz spezifischer eigener Stil

164

war geboren. Er nahm seine erste CD auf und wurde als »der Mann mit dem Orchester in der Stimme« berühmt.

Freie Entscheidungen – Agieren statt Reagieren

Ganz ich selbst sein heißt auch, in jedem Augenblick frei entscheiden können, wie ich sein will, anstatt lediglich auf das Verhalten anderer zu reagieren. Immer wenn jemand bei uns »einen Knopf drückt«, also meist unbewußt etwas auslöst, worauf wir anspringen, sind wir nicht mehr wir selbst. In einem solchen Augenblick begeben wir uns gefühlsmäßig blitzschnell in ein ähnliches, nicht abgeschlossenes früheres Ereignis und erleben die alten Gefühle von damals. Dann sind wir nicht mehr in der Gegenwart und nicht mehr in der jeweils gegebenen Situation und können überhaupt nicht frei agieren. Wir reagieren blind.

Ganz ich selbst sein ist ein Zustand frei von Zustimmungsrollen, von dem Bemühen, es anderen recht machen zu wollen. Das kann ich um so besser sein, je mehr ich mit meiner Aufmerksamkeit auch bei mir bin, mich wahrnehme mit meinen momentanen Bedürfnissen und merke, wann ich Ja sage, anstatt mein inneres Nein auszusprechen. Je weniger Zustimmungsrollen ich spiele, desto mehr bin ich ich selbst, und desto freier kann ich entscheiden, wie ich gerade sein will. Ich will dann niemandem gefallen, niemanden beeindrucken, niemanden überzeugen. Dazu gehört auch, nichts zu tun, was ich eigentlich nicht tun will, aus Angst, abgelehnt oder ausgelacht zu werden oder den Partner zu verlieren. Wenn ich ich selbst bin, werde ich vielleicht von einigen Menschen abgelehnt, aber wenn ich mich nur anpasse, lehne ich mich selbst ab.

Alice Miller beschreibt es als einen Wendepunkt in der Therapie, wenn Menschen erschüttert das Ausmaß ihrer Selbstaufgabe feststellen. Ihnen wird bewußt, daß all die »Liebe«, die sie sich mit so viel Anstrengung verdient haben, gar nicht ihnen selbst gilt, sondern den Rollen, die sie spielen, um es anderen recht zu machen.

Sie erkennen, daß es letzten Endes keine echte Zuwendung bringt, wenn man sich für andere zurechtbiegt, anstatt einfach so zu sein, wie man wirklich ist.

Ganz ich selbst sein bedeutet, keine Geheimnisse zu haben und nichts verbergen zu müssen. Das heißt nicht, daß man jedem x-beliebigen Menschen persönliche oder private Dinge von sich erzählen muß. Es ist aber ein Unterschied, ob man in jedem Augenblick frei entscheiden kann, welcher Grad an Offenheit gerade angemessen ist, oder ob man auf der Hut vor einem bestimmten Thema oder einer Frage ist. Dann geht ein großer Teil der Aufmerksamkeit dafür verloren, das Geheimnis zu schützen, und dann ist diese Aufmerksamkeit nicht mehr frei für den kreativen Ausdruck dessen, was man gerade ist. Man ist dann nicht mehr kraftvoll in seinem Handeln.

Ganz ich selbst sein heißt auch, sich ohne taktische Manöver zu entscheiden und auf verdeckte Absichten zu verzichten. In solchen freien Entscheidungen haben heimliche Hoffnungen und Hintertürchen keinen Platz. Anstatt sich fürsorglich zu geben mit »Liebling, frische Luft würde dir sicher gut tun« kann man besser gleich sagen: »Ich möchte gern mit dir spazieren gehen. Kommst du mit?« Wenn man davon ausgeht, daß andere Menschen unbewußt sowieso in unserer Ausstrahlung wahrnehmen, was wir in diesem Augenblick sind und denken, kann man sich solche Spielchen besser sparen. Sich frei entscheiden im Sinne von Agieren statt Reagieren bedeutet darüber hinaus auch, nicht auf seine eigenen heimlichen Wünsche und Ängste zu reagieren, sondern klar und direkt zu kommunizieren. Dann hat man auch eine klare Ausstrahlung.

Sich selbst in Rollen ausdrücken

Immer mehr Menschen erleben Identität als ein Repertoire von Rollen, als ein flexibles Selbst oder ein kollektives Selbst, in dem alles möglich ist. Rollen sind dazu da, daß wir uns in ihnen ausdrücken! Über Rollen leben wir bestimmte Aspekte unseres Selbst aus, einige in der täglichen Realität, andere, die man in der Wirklichkeit nicht zur Geltung bringen kann, zum Beispiel in einem geschützten Raum wie im Seminar oder beim Psychodrama, wieder andere in kreativen Hobbys wie beim Schauspiel oder Malen und vielleicht noch andere beim Chatten im Internet.

Ende der fünfziger Jahre entwickelte der Psychoanalytiker Erik Erikson Ideen, wie ein junger Mensch in einem Freiraum des Experimentierens Erfahrungen machen kann, die zur Identitätsfindung führen. Nach seiner Ansicht ist Identität das Kernselbst, ein persönliches Gefühl für das, was dem Leben Sinn gibt. Durch Ausprobieren könne man herausfinden, wer man ist.

In unserem Leistungszeitalter ist dies so meist nicht mehr möglich. Doch das Spielen mit Identitäten verlagert sich zum Beispiel in virtuelle Gemeinschaften, hier kann man spielen und Dinge ausprobieren, für die der Alltag keinen Raum läßt. Man entdeckt dann, daß das Ich etwas Fließendes, sich ständig Veränderndes ist. Es ist auch wesentlich umfassender, als dies uns erscheint. Es ist einerseits die Instanz jenseits von Glaubenssätzen und Rollen, die entscheiden kann, wer man sein will und was einem wichtig ist, und es ist andererseits die Gesamtheit all dessen, was man sein kann.

Manchmal haben die Teilnehmer in meinem Seminar über Ausstrahlung zunächst Schwierigkeiten mit dem Begriff Rolle. Sie bewerten »eine Rolle spielen« als negativ und wollen »sie selbst sein«. Aber als Teilnehmer des Seminars sind sie bereits ebenso in einer Rolle wie ich als Trainerin, mit allem, was dazu gehört, den Erwartungen, Rechten und Pflichten, Glaubenssätzen. Jede Rolle ist ein Ausschnitt aus dem Spektrum der eigenen Wirklichkeit.

»Anstatt uns durch eine Rolle auszudrücken, sperren wir uns in ihr wie in einem Gefängnis ein«, meint Jon Kabat-Zinn und empfiehlt, unsere Rollen einmal von einem anderen Standpunkt aus zu betrachten: »Unsere vielfältigen, oft eng miteinander verbundenen Rollen im Licht der Achtsamkeit zu sehen bedeutet, mehr und mehr man selbst zu sein, welche Rolle man auch gerade spielen mag.«[3] Wenn man genug von einer Rolle hat, kann man den festen Entschluß fassen, sie mit den Augen der Achtsamkeit, also bewußt von außen, zu sehen. Aus dieser Perspektive wird man zum Beobachter aller Glaubenssätze, Vorstellungen und Erwartungen, die mit dieser Rolle zusammenhängen. Man ist nicht länger mit ihr identifiziert und kann über sie hinauswachsen.

Sich selbst in Rollen auszudrücken bedeutet, sich seiner Rollen bewußt zu sein und jederzeit aussteigen zu können. Dazu gehört eine Menge Selbsterkenntnis. Vielleicht ist es auch hier wieder hilfreich, gute Freunde oder andere wohlmeinende Menschen danach zu fragen, welche bevorzugten Rollen sie bei uns wahrnehmen. Wir alle spielen Rollen und leben darin bestimmte Facetten unseres Bewußtseins. Das gehört zum Spiel des Lebens. Wir sollten uns jedoch der Tatsache bewußt sein, daß wir die Rollen nur spielen und sie nicht sind.

In jeder Rolle ganz ich selbst sein

Als ich mit einem Freund über die Bedeutung von Rollen in unserer Ausstrahlung sprach, meinte er: »Wieso Rollen? Es gibt doch Menschen, die sind einfach nur sie selbst! Sie spielen keine Rollen!«

Für mich ist das kein Widerspruch. Eine Rolle zu spielen bedeutet nichts anderes, als einen Standpunkt einzunehmen, von dem aus man das Leben betrachtet. Nehmen wir an, eine Frau steht morgens auf und macht ihren Kindern das Frühstück. In der Nacht war sie in der Rolle der Geliebten, nun ist sie in der Mutterrolle. Kaum sind die Kinder versorgt, zieht sie ihr Businesskostüm an, läßt den Wagen an und fährt ins Büro. Jetzt nimmt sie die Welt aus der Rolle der berufstätigen Frau wahr. Doch wenn zwischendurch ein Anruf kommt, daß einem Kind etwas passiert ist, verschiebt sich ihr Ausschnitt sofort, denn sie ist immer Mutter. In der Kaffeepause hört sie einer befreundeten Kollegin zu und ist in der Rolle der Freundin. So überlagern sich die Rollen. In jeder Rolle haben andere Dinge Priorität, und sie hat ein anderes Verhaltensrepertoire und eine andere Sprache. Trotzdem ist sie in jeder Rolle sie selbst.

Das Leben ist mit der Maske eines Computerbildschirms vergleichbar, auf dem viele geöffnete Fenster übereinanderliegen und jeweils durch Mausklick in den Vordergrund geholt werden können. Man kann sie dann lesen und bearbeiten, doch die anderen sind dahinter noch vorhanden. Wenn man gleichzeitig mehrere Fenster geöffnet hat, kann man entscheiden, an welchem man arbeitet. Die anderen Fenster sind in diesem Augenblick ausgeblendet oder im Hintergrund, und doch sind alle diese Fenster geöffnet und im Augenwinkel präsent. Genauso entscheidet die Aufmerksamkeit in der Realität, wer ich bin, wie ich bin, welche Rolle ich gerade spiele und was für mich real ist.

Gerade dieser Wechsel von bewußt angenommenen Rollen macht das Leben aus, und durch diese Flexibilität wird es spannend und interessant. Problematisch wird es erst, wenn man in einer Rolle so verhaftet ist, daß man sie eben nicht mehr jederzeit wechseln kann, wie ich im zweiten Kapitel beschrieben habe, zum Beispiel, wenn Berufsrollen, unbewußte Lieblingsrollen, Zustimmungsrollen usw. alle anderen überlagern.

Die Psychologin und Internetforscherin Turkle berichtet von »Erfahrungen, in denen Menschen ihr Identitätsgefühl dadurch erweitern, daß sie Rollen übernehmen, bei denen die Grenze zwischen Selbst und Rolle immer durchlässiger wird«. So nannte sich die Krankenschwester Annette im Internet Bette und erfüllte sich über diese Rolle den lang gehegten Traum, Gedichte zu schreiben. Als Bette nahm sie an einem Lyrikforum teil. Sie resümiert: »Ich wollte schon immer Gedichte schreiben. Über die Jahre hinweg habe ich sporadisch was zu Papier gebracht. Ich will nicht behaupten, daß die Änderung meines Namens Wunder gewirkt hat, aber ich versichere Ihnen, daß es die Sache verdammt erleichtert hat. Bette schreibt Gedichte. Annette spielt bloß damit. ... Vielleicht wollen Sie wissen, ob diese Bette real ist oder nicht. Nun, sie ist immerhin so real, daß sie Gedichte schreibt. Aber die Gedichte rechne ich mir als eigenes Verdienst an. Bette macht mir Mut. Wir ziehen es irgendwie gemeinsam durch.«[4]

Eine authentische Ausstrahlung

Verschiedene Rollen lassen uns selbst und die Welt anders erleben. Wie bei Bette können dabei innere Grenzen überwunden werden. Da Rollen selbst gewählte Standpunkte im Ozean der eigenen Glaubenssätze sind, führen sie dazu, daß wir dabei bestimmte Glaubenssätze – aus unseren eigenen! – heraussortieren und die Wirklichkeit durch diesen Filter erleben. Doch egal welche Rolle ich spiele, ich bin immer noch ich.

Entscheidend ist auch, ob die jeweilige Rolle zu der Bühne paßt, auf der man sich gerade befindet. Als Coach oder Seminarleiterin habe ich während der Arbeit meine eigenen Angelegenheiten in den Hintergrund zu stellen, denn ich werde in dieser Rolle dafür bezahlt, präsent zu sein und den Klienten oder Teilnehmern mit meinem Wissen, meiner Erfahrung und meinem Handwerkszeug Raum für neue Lösungen ihrer Probleme oder zumindest eine neue Sicht der Dinge zu geben. Wenn ich jedoch in meinem Freundeskreis in dieser Rolle verharre, werden andere wahrscheinlich bald das Interesse an mir verlieren oder ich finde mich als eine Art Sorgentelefon wieder, als ewig verständnisvolle Mutterfigur.

Genauso wie ich zum Aufräumen des Kellers nicht meinen elegantesten Hosenanzug anziehe, sondern alte Sachen, die danach in die Wäsche kommen, kann ich wie meine Kleidung auch meine Rolle wechseln. Ich kann mich je nach Situation entscheiden, in eine Rolle zu gehen, und trotzdem ganz ich selbst sein. In jeder Rolle habe ich eine andere Ausstrahlung, und wenn ich dabei ich selbst bin, strahle ich etwas Authentisches aus. Leben ist das Durchleben von Rollen. Wie sonst sollten wir uns ausdrücken, wenn nicht in vielen verschiedenen Rollen?

Ausstrahlung – Magie oder Strategie?

Die Magie der Ausstrahlung

Vor kurzem erzählte ich dem 19jährigen Sohn einer Freundin, daß ich ein Buch über Ausstrahlung schreibe. »Ach, Ausstrahlung«, meinte er, »das machen wir im Religionsunterricht, Körpersprache, Mimik und Gestik, wie man eben auftritt.« »Genau«, sagte ich, »und darüber hinaus die innere Einstellung, die man zu allem hat.« Ich wunderte mich, daß er im Fach Religion ein so realitätsnahes Thema durchnahm. Er müsse aber einen aufgeschlossenen Religionslehrer haben, denn auf den ersten Blick habe Ausstrahlung ja nicht so viel mit Religion zu tun. »Er sagt, das ist Religion!« meinte der junge Mann entschieden.

Ohne jetzt die Gemeinsamkeiten zwischen Religion und Magie vertiefen zu wollen, kann man doch sagen, daß es bei beiden um etwas Ursprüngliches, mit dem Verstand allein nicht Faßbares geht. Ausstrahlung, so wie ich sie verstehe, enthält durchaus Aspekte, die sich zunächst einmal unserer Kontrolle entziehen. Ausstrahlung ist so lange Magie, wie wir unbewußt denken, fühlen und handeln. Je automatischer unsere Verhaltensweisen und Reaktionen ablaufen, desto weniger sind wir in der Lage, eine Strategie zu planen, geschweige denn erfolgreich anzuwenden.

Die Magie der Ausstrahlung liegt für mich darin, daß in ihr die Gesamtheit unseres momentanen Seins mitschwingt und – das ist das Magische daran – andere Menschen auch erreicht. Vielleicht ist es ihnen nicht bewußt, doch sie nehmen alles wahr, vorausgesetzt sie stehen nicht unter irgendwelchen Drogen oder sind innerlich völlig blockiert. Ich behaupte sogar, daß jeder Mensch über diese Fähigkeiten der Wahrnehmung verfügt, auch wenn sie nicht immer ausgebildet sind.

In den 80 Prozent der zwischenmenschlichen Kommunikation, die sich auf nonverbalem Wege abspielt, ist nicht nur das Lesen der körpersprachlichen Hinweise enthalten, sondern eine Wahrnehmung der Gesamtschwingung eines Menschen, die aus seinen momentanen Gedanken, Gefühlen, Glaubenssätzen und Rollen besteht, also seiner Ausstrahlung als Ganzes. Durch meine Arbeit als Coach, Trainerin und Therapeutin und vor allem auch durch die Arbeit an diesem Buch und meine Gespräche über das Thema Ausstrahlung mit vielen verschiedenen Menschen habe ich meine Antennen hinsichtlich dieser Magie immer mehr sensibilisiert. Und doch gibt es immer wieder überraschende Episoden. Eine davon möchte ich Ihnen erzählen.

Als ich vor Jahren meine Praxis als Heilpraktikerin eröffnete, spezialisierte ich mich von Anfang an auf drei Bereiche: Behandlung psychosomatischer Beschwerden, Ursachenfindung für körperliche Symptome und Krankheiten sowie Persönlichkeitsentwicklung. Im Laufe der Jahre wuchs ich über meine Rolle als Heilpraktikerin hinaus, und meine Arbeit nahm immer mehr den Charakter eines Coachings an, einer im Gegensatz zur klassischen Therapie eher lösungs- als ursachenorientierten Unterstützung mit einer starken zeitlichen Begrenzung und einer hohen Effizienz.

Eines Tages hatte ich mit einem Klienten ein Gespräch in einer Sitzung, die als Therapie lief, aber eigentlich eher Coaching war. Im Laufe des Gesprächs legte ich ihm dar, welche Bedeutung die Rollen, die wir bewußt oder unbewußt spielen, für unsere Ausstrahlung haben. Auf seiner Stirn bildeten sich immer mehr Fragezeichen. Ich bat ihn daher um Rückmeldung, was von meinen Erläuterungen bei ihm angekommen war. Er überlegte einen Augenblick, konzentrierte sich dann und sagte: »Nehmen wir an, Sie spielen Heilpraktikerin, wollen das aber nicht mehr sein, dann merkt man das.« Ich war verblüfft. Er hatte keine Ahnung von meiner persönlichen Situation. Für einen Augenblick stieg ich aus meiner Rolle als Therapeutin aus und erklärte ihm, daß er bei mir etwas unbewußt wahrgenommen habe, das genau in mir vorging. An diesem Beispiel wurde ihm ganz klar, wie wir alle unsere Gedanken und Gefühle ausstrahlen.

Ist Ausstrahlung überhaupt strategisch lenkbar?

In unserer Ausstrahlung gibt es eine Ebene, die offensichtlich der Vernunft und dem Willen nicht zugänglich ist. Da wir alles ausstrahlen, was wir sind, alle bewußten und unbewußten Gedanken und Gefühle dieses Augenblicks, hat Ausstrahlung durchaus diese magische oder irrationale Seite, denn ein großer Teil unserer Innenwelt ist uns selbst nicht bewußt, und durch das, was wir ausstrahlen, sprechen wir andere Menschen ebenso auf unbewußten Ebenen an.

Ist Ausstrahlung dennoch strategisch lenkbar? Ich meine, ja. Es gibt mehrere Möglichkeiten. Ganz gezielt können wir, wie ich es im nächsten Abschnitt im Detail schildern werde, von professionellen Schauspielern lernen, wie man sich bewußt in einen Geistes- und Gefühlszustand hineinversetzt und diesen nach außen ausstrahlt.

Außerdem können wir uns auf die Reise nach innen begeben und unsere versteckten Bewußtseinsstrukturen ans Licht holen. Wir können auch durch das Spielen mit Seiten, die wir bisher nicht zu zeigen wagten, ganz neue Erfahrungen mit uns selbst machen, wie ich es im dritten Kapitel an vielen Beispielen beschrieben habe. Das Ergebnis ist immer eine sich ständig wandelnde Ausstrahlung. Wir wissen dann: »So kann ich auch sein«, und gleichzeitig spüren wir immer mehr, wie wir sein wollen. Jedesmal wenn wir in unserem Bewußtsein etwas ändern, das heißt, unsere Glaubenssätze revidieren, strahlen wir etwas anderes aus. Ein Schlüssel zu einer bewußt gesteuerten Ausstrahlung liegt also in der Erforschung und Neugestaltung der eigenen Glaubenssysteme.

Wenn wir ein Ziel erreichen wollen, überlegen wir uns dafür die beste Strategie und planen genau, wie wir die einzelnen Schritte durchführen. Unsere Ausstrahlung ist also gesteuert und hat gleichzeitig doch auch immer etwas Unplanbares. Da wir uns selbst ja nicht einmal ganz kennen, können wir also unsere Wirkung auf andere niemals hundertprozentig steuern. Außerdem ist Ausstrahlung etwas Interaktives und lebt auch von dem, was die anderen wahrnehmen, und dies hat natürlich auch mit deren Gedanken und Gefühlen, Erwartungen und Hoffnungen, Ängsten usw. zu tun. Es bleibt also immer ein »Restrisiko«, und das ist auch gut so, sonst wäre das Leben ja langweilig. Jede Begegnung mit Menschen sagt uns etwas über uns selbst und über unsere Ausstrahlung, und wir können daran wachsen.

Ausstrahlung als dynamischer Prozeß

Nehmen wir einmal an, eine temperamentvolle, extrovertierte Frau hat die Erfahrung gemacht, daß sie mit ihrem Schwung andere überrollt und manchmal vor den Kopf stößt. Sie kommt also zu dem Schluß: »Ich muß mich zurücknehmen«. Das ist die Strategie, mit der sie ihre Ausstrahlung steuern will. Doch was verbirgt sich hinter der Aussage, daß jemand sich zurücknehmen muß? Es kann vieles sein, zum Beispiel ein Gefühl von innerer Überlegenheit, der Wunsch, eigentlich im Mittelpunkt stehen zu wollen, beachtet und bewundert zu werden, die heimliche Gewißheit, andere jederzeit dominieren zu können, eine Art Herablassung, andere auch einmal zu Wort kommen zu lassen usw. Das ist die Ebene der Magie, und sie schwingt ebenso stark in der Ausstrahlung mit wie die strategisch geplante Vorgehensweise.

So können wir in einem dynamischen Prozeß unsere Ausstrahlung erforschen und sie immer neu gestalten. Auf der einen Seite steuern wir sie bewußt, auf der anderen Seite wirkt sie auf magische Weise, wie ein Zauber, der sich rein rational zunächst nicht erklären läßt. Doch wir können die Magie aufschlüsseln, und genau darum geht es mir in diesem Buch. Denn wenn wir unsere Ausstrahlung wirklich steuern wollen, kommen wir nicht umhin, uns diese Ebene genauer anzuschauen.

Wir werden zum Beispiel täglich von unzähligen Werbebotschaften bombardiert und häufen unbewußt eine Menge Vorstellungen an, wie wir zu sein, auszusehen und zu leben haben. Ganz subtil wird auf diese Weise unsere Persönlichkeit beeinflußt. Wenn

174

wir also im Einklang mit unseren eigenen Werten und selbstbestimmt leben und unsere Ausstrahlung steuern wollen, haben wir gar keine andere Chance, als uns bewußt damit auseinanderzusetzen, welche Botschaften der Werbung wir als Glaubenssätze und Rollenverhalten verinnerlicht haben, und uns dann von einigen zu trennen.

Es ist unausweichlich, daß sich die eigene Ausstrahlung fließend verändert, sobald man dafür ein Bewußtsein entwickelt. Wenn wir die dynamischen Lebensprozesse beobachten, geht es immer im Wechsel um Ausdehnung – das Leben in möglichst vielen Facetten kennen lernen, direkt oder auch indirekt, zum Beispiel als Filmzuschauer – und dann wieder um Reduzierung und Konzentration – Halbherziges aussortieren, sich einer Sache mit Haut und Haar verschreiben und andere mit der eigenen Begeisterung mitreißen.

Klar und direkt kommunizieren

Ein wesentlicher Aspekt einer bewußt gesteuerten Ausstrahlung ist eine klare und direkte Kommunikation. Wir können davon ausgehen, daß wir in jedem Augenblick alle unsere Gedanken und Gefühle in unserer Körpersprache und in unserer Ausstrahlung kommunizieren. Unmittelbar nachvollziehbar wird dies in der Methode des kinesiologischen Muskeltests, die ich in meiner Praxis anwende und dessen Funktionsprinzip in meinen Büchern *Praxisbuch Kinesiologie* und *Kinesiologie. Harmonie für Körper und Seele* ausführlich beschrieben habe. Dabei findet ein sehr subtiler Austausch von Tester und Testpersonen statt, und die Voraussetzung für einen erfolgreichen Muskeltest ist eine klare und offene Präsenz. Wenn diese verlorengeht, weil einer der Beteiligten nicht voll bei der Sache ist oder insgeheim eine abwehrende Haltung einnimmt, bekommt man widersprüchliche Testergebnisse. In einer »normalen« Kommunikation sind Störfaktoren nicht so offensichtlich, doch ich behaupte, daß sie auf einer unterschwelligen Ebene

Bestandteil unserer Ausstrahlung sind und bei dem anderen als verschlüsselte Information ankommen.

Einer meiner Lieblingsfilme ist *Harry und Sally.* Er ist eine wahre Fundgrube für Rollen und ihre Wirkung in der Ausstrahlung. Wenn Sally in einer Zustimmungsrolle zu Harry ist, ihm also alles recht machen will, nimmt er sie überhaupt nicht wahr. Er sagt ihr Unverschämtheiten, doch sie unterdrückt ihre Gefühle und mimt Freundlichsein. Er spürt, daß sie nicht authentisch ist, und hat kein Interesse an ihr. Sie hat für ihn keine Ausstrahlung. Tatsächlich ist Sally dann farblos und uninteressant. Auch als Zuschauer fragt man sich: Wer ist sie eigentlich? Im Laufe der Jahre lernt Sally, ihre Verletzungen zu spüren, statt sie zu unterdrücken, und sich zur Wehr zu setzen. Da wird Harry stutzig. Wenn sie sie selbst ist und klar mit ihm kommuniziert, nimmt er sie plötzlich wahr!

An diesem Beispiel wird deutlich, daß man, um klar und direkt kommunizieren zu können, zuerst einmal innere Klarheit braucht. Diese bekommt man, indem man seine Gefühle wahrnimmt und die Verantwortung für sie übernimmt, anstatt sie zu projizieren oder Vorwürfe zu machen. Diese Art von innerer Klarheit spiegelt sich in der Ausstrahlung absolut wider.

Geheimnisse, heimliche Absichten und innere Konflikte kosten nicht nur Energie, sie strahlen auch auf magische Weise aus. Sicher kennen auch Sie Menschen, die Meister in jeder Art von versteckter Manipulation sind. Beliebte Spielchen sind: nett sein und zuhören, um geliebt zu werden, krank werden, um Aufmerksamkeit zu bekommen oder etwas nicht tun zu müssen usw.

Eine Klientin schrieb ihrem geschiedenen Mann erst viele Jahre nach der Trennung einen Brief, in dem sie ihn für verschiedene Dinge um Verzeihung bat und ihm sagte, daß seine Tochter ihn jetzt brauche. Sie konnte das erst tun, nachdem sie innerlich die ganze Geschichte bereinigt hatte, denn, wie sie sagt: »Die Lüge hätte man herausgehört.« So konnte er es annehmen und kümmert sich nun um sein Kind.

Hinter dem inneren Zwang, nach außen eine bestimmte Rolle spielen zu müssen, anstatt zu sich zu stehen, verbergen sich letzten

Endes Unsicherheit und Angst vor Verletzung oder Zurückweisung. Deswegen ist Sich-outen so befreiend. Als die Homosexualität sich noch im gesellschaftlichen Abseits befand, erlebten die Mutigen, die es wagten, sich öffentlich zu outen, dies als eine große innere Befreiung. Es gab nichts mehr zu verbergen! Ihre innere Klarheit und Geradlinigkeit kam von nun an in einer klaren und direkten Kommunikation und einer authentischen Ausstrahlung zum Ausdruck.

Sie entscheiden, wer Sie sein wollen, im Einklang mit sich selbst

Die Schwierigkeit, es allen recht zu machen

In den unendlichen Möglichkeiten, das eigene Leben zu gestalten, liegt auch eine große Verantwortung. Um zu entscheiden, wie und wer ich sein will, muß ich zunächst einmal mit mir selbst in Kontakt sein und fühlen, wann ich mit mir im Einklang bin und wann nicht.

Wer den Weg, den ich in meinem Buch aufzeige, mitgegangen ist, steht nun innerlich an dem Punkt zu entscheiden: Was ist mir wichtig in meinem Leben? Welche Glaubenssätze und Werte stehen bei mir an oberster Stelle? Was möchte ich leben? Was ist wirklich mein eigenes? Es geht darum, wie man für sich herausfinden kann, was man wirklich will. Das klingt einfach, ist es aber nicht. Ich möchte Sie anregen, nach innen zu hören und zu fühlen, denn nur wer im Kontakt mit sich selbst ist, kann nach außen authentisch wirken.

An dieser Stelle möchte ich Ihnen eine orientalische Geschichte erzählen, die von der Schwierigkeit erzählt, es allen recht zu machen.

Ein Junge bat seinen Vater, den Esel durch die Gassen von Keshan ziehen zu dürfen. Der Vater, der seine Geschäfte zu erledigen hatte und den Jungen mitnehmen wollte, saß also auf dem Esel auf und ließ seinen Sohn den Esel führen. Es war heiß und staubig.

»Der arme Junge«, sagte da ein Vorübergehender. »Seine kleinen Beinchen sind viel zu kurz, um mit dem Tempo des Esels Schritt halten zu können. Wie kann der Alte so faul auf dem Esel herumsitzen, wenn man sieht, daß das kleine Kind sich müde läuft.«

Dem Vater gaben diese Bemerkungen einen Stich ins Herz. An der nächsten Ecke stieg er geschwind ab und ließ den Sohn aufsitzen.

Es dauerte nicht lange, da war von einem anderen Vorübergehenden zu hören: »Frechheit! Macht es sich dieser Bengel doch wie ein Sultan auf dem Esel bequem, während sein armer Vater in dieser Mittagsglut nebenher laufen muß.«

Da bekam der Junge ein schlechtes Gewissen, und er bat den Vater, sich hinter ihn auf den Esel zu setzen.

»Das ist ja ungeheuerlich«, keifte eine verschleierte Frau, »solche Tierquälerei. Dem armen Tier bricht fast der Rücken durch, und der alte und der junge Taugenichts machen es sich auf ihm gemütlich, als wäre er ein Diwan, die arme Kreatur!«

Die Gescholtenen mochten sich keinen Schritt weiter von dem Esel tragen lassen und stiegen, ohne ein Wort zu sagen, herunter.

Nur wenige Schritte waren sie gegangen, da bespöttelte sie ein Fremder: »So dumm möchte ich nicht sein. Wozu führt ihr das Maultier spazieren, wenn es nichts leistet, euch nicht den geringsten Nutzen bringt und noch nicht einmal einen von euch trägt?«

Der Vater führte den Esel an eine Tränke, schob ihm eine Hand voll Stroh ins Maul und legte seine Hand auf die Schulter seines Sohnes. »Gleichgültig, was wir machen«, sagte er, »es findet sich immer jemand, dem es nicht gefällt. Ich glaube, wir müssen selbst entscheiden, was wir für richtig halten.«

Die eigene Einzigartigkeit leben

Um das Leben im Einklang mit seinen inneren Werten gestalten zu können, muß man erst einmal für sich selbst ganz klar haben, welches die eigenen Werte, Ideale und Visionen sind. Dazu kann man eine Art Situationsanalyse machen und sich zum Beispiel folgende Fragen stellen:

- Was gefällt mir in meinem Leben?
- Was stört mich in meinem Leben?
- Wie will ich leben?
- Was will ich machen und mit wem?
- Was ist mein eigenes, und was habe ich zu geben?

Es ist ganz wichtig, bei dieser Bestandsaufnahme mit dem anzufangen, was einem in seinem Leben gefällt. Dabei wird die Aufmerksamkeit von der eigenen Unzufriedenheit weg hin zu Wertschätzung und Dankbarkeit gelenkt für das, was man bereits ist und hat. Man könnte auch alles auflisten, wofür man dankbar ist. Meistens ist es eine ganze Menge.

Von dieser Basis ausgehend kann man dann weiter forschen, welche Bereiche im Leben nicht stimmig sind. Hier liegt der Ansatz für anstehende Veränderungen. Diese können ganz konkreter Natur sein, indem man etwas tut, um die bestehende Situation neu zu gestalten, oder sie können eine Veränderung der inneren Einstellung sein, ein Ja zu dem, was ist.

Bei der Frage, wie man leben will, geht es um die innersten Werte und Ideale. Es gibt immer Wege, diese zu verwirklichen, doch die Voraussetzung ist, daß man sie überhaupt kennt und klar formuliert. Nehmen wir an, jemand hat den Begriff Freiheit als einen wichtigen Wert auf seiner Liste. Viele Frauen, die vom Familien- oder Berufsalltag erschöpft und überfordert sind, haben insgeheim Phantasien vom Aussteigen und einem Leben in völliger Freiheit. Ein Single kann jederzeit umziehen, den Beruf wechseln, sein Leben umkrempeln. Wenn man in einer Beziehung oder in einer Familie eingebunden ist, ist das nicht mehr so leicht möglich. Als ich mit einer Freundin, die Ehefrau und Mutter von zwei Kindern ist, darüber sprach, meinte sie: »Ich kenne dieses Gefühl, ganz anders leben zu wollen. Aber mit Familie geht das nicht mehr so einfach. Dann muß man sich einen anderen Ausgleich schaffen.« Sie hat es getan. Mit Anfang Vierzig begann sie ein Studium und verwirklicht sich erfolgreich in ihrer künstlerischen Tätigkeit.

Kreatives Schaffen ist zum Beispiel eine Möglichkeit, den inneren Wert Freiheit in einer sinnbringenden Tätigkeit zu leben. Es ist aber in jedem Lebensbereich möglich, sich einzubringen durch die Entscheidung, das, was man tut, aus vollem Herzen zu tun. Ich erinnere mich an einen in ganz China berühmten Bonbonverkäufer, der zu einer Zeit, als Service und Kundenfreundlichkeit dort eher zu den Fremdworten zählte, sich in seinem Leben Sinn schaffte durch sein unermüdliches Engagement für seine Arbeit. Er war umwerfend liebenswürdig zu seinen Kunden und riß sie mit seiner grenzenlosen Begeisterung für seine Ware mit. Seine Verkaufszahlen brachen jeden Rekord, und er wurde landesweit zu einem Idol.

Man kann sein Leben neu gestalten, ohne die äußeren Umstände zu verändern. Man muß nicht an einen anderen Ort ziehen, um das Leben zu führen, das man sich ersehnt. Es geht vielmehr darum, sich zu fragen, welche Lebensqualität man mit dieser äußeren Veränderung verwirklichen möchte. Um diese Qualität zu leben, braucht man nur in sich Klarheit zu schaffen, was man will, was einem fehlt, was einem wichtig ist, wie man seine Ideale leben kann. Sobald man einmal erkannt hat, in welche Richtung es geht, ist es hilfreich, sich Gleichgesinnte zu suchen und sich mit ihnen zusammenzutun. Dann kann man sich helfen, sich wertvolle Tips geben, sich anregen und sich ergänzen.

Dabei kann man sich auch fragen, was man der Welt zu geben hat, über welche Fähigkeiten, welches Wissen und welche Erfahrungen man bereits verfügt. Die Essenz aus all dem ist die eigene Einzigartigkeit, sie gilt es zu entdecken und, wenn man will, zu leben. Darauf werde ich noch ausführlich in dem Abschnitt *Bewußt gelebte Glaubenssätze überzeugen* zu sprechen kommen.

Doch manchmal gelangt man an einen Punkt, an dem Fragen nach dem Lebensziel nicht das gewünschte Ergebnis bringen. Alles Denken und Überlegen stößt an seine Grenzen. Dann hilft es, den Verstand ruhig zu stellen und auf die innere Weisheit oder die Weisheit des Körpers zu achten.

Ich erinnere mich an ein Spiel, das wir einmal in einem Seminar machten. Unsere amerikanischen Trainer nannten es »naming game«, das Spiel, bei dem wir Dingen Namen geben sollten. Während man durch den Raum lief, sollte man beliebige Gegenstände ansehen und sie benennen, jedoch anders als in der Realität. Man sah zum Beispiel einen Tisch an und murmelte »Bratkartoffeln«, blickte zum Fenster und sagte »Regenwurm«, nannte die Kaffeekanne »Badewanne« usw. Dieses Spiel war nicht nur lustig, sondern auch sehr beruhigend. Während einem bewußt wurde, wie beliebig unsere erlernten Bezeichnungen sind, wurde auch der Geist ruhig. Es entstand ein Gefühl von innerer Freiheit, vollkommen frei entscheiden zu können, wie man etwas benannte. In diesem Zustand war es möglich, fein in sich hineinzuhören und seine innere Weisheit wahrzunehmen.

Die Lösung für schwierige Probleme, Antworten auf existentielle Fragen und neue Ideen in festgefahrenen Situationen kann man nicht erzwingen. Wenn der Verstand immer in die gleiche Richtung oder in den gleichen Schleifen denkt, kommt dabei nichts Neues heraus. Man kann jedoch die Voraussetzungen dafür schaffen, daß man diese Lösung geschenkt bekommt, zum Beispiel, indem man aufhört, über das Thema nachzudenken, und etwas ganz anderes tut. Was das ist, muß jeder für sich herausfinden. Es kann Gartenarbeit, Schubladen ausmisten, Schwimmen, Joggen usw. sein. Wenn ich beim Schreiben nicht weiterkomme, quäle ich mich nicht, sondern höre auf und koche, gehe einkaufen oder fange an, meine Stapel auf dem Schreibtisch aufzuräumen. Manchmal habe ich die nächste zündende Idee unter der Dusche oder nachts im Schlaf. Nach meiner Erfahrung ist es wichtig, mich innerlich auf die Lösung einer Frage auszurichten und sie dann loszulassen. Mein Unbewußtes filtert dann die richtigen Informationen heraus, und irgendwann ist die Antwort da.

Eine befreundete Künstlerin empfiehlt jedem, einen Bereich im Leben zu haben, in dem es keinerlei Zwang gibt. Für sie ist es die Malerei, und ich kann das inzwischen gut nachempfinden. Man gibt sich dabei die Möglichkeit, sich auf eine ganz neue Weise ohne jegliche Leistungerwartung auszudrücken, und schafft Raum für Neues, das sich auf natürliche Weise entfalten darf. Auch dies ist ein Weg, um dem unbewußten, noch nicht gelebten Potential Gelegenheit zu geben, zum Ausdruck zu kommen und die eigene Einzigartigkeit zu entdecken. Menschsein ist alles, nicht nur Leistung bringen. Auf welche Art auch immer schöpferisch tätig zu sein kann viel mehr als alles intellektuelle Streben ein Gefühl von Ganzheit vermitteln, das aus dem Zusammenspiel von Fühlen und dem Ausdruck dieses Fühlens entsteht.

Schließlich kann man auf die Weisheit des Körpers achten, auf die deutlichen Signale, die er einem gibt. Wenn ich zum Beispiel im Begriff bin, etwas zu tun, das meinem Innersten eigentlich zuwiderläuft, bekomme ich Magenschmerzen, und meine Energie verläßt mich. Dies sind klare Hinweise darauf, mich zu fragen: Stimmt diese Handlung, diese Beziehung, dieses Gespräch, diese Entscheidung mit meinen Werten überein? Sobald ich diese Zeichen wahrnehme und mich wieder auf das Wesentliche besinne, steigt mein Energiepegel, ich bekomme wieder Kraft und bin entspannt. Es bleibt mir also gar nichts anderes mehr übrig, als bei allen Entscheidungen auf meine körperliche Reaktionen zu achten und sie zu berücksichtigen.

Wir können uns immer neu entscheiden

Wenn ich meine Seminarteilnehmer frage, wer sie gern sein würden und welche Ausstrahlung sie gern hätten, fallen die Antworten in der Regel eher differenziert aus. So möchte eine Frau zum

Beispiel im Beruf kompetent, zur aufdringlichen Nachbarin entschieden, zu den Eltern positiv abgegrenzt wirken und sich gegenüber den Freunden so zeigen, wie sie ist. Die angestrebte Ausstrahlung ist also abhängig von der jeweiligen Lebenssituation.

»Ich will mich gar nicht für den Rest meines Lebens entscheiden, wer ich bin und was ich tue«, begehrte eine Freundin auf, mit der ich das Thema Ausstrahlung diskutierte. Das ist ein ganz wichtiger Aspekt. Wir können uns immer wieder neu entscheiden.

Manchmal weist uns das Leben darauf hin, daß wir einmal getroffene Entscheidungen neu überdenken können oder müssen. Eine Klientin, Abteilungsleiterin in einem Betrieb, kam zu mir wegen Schwierigkeiten mit ihrem Chef. Sie fühlte sich von ihm ausgenutzt, da er sich zu viel bei ihr ausheulte. Außerdem hielt sie ihn für unfähig, er war ihrer Meinung nach nicht ehrlich, halste ihrer Abteilung unnötige Arbeit auf, traf sachlich ungerechtfertigte Entscheidungen und wurde manchmal ihr gegenüber sogar richtig ausfallend. Andererseits hatte sie bemerkt, daß er in Besprechungen mit den Abteilungsleitern ihr und nur ihr kurze, prüfende Blicke zuwarf, als wolle er sich vergewissern, in welcher Stimmung sie war.

Gemeinsam mit ihr analysierte ich die Rollen, die sie gegenüber ihrem Chef einnahm, und das Pendant dazu. Es stellte sich heraus, daß sie unbewußt die Verantwortung für die ganze Firma übernommen hatte und sich als heimliche Chefin fühlte. Für ihren Chef war sie die »Mamma«, eigentlich sah sie ihn als kleinen Jungen an, und so benahm er sich auch. Bald hatte er Angst vor ihr, bald wollte er von ihr getröstet werden, dann wieder begehrte er auf. Meine Klientin war sehr betroffen. Es wurde ihr bewußt, daß ihre Rollenverteilung im Betrieb von der normalerweise üblichen Beziehung zwischen Chef und Mitarbeitern stark abwich. Ihr heimliches Gefühl der Überlegenheit strahlte sie natürlich aus, und unbewußt haßte er sie dafür.

Schließlich meinte sie entschlossen: »Ich muß diese Mamma-Rolle loswerden«. »Sie müssen gar nichts«, erwiderte ich und arbeitete mit ihr heraus, welche Vorteile ihr die Mamma-Rolle brachte. Wir spielen ja Rollen, weil sie uns einen Vorteil verschaffen, und solange wir uns diesen Vorteil nicht auf andere Art und Weise verschaffen können, greifen wir auf die altbewährte Methode zurück und spielen unsere Lieblingsrollen weiter.

Bald stellte sich heraus, daß meine Klientin längst über ihre Rolle als Abteilungsleiterin hinaus gewachsen war und eigentlich selbst gern Chefin gewesen wäre. Dann wären ihre Fähigkeiten voll zum Tragen gekommen. Sie würde sich durch Delegieren von Routinearbeiten entlasten, selbst Verantwortung für eine Firma übernehmen und ihre Mitarbeiter so führen, wie sie es für richtig hielt, mit Wärme und Menschlichkeit.

Nun stand sie vor der Entscheidung. Sie konnte sich auf ihre wahre Rolle als Abteilungsleiterin und deren Verantwortungsradius besinnen und ihre innere Einstellung dahingehend ändern, daß sie sich nicht mehr als heimliche und bessere Chefin fühlte. Das würde auch bedeuten, klar anzuerkennen, daß er der Chef war, mit allen Fehlern, aber auch mit der ganzen Verantwortung. Denn wenn die Firma in Schwierigkeiten käme, müßte er den Kopf hinhalten und nicht sie. Der Vorteil einer klaren Entscheidung für diese Rolle wäre mehr Entlastung, mehr Freizeit, mehr Lebensqualität.

Sie konnte sich aber auch entscheiden, sich eine neue Stelle zu suchen, in der sie die Chefin wäre. Die notwendige Kompetenz und Erfahrung hatte sie sich längst erworben. Vielleicht entschied sie sich aber auch für eine Kombination aus beidem, in dem Sinne, im Hinterkopf das Ziel zu behalten, sich in eine Stelle als Chefin zu verändern, bis dahin aber bewußt die verbleibende Zeit zu nutzen, um noch vieles zu lernen. So könnte sie in dieser Zeit lernen, Verantwortung abzugeben, sich abzugrenzen, zu prüfen, was sie für sich als Chefin übernehmen wollte und was nicht. Bis dahin könnte sie die Zeit als Abteilungsleiterin genießen und sich darin üben, sich ihre Art von Lebensqualität zu schaffen.

Statt in einer ausweglosen Situation stand sie nun vor drei Alternativen. Wir können uns immer neu entscheiden, wenn wir wollen. Bert Hellinger erzählte einmal die Geschichte von einem Esel, der schwer bepackt auf einer grauen, staubigen Straße immer geradeaus läuft. Er ist durstig und todmüde. Rechts von ihm ist eine grüne Wiese, links von ihm ist eine grüne Wiese. Er aber bleibt auf seiner staubigen Straße und sagt: »Ich habe mich entschieden«. Zum Glück sind wir keine Esel.

Wir können uns für vieles entscheiden

Wir müssen uns auch nicht immer für etwas »Positives« entscheiden. Es kommt vielmehr darauf an, daß wir das, wofür wir uns entschieden haben, klar ausstrahlen.

»Manchmal kann ich auch meine Ausstrahlung bewußt ›negativ‹ steuern«, erzählt mir eine Freundin. »Das übe ich gerade mit meinem Sohn. Ich sage Nein, so schroff, daß kein Gras mehr wächst. Ich übe Grenzen setzen. Manchmal will man das, ist dabei aber doppeldeutig und nicht authentisch. Ich lerne gerade, zu meinem Nein zu stehen.«

Wenn wir unser Leben nach unseren Bedürfnissen gestalten, ist das nicht gegen die anderen gerichtet. Viele Entscheidungen beinhalten, daß wir gleichzeitig auf etwas verzichten, zum Beispiel auf die Zustimmung anderer Menschen. Doch wenn wir innerlich klar sind, sind wir nicht mehr darauf angewiesen, und erstaunlicherweise wird unsere Entscheidung dann viel eher respektiert.

Im Restaurant entscheiden wir uns für etwas, das uns schmeckt, was nicht bedeutet, daß wir die anderen Gerichte abwerten. Ebenso probieren wir beim Kleiderkauf an, was uns steht, paßt und gefällt. Dabei werten wir die anderen Kleidungsstücke nicht ab. Nach einer Weile steht uns der Sinn nach etwas Neuem, und wir kaufen neue Sachen.

Genauso ist es mit unserer Lebenssituation. Unser Geschmack verändert sich. Unser Inneres ist in einem ständigen Prozeß der Veränderung begriffen. Wir sortieren, sondern aus und fügen Neues hinzu. Trotzdem bleiben wir immer einzigartig. Vielleicht kommt ein Zeitpunkt im Leben, wo wir uns fragen: Wer bin ich denn nun eigentlich? Auf diesem Wege entdecken wir, welche unbewußten Rollen wir unser Leben lang gespielt haben, und fragen uns, erst recht erschrocken: Wer bin ich und wer will ich sein? Und nun wird reduziert, konzentriert, werden Rollen aufgegeben oder integriert, nun wird gefühlt, was ist meins, was will ich wirklich. Dann können wir die bewußte Entscheidung treffen, einmal so und dann so zu sein oder uns mit Haut und Haar einer Sache zu verschreiben.

In einer Umfrage wurden Zwangzig- bis Dreißigjährige befragt, was ihnen im Beruf am wichtigsten sei. Zwei Drittel von ihnen nannten dabei an erster Stelle Freude und Sinn. Wenn das garantiert wäre, würden sie auch einen schlechter bezahlten Job in Kauf nehmen. Diese jungen Leute haben erkannt, daß sie sich nicht jahrzehntelang abrackern wollen mit der Aussicht, irgendwann einen großartigen Ruhestand zu genießen. Sie wollen bereits heute ein erfülltes Leben haben und es bewußt nach ihren Wünschen und Werten gestalten.

Andere Menschen kommen erst später, zum Beispiel in einer Krise in der Lebensmitte, an den Punkt, an dem sie Bilanz ziehen, was für sie wirklich zählt im Leben. Sie fragen sich dann, was sie noch nicht gelebt haben. In einer solchen Zeit sind Phasen des Ungleichgewichts ganz natürlich. Die Vorstellung, noch einmal etwas ganz Neues auszuprobieren, verursacht nicht nur Vorfreude und Aufregung, sondern auch Angst, Unruhe und inneres Chaos.

Während manche dann resignieren und so weitermachen wie bisher, schaffen andere einen Neubeginn. Sie verwirklichen ihre Träume und leben die Rollen, die sie bisher nicht gelebt haben. Ich erinnere mich an eine Talkshow, in der Menschen erzählten, wie sie sich nach einer langen Zeit der Unsicherheit und Verwirrung aus ihren bisherigen Lebensumständen lösten und ihre innersten Träume verwirklichten. Da gab es einen ehemaligen Priester, der nach langem Ringen sein Amt aufgegeben und sich seinen Traum von einer Familie erfüllt hatte. Heute ist er glücklicher Ehemann und Vater von zwei Kindern. Ein anderer Mann wagte nach langen Jahren des Beamtendaseins den Neubeginn als Psychotherapeut und geht völlig in seiner Arbeit auf. Eine Frau, die schon immer eine große Pferdenärrin gewesen war, berichtete, wie sie nach der Familienphase ihren Traum von einem Reiterhof realisierte.

Wir können in jeder Rolle authentisch sein

Sich entscheiden muß jedoch nicht unbedingt heißen, sich auf eine Sache oder eine Rolle festzulegen. Eine Klientin kam in einer verzweifelten Situation zu mir. »Ich habe mich bisher als lesbisch definiert«, sagte sie. »Aber jetzt habe ich mich in einen Mann verliebt. Er ist Priester. Wie soll ich meine sexuelle Identität denn von nun an definieren? Mein ganzes Weltbild ist aus den Fugen geraten.« Als ihr bewußt wurde, daß es für sie keinerlei Notwendigkeit gibt, sich so oder so zu definieren, sondern daß sie genausogut offen mit dem Leben mit fließen konnte, erfuhr sie dies als große Erleichterung.

Wir können uns auch entscheiden, mehrere Rollen parallel zu leben. Während ich dieses Buch schrieb, erlebte ich eine Phase der beruflichen Klärung. Ich stellte mir natürlich auch all die Fragen, die ich Ihnen stelle, und ging durch einen inneren Prozeß des Fühlens, Abwägens und Entscheidens.

Das für mich selbst überraschende Ergebnis ist, daß ich mir dabei der Fülle meines Lebens in meinen diversen Rollen bewußt geworden bin. Ich hatte gedacht, ich müßte meine Praxis schließen, um mich ganz auf die Arbeit als Trainerin und Coach zu konzentrieren. Doch ich erkannte schließlich, daß es für mich ein Stück Lebensqualität darstellt, diese Rollenvielfalt zu leben. Ich kann im beruflichen Kontext meine Rollen wechseln und jedesmal ganz ich selbst sein, solange ich im Einklang mit meinen inneren Werten bin.

In meiner Arbeit lebe ich gewissermaßen die These dieses Buches: *Ich kann viele sein. Ich entscheide, wer ich sein und in welcher Rolle ich was ausstrahlen will.* Als Coach genieße ich das Zielorientierte, Konkrete und Komprimierte dieser Sitzungen, in denen ich meine Klienten dabei unterstütze, ihre in erster Linie berufsbezogenen Probleme zu lösen. Als Trainerin für Lebens- und Karrieregestaltung gefällt es mir besonders, Menschen in Gruppenprozessen bei der Entdeckung ihrer eigenen Ziele und ihrer inneren Ressourcen zu begleiten. Als Therapeutin liebe ich den geschützten

Raum für intensive Begegnungen und den Wechsel zwischen eher klassischer Therapie, bei der tiefe Strukturen berührt werden, und der lösungsorientierten Kurzzeittherapie, bei der Veränderungen sehr schnell und leicht geschehen. Als Autorin liebe ich den spielerischen Umgang mit dem Wort und die innere Klarheit, die sich auftut, während ich meine Erfahrungen und Erkenntnisse so ordne und darstelle, daß vielleicht auch andere einen Nutzen daraus ziehen können.

Am Ende dieses Buches möchte ich aus tiefster innerer Überzeugung noch einmal bestätigen: *Ich kann viele sein. Ich kann meine Rollen wechseln und in jeder authentisch sein.* Wenn ich im Einklang bin mit der Rolle, die ich gerade verkörpere, strahle ich Echtheit aus. Die ausschließliche Identifikation mit einer Rolle hört auf. Ich kann all das sein, und ich bin mehr als das. Ich entscheide, wer ich sein will, und ich kann mich jederzeit neu entscheiden.

Schauspielprofis über die Schulter geschaut

Was können wir von Schauspielern lernen?

Wer alle diese Fragen nach der eigenen Lebensgestaltung für sich geklärt hat und auch immer wieder von neuem zu klären versucht, braucht Hilfsmittel und Wege, um seine inneren Werte bewußt zu leben. Wenn wir eine überzeugende Ausstrahlung entwickeln wollen, die im Einklang mit uns selbst ist, können wir von Schauspielprofis lernen. Sie haben das Wissen, daß das Leben eine Bühne ist, auf der wir Rollen spielen, zu ihrem Beruf gemacht. Wie jeder von uns von diesem Handwerkszeug professioneller Schauspieler für seine authentische Ausstrahlung profitieren kann, möchte ich hier erläutern.

Spiel ist Leben – Leben ist Spiel, meinte schon Calderón, und mit den Worten *Die ganze Welt ist eine Bühne* begann Shakespeare sein Stück *Wie es euch gefällt.* Auf der Bühne des Lebens ist jeder

Mensch sein eigener Regisseur, Drehbuchautor und Akteur. In diesen unendlichen Möglichkeiten liegt auch eine große Verantwortung. Um die ganze Welt als Bühne wahrnehmen zu können, braucht man genug inneren Abstand zu sich selbst, dem eigenen Lebens- und Beziehungskontext, dem gesellschaftlichen Kontext, zu Ort und Zeit. Biografien lesen ist ein Weg, um diese weite innere Perspektive einzunehmen. Auch spirituelle Praktiken können uns auf diese Ebene bringen, von der aus wir das Spiel des Lebens von außen betrachten.

Schauspieler durchleben Rollen intensiv und bewußt, es ist ihr Beruf, und sie werden dafür bezahlt. Sie sind sich immer dessen bewußt, welche Rolle sie gerade spielen. Doch in gewissem Sinne sind wir alle Schauspieler auf der Bühne des Lebens und können viele verschiedene Rollen einnehmen. Während Schauspielprofis sich auf eine Rolle vorbereiten, identifizieren sie sich mit ihr und reflektieren gleichzeitig, wie sie das tun. Wir können von ihnen lernen, uns bewußt mit unseren Rollen auseinanderzusetzen.

Wie erlernen Schauspieler die Kunst des Rollenspiels? Heute weiß man längst, daß Kreativität keineswegs nur eine Sache des Talents ist, sondern daß der kreative Prozeß grundlegende Gesetzmäßigkeiten aufweist. Beim Schauspiel zum Beispiel erlernt man zunächst entsprechende technische Fähigkeiten wie körperlichen und stimmlichen Ausdruck, dann kommen Konzentration, Sinneswahrnehmung, Erinnerung usw. dazu. Das bedeutet, ein Gustaf Gründgens war nicht nur deshalb ein guter Schauspieler, weil er mehr Ausdruckskraft hatte als andere, sondern auch weil er diese Ausdruckskraft, dieses Talent entwickelt hatte. Wie gehen Schauspieler mit diesem Handwerkszeug um? Was können wir von ihnen für unser Leben und unsere Ausstrahlung übernehmen?

Wie im Theater hängt auch im Leben alles davon ab, wie glaubwürdig und wahrhaftig, wie lebendig und überzeugend das ist, was dargestellt wird. Wir können daher von Schauspielern lernen, wie wir uns in immer neuen Rollen erschaffen und wie wir das glaubwürdig tun können. Von ihrer Bühnenpräsenz können wir die geniale Mischung lernen, wie man in eine Rolle schlüpft und darin voll aufgeht und doch jederzeit die Kontrolle darüber behält. Auch wir können uns immer neu erschaffen, und wir können damit unsere Ausstrahlung bewußt gestalten.

»Ich will die eigene Person immer mehr ausweiten«, erklärt Mario Adorf seine Motivation für seinen Beruf. »Ich will auch in die unbekannten Gassen meiner Persönlichkeit gehen. Es reicht mir nicht, wenn ich nur das Rathaus, den Brunnen und die Kneipe kenne. Wenn ich einen anderen Menschen spiele, habe ich hinterher das Gefühl, daß ich weiß, was in einem Metzger vorgeht, in einem Schlosser, in einem Arzt. Das ist ein Privileg des Schauspielers.«[5]

Schauspieler lernen, wie man in eine Rolle einsteigt und am Ende des Stücks oder der Szene ganz bewußt aussteigt. Es wäre fatal, wenn sie in ihren Rollen steckenblieben. Sie lernen auch, den Moment, in dem sie die Bühne betreten und wieder verlassen, ganz bewußt zu erleben und zu steuern. Sie sind jederzeit in der Lage, ihre Figur zu sein oder sie von außen zu betrachten und zu beobachten, wie schon Goethe sagte: »Schauspieler sind nicht, was sie spielen. Aber sie sind es mit Anmut.«

Anders als der Schriftsteller oder der Komponist vereinigt der Schauspieler gleichzeitig Schöpfer und Geschöpf in sich. Das hat zur Folge, daß er nicht die gleiche Distanz zu seinem Werk haben kann wie der Schriftsteller zu seinem Roman oder der Komponist zu seinem Musikstück. Um ein objektives Bild von seiner eigenen Leistung zu gewinnen, braucht er die Rückmeldung von außen, vom Regisseur oder vom Zuschauer. Ebenso können auch wir zwar uns selbst in unserem Denken und Handeln beobachten, aber um die Wirkung unserer Ausstrahlung nach außen einschätzen zu können, müssen wir Feedback von anderen bekommen, zum Beispiel von wohlmeinenden Freunden oder im Seminar von anderen Teilnehmern oder ein professionelles Feedback von einem Trainer oder Coach.

Im folgenden möchte ich die Methoden der berühmten Schauspiellehrer Lee Strasberg und Michael Tschechow und ihren direkten Bezug zu den Rollen darstellen, die wir im Rahmen einer gezielt gesteuerten Ausstrahlung bewußt spielen wollen. Beides Schüler des berühmten Konstantin Stanislawskij, haben sie in Schauspielschulen und -kursen dessen Methoden weiter ausgebaut und gelehrt. Strasberg zum Beispiel gründete 1947 in New York das Actor's Studio, aus dem unter anderem so berühmte Stars wie Marlon Brando, James Dean, Paul Newman und Marilyn Monroe hervorgingen.

Den Willen trainieren

»Ein Schauspieler muß den Willen trainieren«, lehrte Strasberg, »und ein wichtiger Teil in unseren Konzentrationsübungen ist das Training des Willens. Viele Leute meinen, daß wir damit nur die Gefühle trainieren, aber wir trainieren auch den Willen und das Bewußtsein. Ohne die Fähigkeit des Wollens und des Bewußtseins ist Konzentration nutzlos, weil man dann nicht weiß, wie und wann man sie einsetzen kann.«[6]

Schauspieler lernen, ganz spezifische Techniken zu entwickeln, um gewünschte Wirkungen hervorzurufen. Ihre Aufgabe ist es, auf der Bühne etwas zu erschaffen, das eigentlich gar nicht da ist und von dem jeder genau weiß, daß es überhaupt nicht existiert. Sie brauchen Phantasie und einen Weg, diese Phantasie an das Publikum zu übermitteln. Mit Hilfe der Konzentration entwickeln sie ihre Phantasie und Imagination.

Nützliche Hilfsmittel, um eine innere Realität zu erzeugen, sind nach Strasberg die W-Fragen: Wer, wo, wie, wann, warum, wenn? Wie würde ich handeln, wenn ...? Sie erleichtern es der Phantasie, Vorstellungsbilder zu finden. Auch wir können die W-Fragen benutzen, um eine innere Vorstellung von dem zu schaffen, was wir erleben und ausstrahlen wollen.

Die Macht der willentlich gesteuerten Konzentration beschrieb eine Fernsehreportage über die in traditionellen indonesischen Schauspielritualen verwendete Java-Maske, die lächeln kann. Etwas Vergleichbares habe ich in Japan im klassischen Nô-Theater erlebt. Fassungslos sah ich mit an, wie die Masken, die die Nô-Schauspieler während des ganzen Stückes tragen, ihren Ausdruck veränderten. Die Akteure hinter der Maske haben ein so intensives Gefühlserleben, eine so starke mit dem Willen gesteuerte Konzentration und eine so große Strahlkraft, daß sie durch die Maske hindurch ihre jeweilige Stimmung transportieren können. Beim Zuschauer kommt es tatsächlich so an, daß er wahrnimmt, wie die Maske lächelt, weint, strahlt oder trauert. Dieser Theaterbesuch gehört für mich, weil er Grenzen sprengte und mir zeigte, daß Unmögliches möglich ist, zu den unvergeßlichen Erlebnissen meines Lebens.

Innere Klarheit gewinnen

Der Schauspieler muß sich in jedem Augenblick darüber im klaren sein, warum er etwas tut und was gerade in ihm vorgeht. Wenn das Textbuch zum Beispiel nur vorgibt, daß er am Fenster sitzt, muß er die genaue Realität dessen, was er darstellen will, zunächst innerlich erschaffen, und zwar mit allen Sinneswahrnehmungen: die Aussicht aus dem Fenster, Geräusche, die Qualität der Luft, seine persönliche Situation, seine Lebensgeschichte, seine momentanen Gedanken, seine Körperempfindungen usw. Erst in dieser genau definierten Szenenrealität kann er sich überzeugend bewegen.

Wenn wir diese innere Klarheit auf unsere Ausstrahlung übertragen, so gibt es zwei Möglichkeiten, sie zur Geltung zu bringen: Mit einer intuitiven, offenen Ausstrahlung gehen wir ohne feste Absicht, jedoch mit geschärften Sinnen in eine Situation und lassen die Dinge auf uns zukommen. Wir sind offen für Neues, für Begegnungen, für Informationen. Wissen wir dagegen, wie der Schauspieler, ganz genau, was wir darstellen wollen, wie wir wirken wollen, was wir erreichen wollen – zum Beispiel die anderen zum Lachen bringen, rühren, überzeugen – und was dafür notwendig ist, brauchen wir eine eher zielgerichtete Ausstrahlung.

In der Theaterarbeit muß der Schauspieler sich darum bemühen, eine Figur zu erschaffen. Dabei entwickelt er seine Vorstellungskraft, um nachzuvollziehen, was eine Figur wirklich erlebt. Er fragt sich, wer sie ist, wie ihr Charakter, ihre Geschichte, ihre Verhältnisse sind. »Im Theater ist nicht nur das wichtig, was passiert, sondern wie es passiert«, meint Strasberg. »Daß er sie berührt oder küßt, ist völlig unbedeutend. Wie er sie küßt, was das für ihn und für sie bedeutet, was in beiden vorgeht, was beide motiviert, das ist das Entscheidende.«

Auch wir müssen, um etwas glaubhaft darstellen zu können, zunächst eine innere Realität für uns erschaffen. Genauso wie man als Zuschauer einem Schauspieler anmerken kann, ob er wirklich an dem interessiert ist, was er tut, merken auch andere uns an, wie engagiert und motiviert wir sind. Nur wenn wir innerlich klar sind, können wir eine überzeugende Ausstrahlung haben.

Manchmal läßt Strasberg eine Szene noch einmal ohne Worte proben, um deutlicher zu sehen, was in der Darstellung herüberkommt. So ist der Schauspieler nicht vom Text abgelenkt und konzentriert sich eher auf das, was innerlich in ihm vorgeht. Sobald er auf der Bühne etwas Konkretes tut und an etwas Konkretes denkt, wird sein Verhalten natürlich und real, und seine Bewegungen und seine Sprechweise ebenso.

Das gleiche gilt für die Ausstrahlung. Wenn wir an etwas Konkretes denken, spiegeln sich diese Gedanken in unserem Auftreten wider. Andere merken uns an, ob wir von einer Sache wirklich überzeugt sind oder es nur vorgeben zu sein, ob wir in unserer Rolle authentisch sind oder uns nur verstellen, ob wir mit unserem Inneren in Einklang sind oder nur opportunistisch handeln. Je klarer das innere Bild ist, das wir zu unserem Handeln haben, desto klarer und überzeugender wirkt auch unsere Ausstrahlung.

Glaubwürdig wirken

Jeder Schauspieler bemüht sich, seine Rolle mit der größtmöglichen Echtheit und Überzeugungskraft zu spielen. Zu diesen Aspekten gibt es in der Theatergeschichte zwei gegensätzliche Auffassungen. Nach traditioneller Vorstellung sind die Fähigkeiten, die man dafür braucht, wie Intuition, Inspiration oder Spontaneität, etwas, das man hat oder nicht hat, ein Geschenk Gottes sozusagen. Dieser Standpunkt hat den Nachteil, daß das künstlerische Ergebnis etwas nicht Kontrollierbares, nicht Lernbares und nicht Wiederholbares ist. Erfolge wären danach eher Zufallserfolge.

Stanislawskij untersuchte als erster die Gesetzmäßigkeiten des kreativen Prozesses. Dabei entdeckte er Methoden, wie der Schauspieler seine Fähigkeit ausbilden kann, emotionale Intensität und Kreativität auf der Bühne willentlich zu erzeugen. Er war der Ansicht, daß tägliches Üben für Schauspieler genauso notwendig sei für Pianisten, Geiger, Tänzer oder Sänger. Damit gab er dem Schauspieler die wirkliche Rolle des Erschaffenden zurück.

Was unsere Ausstrahlung angeht, können wir genauso den Standpunkt einnehmen, daß sie etwas ist, das sich keinesfalls unserer Kontrolle entzieht. Vielmehr können wir wie Schauspieler lernen, sie ganz bewußt zu steuern, indem wir unsere diversen Rollen glaubwürdig und wahrhaftig darstellen.

Wie tut man das nun? Wie wirkt man überzeugend und echt? Die Antwort ist: durch Imagination. Der Schauspieler tut dies, indem er an etwas denkt, das für ihn selbst real ist. Seine innere Realität verstärkt die Bühnenrealität. Imagination ist vorgestellte Realität. Da das Gehirn gewisse Schwierigkeiten hat zu unterscheiden, ob das, was es wahrnimmt, real oder vorgestellt ist – so erfolgen körperliche Reaktionen wie das Sichzusammenziehen des Mundes bereits bei der Vorstellung, in eine Zitrone zu beißen –, wird Imagination in dem Augenblick zu etwas sehr Realem.

Mit unserer Ausstrahlung verhält es sich ebenso. Nehmen wir an, Sie wollen Ihr Haus verkaufen. Wenn Sie dazu ein inneres Bild vom erfolgreichen Verkauf haben, wirkt das zum Beispiel im Gespräch mit Kaufinteressenten überzeugend und echt und strahlt aus. Haben Sie jedoch dabei Gedanken wie: »Eigentlich ist der Preis zu hoch« oder »Hoffentlich entdecken sie die feuchte Stelle im Keller nicht«, spiegelt sich dies in Ihrer Ausstrahlung ganz subtil wider.

Wir können also von Schauspielern lernen, unsere innere Realität zu überprüfen und bewußt zu gestalten. Immer wenn wir etwas erreichen wollen und unsere Ausstrahlung daraufhin untersuchen, können wir uns fragen, ob wir eine innere Vorstellung von dem Ergebnis haben, und wenn ja, welche. Wenn wir selbst dieses Ergebnis für realistisch und möglich halten, wird unser Bild davon nach außen ausstrahlen. Ist diese Vorstellung nicht von allein da, können wir sie uns erschaffen als eine Voraussetzung für unsere erfolgreiche Ausstrahlung.

Nehmen wir an, wir haben ein bestimmtes Ziel, sind aber unsicher, ob es überhaupt realisierbar ist. Wenn wir bei allen Aktionen zu diesem Thema dennoch glaubwürdig und überzeugend wirken wollen, müssen wir diese Zweifel überwinden. Wir können dies zum Beispiel erreichen, indem wir uns vergleichbare positive Vorbilder suchen und von ihnen lernen.

Aus dem Sport kennt man das Phänomen, daß es lange niemand schafft, einen bestimmten Rekord zu brechen. Plötzlich gelingt es einem doch, und danach folgen ihm andere. Das hat etwas damit zu tun, das man nicht sicher war, ob man das neue Ergebnis überhaupt schaffen konnte, und in diesem Zweifel immer etwas von der eigenen Kraft zurückhielt. Erst wenn einer bewiesen hat, daß es möglich ist, können auch andere ihre Energie so entwickeln, daß sie neue Rekordmarken erreichen.

Aus dem Bereich Gesundheit kennen wir ähnliche Beispiele. So haben an Krebs erkrankte Menschen durch sogenannte, der Medizin unerklärliche Spontanheilungen bewiesen, daß es möglich ist, diese Krankheit zu überwinden. Seitdem ist diese Möglichkeit im allgemeinen Bewußtsein vorhanden. Es gibt Bücher von Betroffenen darüber, und immer wieder schaffen es Menschen, sich von Krebs zu heilen, auch ohne alle medizinischen Möglichkeiten in Anspruch zu nehmen. Andere Krankheiten, zu denen es nicht diese positiven Vorbilder gibt, gelten weiterhin als absolut unheilbar.

Wichtig für eine erfolgreiche und glaubwürdige Ausstrahlung ist es auch, sich über die eigene grundlegende Motivation für ein Ziel klar zu sein. Wie man sich gibt und sich bewegt, hängt davon ab, wo man mit seinen Gedanken ist, warum man etwas tut. In unseren Bewegungen, also unserer Körpersprache, einem wesentlichen Teil unserer Ausstrahlung, spiegelt sich unser Innerstes wider.

In meinem Seminar *Wie schreibe ich ein Buch?* bitte ich die Teilnehmer am Anfang, sich etwas Zeit zu nehmen, nach innen zu gehen und dann ihre Motivation zum Schreiben in einem einzigen Satz zusammenzufassen. Es ist keine Kunst, fünf Sätze darüber zu schreiben, aber wirklich kraftvoll ist nur der reduzierte Satz »Ich schreibe, weil ...«. Eine Teilnehmerin formulierte es zunächst so: »Ich schreibe, weil ich es tun wollte, weil ich jetzt die Möglichkeit dazu habe und es im Moment genau das ausfüllt, was mir bei meinem Hausfrauen- und Mutterdasein fehlt.« Auf meine Frage, was es denn ist, das ihr fehlt, antwortete sie: »Ich will den Kick spüren, die Euphorie, die ich sonst nicht spüre. Ja, ich schreibe, weil ich Euphorie fühlen will.« Und eine andere Teilnehmerin sagte schlicht und kraftvoll: »Ich schreibe, um meiner Seele Ausdruck zu verleihen.«

»Nichts, was der Schauspieler aus der wahrhaftigen Motivation erschafft, ist falsch«, bringt es Strasberg auf den Punkt, und »Emotion darf nicht gespielt werden, sondern muß wahr sein.« Für unsere Ausstrahlung gilt dasselbe. Welche Rolle wir auch spielen, wenn sie bewußt und aus einer wahrhaftigen Motivation heraus angenommen wurde, wirken wir glaubwürdig und echt.

Lebendigkeit und Kraft ausstrahlen

Eine starke Ausstrahlung tritt – anders als eine neutrale oder eher schwache – über die Grenzen der Person hinaus. Für den Schauspieler ist das selbstverständlich. Er weiß, wieviel er mit der Kraft seiner Imagination erreichen kann und wie er das Wissen über die eigene Rolle und ihr Erleben nach außen tragen kann. Warum sollen wir Laien uns diese Werkzeuge nicht zunutze machen? Auch wir können diese verborgenen Kräfte schulen und unsere Fähigkeit zur Konzentration steigern, denn ohne diese können wir nicht bewußt »strahlen«.

Die hier beschriebene Übung zum Thema Ausstrahlen nach Tschechow zeigt erstaunliche Ergebnisse, wenn man sie mit voller Konzentration ausführt. Ist man dagegen müde und innerlich nicht voll beteiligt, passiert nicht viel dabei. Sie können sie mit einem Partner ausprobieren. Ich zeige sie gerne in meinen Seminaren, denn sie macht die Intensität der eigenen Ausstrahlung bewußt, und außerdem hilft sie, sich innerlich auszurichten und diese Kraft nach außen zu bringen.

Stellen Sie sich gegenüber an die beiden am weitesten voneinander entfernten Punkte im Raum. Einer von Ihnen ist Sender, der andere Empfänger. Wer sendet, hat die Aufgabe, einen kurzen Satz mit so viel Kraft auszusprechen, daß er beim Empfänger ankommt. Letzterer gibt Rückmeldung, ob der Satz ihn erreichte oder, wenn nicht, wie weit seine Kraft im Raum ausstrahlte. Mit ein bißchen Übung und Aufmerksamkeit kann man das genau fühlen. Es empfiehlt sich, den Satz so kurz und komprimiert wie möglich zu halten und zum Beispiel ein Projekt zu nennen, das man sich vorgenommen hat. Außerdem sollte er mit *Ich* beginnen. In meinem Seminar *Wie schreibe ich ein Buch?* lautet der Satz etwa »Ich schreibe einen Roman«, »Ich bin Autorin« oder »Ich veröffentliche meine Gedichte«.

Manchmal gelingt es auf Anhieb, diesen Satz so auszusprechen, daß er aus dem tiefsten Inneren kommt und den anderen mitten ins Herz trifft. Oft muß man ein paarmal ansetzen, sich konzentrieren, innerlich ausrichten, bis man seine ganze Kraft in diese Worte legen kann. Es ist ein schönes Erfolgserlebnis, wenn man es geschafft hat. Darüber hinaus bekommt man ein Gefühl dafür, wie die eigenen Worte wirken, wann sie echt und stark sind, wann sich innerer Zweifel zeigt, wann man den anderen überzeugen will, obwohl man selbst nicht daran glaubt, wann man Zustimmung haben möchte usw.

Dieses Strahlen ist bei jedem von uns dann da, wenn wir von etwas aus tiefstem Herzen überzeugt sind, es fühlen können und den Wunsch haben, anderen davon zu erzählen. Dann springt der Funke der Begeisterung von selbst über. Sind wir jedoch gerade traurig und deprimiert, voller Selbstzweifel und ohne Hoffnung, funkt gar nichts. Und hier liegt der Unterschied zum professionellen Schauspieler. Für ihn muß das, was er ausstrahlen will, reproduzierbar sein. Er muß seine Ausstrahlung steuern können.

Im Schauspieltraining ist mir noch einmal ganz deutlich bewußt geworden, daß dieses Steuern möglich und lernbar ist. Tschechow empfiehlt, mit dem Strahlen zu beginnen, noch bevor man die Bühne betritt. Dann strahle man am besten in alle Richtungen, auf jeden Fall jedoch über die Bühne hinaus in den Zuschauerraum. Wer in der zweiten Reihe steht, muß noch mehr strahlen, um anzukommen, als jemand, der ganz vorn auf der Bühne steht, ganz wie im Leben auch.

Gesteuert wird das Strahlen durch die Imagination. Hier liegt immer wieder das ganze Geheimnis. *Imagination* und *Verkörperung* sind zentrale Begriffe bei Tschechow. Wie stark die innere Vorstellung wirkt, möchte ich Ihnen an einem Beispiel zeigen, das auch als Gesellschaftsspiel mit zwei Gruppen gespielt werden kann. Dabei ziehen die Teilnehmer Zettelchen mit Namen, Begriffen oder auch Sprichwörtern, zum Beispiel »Morgenstund hat Gold im Mund«, »Existenzminimum«, »Bundeskanzler«, »Sportschau« usw. Sie verkörpern diese ohne Worte, und die anderen müssen raten. Es ist erstaunlich, welche auch schwer darzustellenden Begriffe relativ leicht geraten werden können. In einer Schauspielgruppe erlebte ich, wie eine Teilnehmerin, eine ältere Dame, plötzlich wie von der Tarantel gestochen auf der Bühne herumhüpfte. Als ihr Thema nicht gleich erraten wurde, gestikulierte sie immer wilder. Plötzlich, in Sekundenbruchteilen, sah ich nicht mehr sie, sondern die Beatles vor meinem inneren Auge. Und so war es dann auch. Sie war völlig in die Vorstellung hineingetaucht, ein Mitglied der Beatles zu sein, und hatte diese Idee mit jeder Faser ihres Körpers ausgedrückt. Als ratende Zuschauer müssen wir uns voll und ganz auf die Darstellerin einstimmen, uns hineinfühlen in das, was sie gerade mit ihrer gesamten Vorstellungskraft ist.

198

Diese ursprüngliche Lebendigkeit ist etwas ganz Natürliches. Wenn ein Mensch sich jedoch zu sehr seiner Umwelt angepaßt hat, ist die Intensität seines Ausdrucks begrenzt. Bestimmte Erfahrungen im Leben dieses Menschen müssen so überwältigend gewesen sein, daß das »normale Verhalten« sich nicht ausdrücken durfte. Denn hätte er sich erlaubt, seine Impulse uneingeschränkt auszudrücken, hätte dies womöglich fatale Folgen gehabt.

Strasberg meint dazu: »Denkt nicht, daß ihr euch extra lebendig machen müßt – ihr seid lebendig. Man verneint nur oft seine Lebendigkeit und hält sie zurück. ... Wenn man Impulse nicht zurückhält, werden sie ihren eigenen Ausdruck finden. Sie suchen sich ihren Weg wie das Wasser sein Flußbett. Steht ihm etwas im Wege, staut es sich; sobald das Hindernis weggeräumt ist, fließt es wieder. Ebenso ist es mit den Impulsen. Ein Impuls baut sich auf. Dann kann er sich entweder seinen eigenen Ausdruck suchen, oder er verflacht, weil wir ihn zurückhalten, uns auf die Lippen beißen oder Nägel kauen. Wir müssen also aufhören, Impulse zurückzuhalten, dann drücken sie sich von allein aus.«

Wir müssen nicht unbedingt Schauspielunterricht nehmen, um diese Hinweise umsetzen zu können. Es reicht schon aus, damit aufzuhören, unterdrückte Impulse zurückzuhalten, und schon werden wir lebendiger und kraftvoller in unserer Ausstrahlung.

Sich gezielt in einen guten Zustand versetzen

Wenn wir damit beginnen, unsere Ausstrahlung willentlich zu steuern, gibt es wie in jedem Lernprozeß natürliche Phasen der Unsicherheit. Immer wenn man alte Gewohnheiten zugunsten besserer Technik aufgibt, herrscht zunächst einmal Verwirrung, und nichts geht mehr. Man spielt zum Beispiel ganz gut Tennis auf eine altbewährte Weise. Dann lernt man einen neuen Schlag, probiert ihn bewußt aus, und was passiert? Man kann zunächst gar nicht mehr spielen. Nach einer Weile legt sich die Unsicherheit, das

Gehirn hat die neuen Bewegungsmuster gespeichert, und sie werden Teil unseres Repertoires von Tennistechniken.

Die eigene Ausstrahlung bewußt zu steuern ist eine kreative Leistung, die volle Konzentration und innere Klarheit und Ruhe verlangt. Es ist daher hilfreich, sich schnell entspannen und gezielt in einen guten Zustand bringen zu können. Dies gilt besonders für alle Situationen, die mit irgendeiner Art von Auftritt oder Präsentation verbunden sind. Auch wenn man damit konkrete Probleme, die einen vielleicht gerade im Leben beschäftigen, nicht gleich lösen kann, hilft ein entspannter Zustand, die Zuversicht wieder zu gewinnen, mit seinen Sorgen schon fertig zu werden. Entspannt sein heißt, im Jetzt leben, alles wahrnehmen, was ist, und die volle Kontrolle über seine Kräfte zu haben.

Um sich gezielt in einen guten Zustand zu bringen, kann man die eigene Vorstellung zu Hilfe nehmen und seine Aufmerksamkeit weg von eventuellen Sorgen oder Problemen hin zu einer positiv erlebten Erinnerung lenken. Wenn diese in der Vorstellung mit allen Sinnen erlebt wird, führt sie zu einem körperlichen Wohlgefühl. Will man sich zum Beispiel in einen kraftvollen Zustand versetzen, erinnert man sich an etwas, das innerlich dieses Gefühl von Kraft hervorruft.

»Wenn man einmal gelernt hat, wie man etwas wieder erleben kann, dann kann man es immer wieder erleben, wie man auf einem Klavier von oben bis unten die Noten spielen kann.« Strasberg lehrt, daß »die Erinnerungen an Emotionen wie ein Register sind, die man je nach Wunsch ziehen kann. Wie ihr seht, kann man die Register ganz schnell wechseln, indem man sich willentlich an andere emotionale Erlebnisse erinnert. Aber nur das sinnlich Konkrete dieser Erlebnisse entschlüsselt die ihnen innewohnende Kraft. ... Das Geheimnis ist, sich an sinnliche Wahrnehmungen zu erinnern, alles zu hören, zu sehen, zu fühlen, zu berühren, zu schmecken, zu riechen und kinetisch zu empfinden. Wir denken also nicht nur an die Situation, sondern wir versuchen, die Situation sinnlich wieder wahrzunehmen. So lernt man, die Tasten zu spielen, und von daher kommt die Melodie.«

Der Grundgedanke, von dem wir alle profitieren können, dabei ist, daß wir durch das bewußte Lenken unserer Aufmerksamkeit ganz gezielt einen bestimmten inneren Zustand hervorrufen können. Die Professionalität von Schauspielern liegt genau darin, daß sie dieses Handwerkszeug in seiner Gesamtheit beherrschen und sich auf ihre Rolle konzentrieren können. Ein Tennisspieler ist, je besser er spielen kann, desto mehr in der Lage, seinen Partner zu beobachten und auf ihn zu reagieren. Je schlechter er jedoch spielt, desto mehr ist er mit sich selbst beschäftigt.

Wenn wir in einer Situation unsere Ausstrahlung bewußt steuern wollen, fällt uns dies um so leichter, je sicherer wir in dem sind, was wir gerade tun. Wer sich seiner Sache sicher ist, hat genügend Aufmerksamkeit frei, um sich auf seine Ausstrahlung zu konzentrieren und in der erforderlichen Rolle glaubwürdig und überzeugend zu wirken.

Bewußt gelebte Glaubenssätze wirken überzeugend

Den roten Faden im Leben finden

Bewußt unsere eigenen Glaubenssätze zu leben bedeutet, unsere einzigartige Begabung und allem zugrundeliegende Leitmotivation zu kennen und in eine bestimmte Aufgabe einzubringen. Diese ureigene Energie, die Energie der Seele zum Ausdruck zu bringen, verschafft uns ein Gefühl der tiefen Befriedigung, das sich auch in unserer Ausstrahlung widerspiegelt.

Um herauszufinden, welches dieses ganz besondere Etwas, die Triebfeder unseres gesamten Handelns, ist, können wir uns fragen, welches das besondere Geschenk ist, das wir durch unsere ganz spezielle Art und Weise, Dinge zu tun, immer wieder uns selbst und anderen machen. Der gemeinsame Nenner aller Tätigkeiten, die wir im Einklang mit uns selbst und erfolgreich ausgeübt haben, nennt Dick Richards unseren Genius. Er ist die Grundidee hinter allen Fähigkeiten, die wir uns aneignen, und hinter allen Aktivitäten, die uns Freude bereiten. Es ist der Teil unseres innersten Wesenskerns, der gelebt werden will, und der ein Gefühl der Frustration erzeugt, wenn er nicht zum Zuge kommt. Es ist der rote Faden in unserem Leben.

Den meisten Menschen ist ihre einzigartige Leitmotivation nicht bewußt. Sie leben sie vielleicht schon, aber eher aus einem unbewußten inneren Antrieb heraus. Sie könnten sie jedoch nicht benennen. Auch mir ging es so. Ich hatte zwar meine sichere Lebensstellung im Auswärtigen Amt gekündigt, um als Therapeutin, Trainerin und Coach zu arbeiten, aber ich hätte nicht in Worte fassen können, was mich trieb. Ich merkte nur, daß ich in meiner Arbeit immer dann am glücklichsten bin – und sicher dann auch die überzeugendste Ausstrahlung habe! –, wenn ich mit meinem Klienten ein konfuses Problem oder ein schwieriges Thema so lange einkreisen kann, bis wir dessen Essenz auf den Punkt gebracht haben und sich von hier aus neue Lösungsmöglichkeiten ergeben. Diese konzentrierte, auf das Wesentliche reduzierte Art von Coaching und die lösungsorientierte Kurzzeittherapie liegen mir wesentlich mehr als eine langfristig angelegte, langsam Schicht für Schicht enthüllende Therapie. Ich verstand zwar nicht, warum es so war, aber so erlebte ich es.

Da ich den Glaubenssatz habe, daß mir immer der richtige Mensch zum richtigen Zeitpunkt begegnet und das richtige Buch im rechten Moment in die Hände fällt, entdeckte ich – während ich an diesem Buch schrieb und innerlich damit rang, was denn genau unser innerster Wesenskern ist –, das Buch *Weil ich einzigartig bin* von Dick Richards. Es geht ihm darum, wie jeder seinem einzigartigen Potential einen Namen geben kann. Der amerikanische Originaltitel lautet *Setting your genius free – Ihren Genius frei setzen*. Ich finde die deutsche Übersetzung des Titels zwar sehr ansprechend, und trotzdem scheint mir der englische Originaltitel die Intensität, um die es geht, besser zu vermitteln. Es geht um eine Kraft, die in uns bereits vorhanden ist, vielleicht noch eingesperrt ist. Wir können sie befreien, und dann kann sie sich entfalten.

Wenn sie frei ist, kann sie uns ungeahnte Kräfte geben, die wir dann auf natürliche Weise ausstrahlen.

Die innerste Motivation als Antriebskraft

Genau dies ist das Grundthema meines Buches. Es geht darum, ungelebte Potentiale zu befreien, sich in allem zum Ausdruck zu bringen, was man ist und sich dabei bewußt zu sein, daß dem eine Art persönlicher Lebensleitidee zugrundeliegt. Es ist sehr interessant und hilfreich, diese ganz genau auszuformulieren. Sobald wir unsere innerste Motivation kennen, also unseren ureigenen Wesenskern, können wir sie nun, anders als zuvor, bewußt als Antriebskraft all unserer Handlungen nutzen.

Meine innerste Motivation heißt »Zum Kern vordringen«. Darin liegt etwas Drängendes, ich kann nicht anders, es drängt mich zum Kern. Meine Leitmotivation zu benennen war für mich ein gewaltiges Aha-Erlebnis. Ich hatte geschwankt zwischen »Klarheit schaffen« und »Wahrheit suchen«, fühlte aber immer, daß es das nicht war, daß das noch nicht »der Kern« war. Ich richtete mich innerlich weiter auf die erfolgreiche Namenssuche aus, und plötzlich hatte ich den richtigen Namen.

Erst jetzt verstand ich vieles, zum Beispiel warum ich Therapeutin geworden war, denn so konnte ich meinen Herzenswunsch befriedigen und gemeinsam mit Menschen, die sich mir öffnen wollten, zu ihrem Kern vordringen und jedesmal auch ein bißchen mehr über mich erfahren durch das, was sie mir spiegelten. Erst jetzt verstand ich, warum ich mich auf den Weg der Selbsterkenntnis begeben hatte und warum mich dieser Weg nach innen zum eigenen Kern so faszinierte. Erst jetzt verstand ich auch, warum meine Arbeit als Coach mich so begeistert, denn ich erlebe sie als konzentriert und effizient. Mit Menschen, die genau deswegen zu mir kommen, kann ich geradewegs zum Kern eines Problems oder ihrer derzeitigen Situation und ihrer Persönlichkeitsstruktur vordringen.

Es ist der rote Faden in meinem Leben, die Grundmotivation, die ich in allem, was ich mit Begeisterung tue, ausstrahle. Wenn ich sie lebe, bin ich authentisch. Doch auch wenn ich mich bewußt entscheide, sie in bestimmten Kontexten nicht zu leben, denn manchmal ist es ja auch ganz angenehm, an der Oberfläche zu bleiben, oder einfach nicht angebracht, zum Kern vorzudringen, bin ich authentisch. In der Freiheit dieser Entscheidung liegt der Kern einer authentischen, bewußt gesteuerten Ausstrahlung.

Den eigenen Lebensleitsatz bewußt leben

All das war mir bisher in dieser Klarheit nicht bewußt gewesen. Unbewußt aber trieb mich schon immer etwas, den Dingen auf den Grund zu gehen, manchmal zum großen Mißfallen anderer, denen es gar nicht behagte, daß ich eine Sache so auf den Punkt brachte. Jetzt, wo ich dank des Systems von Dick Richards meinen Lebensleitsatz beim Namen genannt habe, kann ich ihn bewußt leben. Das heißt, ich kann entscheiden, in welcher Situation es angemessen ist, zum Kern vorzudringen und wann nicht.

Da ich weiß, daß ich diese Fähigkeit besitze und sie zu meinem Wohle und dem anderer einsetzen kann, mache ich sie jetzt ganz bewußt zum Mittelpunkt meiner Arbeit und lebe dieses Potential darin voll aus. Seitdem ich am eigenen Leib gespürt habe, welche Bedeutung diese grundlegende Triebfeder für alle meine Handlungen hat, vermittle ich auch meinen Klienten dieses Wissen um ihren Lebensleitsatz. Das kann ein längerer Prozeß sein, auf dem jedoch jeder Schritt wichtig ist. Sobald sie sich des richtigen Namens oder zumindest der Richtung, in die sie weiter forschen müssen, bewußt sind, können sie diese in allen möglichen Tätigkeiten oder Aufgaben gezielt leben. Ihre Ausstrahlung wird authentischer.

In einer Krise, wenn scheinbar nichts mehr geht und im Alltag außer Tagträumen von einem anderen Leben nicht mehr viel Sinnvolles bleibt, fragt man sich: Soll das alles gewesen sein? Oder soll ich es noch einmal wagen, aus der längst erstarrten Beziehung auszubrechen, die ungeliebte Arbeitsstelle zu kündigen und einen lang gehegten Traum zu verwirklichen? Die innere Stimme, die sich immer wieder zu Wort meldet und die meistens übertönt wird von Zweifeln, Ängsten, Unsicherheiten, Ablenkungen usw., ist das Organ dieser innersten Motivation. Sie fordert uns auf, endlich das zu tun, was unseren Talenten, Wünschen und Träumen entspricht und was uns gemäß ist.

Sie sagt vielleicht: Du mußt dein Leben ändern! Wenn man diese Stimme unterdrückt, weil einem der Mut fehlt oder man anderen eine Veränderung nicht zumuten möchte, verstummt sie irgendwann, schwelt aber im Untergrund als Unzufriedenheit weiter. Man neigt dann vielleicht dazu, für alles und jeden Verantwortung zu übernehmen, weil man sie für sich selbst nicht übernehmen möchte.

Sich selbst verändern heißt, zum Ursprung zurückkehren, zum Eigentlichen zurückkehren, der Mensch werden, als der man gedacht ist. Leben aus dem Innersten heraus ist Leben jenseits von übernommenen Konditionierungen. Es ist Leben aufgrund der bewußten Entscheidung: *So will ich leben.* Unsere tiefste innere Motivation zu kennen und zu benennen, hilft bei dieser Entscheidung.

Ich erinnere mich an einen Satz, der mich sehr beeindruckte: »Ob du auf dem richtigen Weg bist, erkennst du daran, daß du Freude empfindest.« Dieser Spruch diente mir lange als Leitlinie und als Bestätigung dafür, daß ich mich jenseits aller Zweifel auf dem richtigen Weg befand. Heute weiß ich, die Freude ist Ausdruck dafür, daß man im Einklang mit sich selbst und seiner innersten Motivation ist.

Ich bin sicher, daß es sich positiv in der Ausstrahlung widerspiegelt, wenn Menschen ganz bewußt ihren Kernglaubenssatz in ihrem Leben und ihrer Arbeit verwirklichen. Es ist die Freude darüber, die uns zum Lächeln bringt, wenn wir daran denken oder darüber sprechen.

Sich selbst in einer Aufgabe verwirklichen

Dick Richards sagt dazu: »Zur Selbstverantwortung gehört es, in Übereinstimmung mit unserer inneren Stimme zu handeln, mit unserem Konzept von uns selbst, unserer Vorstellung, wie wir in der Welt sein wollen. Und es gehört Respekt vor dem eigenen Genius und Verpflichtung der eigenen Aufgabe gegenüber dazu. Selbstverantwortung heißt Verantwortung dafür übernehmen, wer wir sind.«[7]

Diese Aufgabe definiert er wie folgt: »Unsere Aufgabe ... hat eher etwas mit dem zu tun, was wir wirklich tun, ob es ein herkömmlicher Beruf ist oder ein ehrenamtliches Engagement, ob wir bezahlt werden oder nicht. Unsere Aufgabe ist der konkrete, alltägliche Ausdruck unseres Genius. Sie ist das, weshalb wir morgens aufstehen.«[8] Diese Aufgabe brauchen wir nicht zu erfinden, denn sie ist bereits da. Wir können sie aber finden, tief in uns. Sie ist der Kernglaubenssatz, um den sich alle unseren anderen Glaubenssätze herum ranken.

Ein Freund hat für seine innerste Motivation die Worte »Grenzen austesten« gefunden. Er lebt sie, indem er in seinem Beruf als Richter am liebsten Präzedenzfälle bearbeitet und Weichen stellt, in seiner Freizeit sich als Bergsteiger in immer neue Höhen wagt und als ehrenamtlicher Helfer in Kriegsgebieten Grenzerfahrungen mit Leben und Tod macht. Eine Freundin formulierte ihre Leitmotivation so: »die Vielfalt begreifen«. Auf einzigartige Weise versteht sie es, ihren Gesprächspartnern in entscheidenden Momenten neue Standpunkte zu vermitteln. Sie sieht ihre Aufgabe darin, sich und anderen in ihrer Arbeit als Trainerin und Coach, aber auch in ihrer Familie, die Vielfalt des menschlichen Lebens und der menschlichen Ausdrucksformen begreiflich zu machen.

Sich in einer Aufgabe zu verwirklichen, erfordert eine gewisse *Verpflichtung* sich und anderen gegenüber, ein *commitment*. Dieser Begriff beinhaltet in der englischen Sprache noch andere Bedeutungen: im Wörterbuch finden wir dafür noch *Bindung*, *Verbind-*

lichkeit, Hingabe, die Bereitschaft, sich für eine Sache einzusetzen. Es ist leichter, die eigenen Fähigkeiten und Möglichkeiten zu leben, wenn man sich dafür eine unterstützende Umgebung schafft. Das können Familienmitglieder, Freunde, Kollegen oder professionelle Berater sein. Man kann aber auch ganz neue Wege gehen.

Um Verbindlichkeit und Unterstützung geht es auch Ulrike Bergmann in ihrem Buch *Erfolgsteams. Der ungewöhnliche Weg, Ihre beruflichen und privaten Ziele zu erreichen.* Sie stellt darin ihr geniales Konzept von Teams aus höchstens sechs Personen vor, die sich für eine gewisse Zeit verbindlich zusammenschließen und sich regelmäßig treffen mit dem Ziel, sich beim Erreichen eines beruflichen oder privaten Ziels zu unterstützen. Anstatt als Einzelkämpfer mit allem allein fertig werden zu müssen, geben sich die Mitglieder eines Erfolgsteams gegenseitig Feedback, Anregungen und Motivation. Positive Erfolgsmeldungen zeigen, daß es gemeinsam leichter fällt, mit Rückschlägen fertig zu werden, bei Schwierigkeiten umzudenken, sich der eigenen Kraft bewußt zu bleiben und Dinge, die sonst vielleicht aufgeschoben werden, sofort anzupacken.

Übereinstimmung von Sein und Tun

»Ein Mann sitzt im Bummelzug. Bei jeder Station steckt er den Kopf zum Fenster hinaus, liest den Ortsnamen und stöhnt. Nach vier oder fünf Stationen fragt ihn besorgt sein Gegenüber: ›Tut Ihnen etwas weh? Sie stöhnen so entsetzlich.‹ Da antwortet er: ›Eigentlich müßte ich aussteigen. Ich fahre dauernd in die falsche Richtung. Aber hier drin ist es so schön warm.‹«

Dieser Text, der eine Karikatur begleitet, zeigt deutlich, daß das Tun mehr aussagt als noch so viele Worte. Die Ebene des Tuns ist immer authentischer als viele Worte. Wenn Ihnen zum Beispiel jemand verspricht, Sie anzurufen, sich aber nicht meldet, und es sind nicht gerade außergewöhnliche Umstände dafür verantwortlich, sagt das etwas aus. Umgekehrt gilt das genauso. Wenn wir etwas versprechen, aber irgendwie »immer nicht dazu kommen«, sagt das aus, daß wir es Wirklichkeit gar nicht wollen. Oft kann man schon am Ton einer Zusage ihre Halbherzigkeit heraus hören.

»Flow« – »Fließen« nennt der Psychologe, Kreativitäts- und Glücksforscher Mihaly Csikszentmihalyi das Glück im Tun. Dieses kann man erreichen, wenn man so völlig in einer Tätigkeit aufgeht, daß alles andere unwichtig wird. Voraussetzung ist, daß man die notwendigen Fähigkeiten dafür mitbringt, aber in der Aufgabe auch eine gewisse Herausforderung enthalten ist. In diesen Momenten der Selbstvergessenheit im Tun denkt man nicht an spätere Gewinne oder ferne Ziele, sondern geht ganz in dem auf, was man gerade macht, wie ein spielendes Kind. Zeit spielt keine Rolle mehr, nur der jetzige Augenblick zählt. Dann kann man »Flow« erleben, einen Zustand des mühelosen Fließens. Nicht nur Kletterer oder Marathonläufer kennen dieses Gefühl, sondern auch Künstler oder Manager und alle, die selbstbestimmt arbeiten und einen Sinn in ihrer Arbeit sehen.

Jeder, der professionell schreibt, ob Journalist oder Schriftsteller, kennt Blockaden oder Pausen. Oft hilft es, sich trotzdem an den Computer zu setzen und einfach anzufangen. Mit dem Tun kommt meistens auch die Schaffenskraft in Fluß. Gefühle von Unlust und Müdigkeit lösen sich auf, im Vordergrund steht die Suche nach dem nächsten richtigen Wort oder Gedanken. Irgendwann läuft es wie von selbst, und vielleicht stellt sich sogar ein dem Flow ähnlicher Glückszustand ein.

»Kreativität findet nur statt, wenn wir etwas, das in uns ist, außerhalb unser zum Leben erwecken«, sagt Daniel Goleman[9]. Wir können das tun, indem wir ihm eine Form geben, zum Beispiel als Bild, Buch, Projekt, Fest usw. Erst im kreativen Tun, in der Übereinstimmung von Sein und Tun, können wir unsere eigenen Grenzen überwinden. Die Aussage »Ich will mich selbständig machen« sagt noch gar nichts. Sie will gelebt werden, sonst bleibt sie nur Theorie und bedeutungslos.

Durch das Tun können wir uns mit allen unseren Seiten erfahren. Indem wir unsere Wünsche realisieren, verwirklichen wir uns selbst. Wir leben unsere Fähigkeiten und Möglichkeiten und entdecken dabei vielleicht solche, die bisher ungenutzt waren. Wenn wir dabei auf Ängste oder andere »negative Gefühle« stoßen, ist das eine Chance, auch die dunkle Seite unseres Wesens anzunehmen. Es kann sein, daß darin eine künstlerische Begabung enthalten ist, die nun ans Licht kommt und sich entfalten kann oder irgendeine andere Art von Kraft. Dazu gehört auch der Mut zur Lücke und zum Fehler. Wer perfekt ist, ist nicht mehr lebendig. Wir sind alles, auch unsere nicht perfekten Seiten.

»Ich habe ein Leben lang gebraucht, um wie ein Kind zu malen«, sagte Picasso. Und Hanns Dieter Hüsch sagt über sich: »Ich habe mal behauptet, ich bin nicht ein Kind *geblieben*, ich *bin* ein Kind. Ich war es immer und bin es noch.« Beide sind Meister darin, ganz in ihrer Kunst aufzugehen und die Übereinstimmung ihres Seins und Tuns zu leben.

Übereinstimmung von Sein und Umgebung

Unser Sein drückt sich auch in unserer Umgebung aus, ganz besonders in der Gestaltung unseres Arbeitsplatzes und unserer Wohnung. Jedes Haus hat eine Ausstrahlung, es drückt die Persönlichkeit seiner Bewohner bzw. seiner Eigentümer aus. Man braucht nur durch ein Wohnviertel zu spazieren mit der Idee, ein Haus mieten oder kaufen zu wollen, und sich bei jedem Haus zu fragen: Was strahlt dieses Haus aus? Würde ich hier gern leben?

Wenn Sie in eine Wohnung kommen und offen sind für die Atmosphäre darin, können Sie spüren, was für Menschen hier leben und was ihnen wichtig ist: Klare Formen, leuchtende Farben, teure Möbel, repräsentative Gegenstände, viele persönliche Objekte, Liebe zum Detail, zum Luxus oder zur Gemütlichkeit usw. Die Wohnung strahlt es aus, in ihr wirken die Werte der Menschen, die darin leben. Die Gegenstände und Räume sind Ausdruck ihres Geschmacks, ihrer Vorlieben und ihres Lebensgefühls.

Man kann auch spüren, ob die Ausstrahlung eines Hauses oder einer Wohnung stimmig ist. Nach meinen Chinajahren hänge ich mein ganzes Haus voll mit originalen Hängerollen und Fächerbildern zeitgenössischer chinesischer Künstler, die ich in Peking erworben hatte. In den ersten Jahren fühlte ich mich sehr wohl mit diesen Bildern. Doch je weiter ich mich innerlich von meiner chinesischen Vergangenheit entfernte und mich beruflich in eine andere Richtung entwickelte, desto weniger waren die Bilder Ausdruck dessen, was mir wichtig war und was ich lebte. Ich war längst woanders. Eine gute Freundin mit viel Sensibilität sagte es mir eines Tages auf den Kopf zu: »Das bist du nicht mehr. Hänge die chinesischen Bilder ab. Es stimmt nicht mehr.«

Sie hatte recht. Sie fühlte, was ich unterschwellig schon lange wahrgenommen hatte und weshalb ich mich in meinem Wohnzimmer nicht mehr ganz wohl fühlte. Ich rollte meine Hängebilder zusammen und gestaltete den Raum völlig neu. Dann atmete ich auf. Es stimmte wieder. Meine unmittelbare Umgebung spiegelte wieder mein Lebensgefühl wider.

Wenn Sie sich fragen, ob Sie Ihre Glaubenssätze bewußt leben, schauen Sie sich Ihr privates Umfeld und Ihren Arbeitsplatz an. Drücken sie aus, was Ihnen wichtig ist und wie Sie leben wollen? Es müssen nicht immer große Veränderungen sein, damit das Ambiente wieder stimmt. Manchmal reichen schon Kleinigkeiten. Vergessen Sie nie, Sie und Ihre Umgebung strahlen aus, wer Sie sind! Andere Menschen nehmen diese Ausstrahlung wahr und spüren, ob sie stimmig ist oder nicht. Jeder Mensch nimmt unbewußt wahr, ob ein Haus, ein Firmenschild oder ein Mensch eine klare, eindeutige Aussage ausstrahlt oder nicht. Wenn das Konzept eines Geschäfts stimmt, wirkt sich das auf die Auslage im Schaufenster, die Visitenkarte, den Firmenprospekt usw. aus.

Glaubenssätze bewußt zu leben bedeutet, ihnen Ausdruck zu verleihen im Aussehen, Auftreten, Gestalten des Wohn- und Arbeitsumfeldes usw. Hierbei kommt es nicht so sehr darauf an, welche Orientierung und welchen Stil man bevorzugt, sondern nur darauf, wie authentisch diese wirken. Wenn das, was man leben und ausdrücken will, für einen selbst stimmt, wirkt es als Folge davon auch auf andere authentisch.

Ihre unverwechselbare Ausstrahlung
als Erfolgsgeheimnis

Was bedeutet Erfolg für Sie?

In diesem Buch ging es um viele Rollen – von Rollen, die wir nach außen zeigen, Rollenmustern, die eine Eigendynamik entwickelt haben und automatisch ablaufen, über Rollen, die wir auch spielen können und in denen wir uns neu entdecken – bis hin zu dem Ich jenseits aller Rollen, das als Regisseur unseres Lebens die Fäden in der Hand hält und es als Gesamtkunstwerk gestaltet. Die Macht, über die es verfügt, ist im wesentlichen die Macht über sich selbst. Wenn wir diese Perspektive einnehmen, können wir bewußte Entscheidungen über unser Sein, unsere Rollen und unsere Ausstrahlung treffen – flexibel und jederzeit veränderbar.

Die meisten Menschen wollen erfolgreich sein. Erfolg ist also ein wichtiges Kriterium, wenn wir unsere Ausstrahlung bewußt steuern. Wir wollen Erfolg haben, sei es im Beruf, bei der Kindererziehung, in der Beziehung, in finanzieller Hinsicht und in der persönlichen Entwicklung. Erfolgserlebnisse stärken unser Selbstbewußtsein, sie geben uns ein Gefühl tiefer innerer Befriedigung.

Eine wichtige Voraussetzung, um erfolgreich zu sein, ist eine authentische Ausstrahlung. Vielleicht sagen Sie jetzt, daß die Welt voll von Gegenbeispielen ist. Man braucht nur den Fernseher einzuschalten, und schon sieht man so manche berühmte, finanziell erfolgreiche Menschen, denen man genau anmerkt, daß sie nicht hinter der Sache stehen, nicht authentisch sind und daß sie ihre Rolle nur spielen, weil sie einen Vorteil davon haben, aber nicht aus einer innersten Motivation heraus.

Ich denke, es gibt eine Dimension jenseits des Bildschirms, die wir Zuschauer nicht zu sehen bekommen, und in der jeder für sich allein Bilanz zieht. Erfolg, der nur nach außen gerichtet ist, aber im Inneren keine Entsprechung hat, ist erstens sehr brüchig und zweitens hohl. Er kann jederzeit zusammenbrechen, und mit dem

Absturz bricht auch meist die Fangemeinde weg. Was bleibt, ist innere Leere.

Deswegen fragen Sie sich: Was bedeutet für mich Erfolg? Beziehen Sie dabei die Idee Ihrer innersten Motivation als Lebensleitlinie mit ein und auch die Idee einer Aufgabe, der Sie sich mit vollen Herzen widmen und die mit Ihren inneren Werten übereinstimmt. Vielleicht kommen Sie dabei zu ganz überraschenden Ergebnissen.

Erfolg ist keineswegs immer gleichbedeutend mit Karriere. Vielleicht ist Erfolg sogar die Loslösung vom leistungsorientierten und renditebezogenen Denken, das Aufgeben unbewußter Leistungsrollen und die Erkenntnis, daß man niemandem mehr etwas beweisen muß. Vielleicht bedeutet ein erfolgreiches Leben, mehr sein zu dürfen anstatt immer machen zu müssen. Vielleicht ist es sogar der größte Erfolg im Leben, sich endlich zu erlauben, so zu sein, wie man wirklich ist.

Wie auch immer Ihr persönliches Konzept von Erfolg aussieht, es beginnt mit einer Idee und der Vorstellung von einem Weg dahin, dann folgt eine bewußte Entscheidung dafür, und schließlich geht es an die Umsetzung. Erfolgreiche Menschen verfügen über ein hohes Selbst-Bewußtsein und ein großes Engagement für ihre Ziele. Sie leben selbstverantwortlich.

Das Ganze ist mehr als die Summe aller Teile

Jeder Koch weiß, daß das Ganze mehr ist als die Summe aller Teile. Nehmen wir zum Beispiel eine köstliche Sauce. Wir können analysieren, welche Zutaten darin sind, Fonds und Wein, Salz und Pfeffer, Kräuter, weitere Gewürze usw. Doch damit allein werden wir ihrer besonderen Qualität nicht gerecht. Jede Veränderung in der Menge einer Zutat führt natürlich dazu, daß sie anders schmeckt, aber erst die richtige Dosierung aller Zutaten und ihr Zusammenspiel untereinander macht ihren Wohlgeschmack aus.

Große Unternehmen wissen, daß ihre Außenwirkung mitunter von Kleinigkeiten abhängt. Um alle Mitarbeiter in ihre Ziele einzubinden, wird die Unternehmenspolitik in einer Art Leitmotto zusammengefaßt. In der Regel wird dieses jedoch von der Führungsetage den Mitarbeitern »aufs Auge gedrückt«. Besser wäre es, wenn überall dort, wo Menschen zusammenarbeiten, sie sich zunächst auf ein Motto als gemeinsamen Nenner einigen würden! Jeder könnte sich dann damit identifizieren und voll dahinterstehen. Denn was nützt das eleganteste Bürogebäude, wenn in der Telefonzentrale minutenlang keiner abnimmt, was nützt der schönste Hochglanzprospekt, wenn der Verkäufer seine schlechte Laune am Kunden ausläßt. Auch das kleinste Rädchen im Getriebe eines großen Unternehmens wirkt an seinem Image mit.

Das gleiche gilt auch für unsere Ausstrahlung. Auch wir bestehen als Ganzes aus vielen Teilen, aus vielen Aspekten unserer Persönlichkeit mit widerstrebenden Zielen, Wünschen, Hoffnungen, Ängsten usw. Damit wir nach außen authentisch wirken, müssen alle diese Teile ernst genommen und integriert werden.

So kann jeder vor wichtigen Anlässen, zum Beispiel Gesprächen oder Präsentationen, noch einmal seine Ausstrahlung überprüfen. Dazu gehören natürlich Kleidung, Make-up und Frisur, aber mindestens genauso wichtig ist die innere Einstellung. Man kann sich ein wenig Zeit nehmen und sich fragen: Welche Glaubenssätze habe ich zu dem bevorstehenden Gespräch? Was denke ich über meine Gesprächspartner? Was will ich erreichen? Glaube ich, daß das möglich ist? Habe ich Zweifel oder Ängste? Worauf beziehen sie sich? Wie groß ist meine Gewißheit, daß das Gespräch für mich erfolgreich sein wird?

Wenn alle Bestandteile unserer Ausstrahlung, die äußere Erscheinung und die innere Einstellung, ein einheitliches Ganzes ergeben, sind wir stimmig und echt. Dann können wir uns in jedem Augenblick mit unserer ganzen Präsenz einbringen.

Das eigene Profil als Erfolgsgeheimnis

Ich kenne eine Lehrerin, die ihre Arbeit liebt und sehr beliebt ist. Am Ende der Abiturklasse fragte sie ihre Schüler, was sie in ihrem Unterricht gut gefunden hatten und was nicht so gut. Als Feedback kam, daß es ihren Schülern nicht gefallen hatte, zu Beginn des Unterrichts, wenn die Lehrerin hereinkam, immer aufstehen zu müssen. Sie hörte es sich an und meinte dann: »Jeder hat seine Macken. Das ist meine Macke, und dazu stehe ich. Sonst noch was?«

Viel wichtiger, als irgendwelchen Trends zu folgen, ist es, sich selbst zu treu zu bleiben, sich auf das Gebiet zu spezialisieren, auf dem man etwas Besonderes zu geben hat, das mit den eigenen Werten übereinstimmt und für das man Begeisterung und Leidenschaft empfindet und daher auch ausstrahlt. Trotz ihrer kleinen Macke, die die Schüler anderen, weniger beliebten Lehrern sicher übel genommen hätten, spürten sie bei dieser Lehrerin, daß sie sich mit vollem Herzen für ihren Beruf und ihre Schüler engagierte, und sahen es ihr nach.

Nur wenn man selbst von etwas betroffen ist und sich für ein Herzensziel engagiert, kann man Betroffenheit und Engagement auch bei anderen wecken. Erinnern Sie sich noch an Wünsche aus Ihrer Kindheit? Was wollten Sie schon immer werden? Gibt es irgendeine Sehnsucht, die sich in Ihrer innersten Motivation wiederfindet? Vielleicht hilft es Ihnen, in Fotoalben zu stöbern und sich Fotos aus Ihrer Kindheit anzuschauen. Was für ein Kind waren Sie, und was war Ihnen schon als Kind wichtig? Was haben Sie schon immer Besonderes ausgestrahlt? Was ist das Unverwechselbare an Ihnen, das, wenn Sie es ausstrahlen, Ihr Erfolgsgeheimnis ist?

Als Ingrid Bergman als junge Schauspielerin nach Hollywood kam, weigerte sie sich strikt, sich nach den dort üblichen Erwartungen ummodeln zu lassen. Es kam für sie nicht in Frage, einen anderen Namen anzunehmen, und sie setzte sich damit durch. Sie lehnte es ab, ihr Aussehen zu verändern oder Make-up zu verwenden. Auch war für sie ganz klar, daß sie nicht immer die gleiche Rolle spielen oder sich auf nur einen Rollentyp festlegen lassen würde, und in ihr privates Leben ließ sie sich auch nicht hineinreden. Obwohl Ingrid Bergman mit einer Größe von einem Meter fünfundsiebzig auch noch viel zu groß für Hollywood war, begann sie unter all diesen Voraussetzungen ihre Schauspielkarriere und bekam für ihre Arbeit drei Oscars. Ihr Erfolgsgeheimnis war ihre unverwechselbare Ausstrahlung.

Eine einzigartige Ausstrahlung muß keineswegs immer eine »positive« sein. Überzeugend wirken für mich Menschen, die zu ihren Idealen stehen und sie, ungeachtet von eventuellem Widerstand, auch leben. Dazu gehört, daß man seine Stärken und Schwächen kennt, akzeptiert und aufhört, sich mit anderen zu vergleichen. Niemand kann in allen Bereichen hervorragend sein. Anstatt durch Vergleiche mit Besseren die eigenen Selbstzweifel zu schüren, kann man sich auf das besinnen, worin man wirklich gut ist, und diese Qualität leben.

Wenn man sich selbst zu seinem eigenen Markenzeichen machen will, braucht man ein klares Profil, mit dem man sich von anderen abhebt und in dem man seine Besonderheit hervorstreicht. Auf Dauer kann man nur erfolgreich sein, wenn das nach außen vermittelte Bild nicht nur Fassade, sondern glaubwürdig ist, weil es mit dem Inneren übereinstimmt. Wenn man sich also schon mit anderen vergleicht, dann in der Richtung, daß man sich fragt: Was kann ich besonders gut? Wo liegen meine Stärken?

Hanns Dieter Hüsch sagte einmal: »Die meisten Menschen sind heutzutage was, aber ob sie *wer* sind, ist doch die Frage.« Menschen, die ihr einzigartiges Profil gefunden haben und es in einer »Marke ICH« leben, sind wer.

Zu einem erfolgreichen Marketingkonzept gehört ein stimmiges Logo, eine Firmenbezeichnung, ein Unternehmensleitsatz, eine klare Produktpalette. Zu einer erfolgreichen Ausstrahlung gehört auch die Überlegung der Aussage, die wir damit machen und welche Wirkung wir bei anderen erzielen wollen. Wir strahlen ja nicht in den luftleeren Raum aus. Wir wollen Menschen damit erreichen, sie für etwas gewinnen, und sie für uns gewinnen.

In gewisser Hinsicht schließt sich der Kreis dieses Buches. Wir sind wieder bei den ersten Fragen angelangt: Wie wirken Sie? und Was zeigen Sie von sich? Doch, wie wir gesehen haben, ist diese Wirkung keineswegs ein Zufallsprodukt. Sie ist auch nichts Oberflächliches. Wer sich mit den Fragen, die dieses Buch aufgeworfen hat, auseinandergesetzt hat, kennt sich nun ein ganzes Stück besser – mit den zuvor unbewußt gespielten Rollen, mit den neu ausprobierten Seiten, mit all den Glaubenssätzen, die dazugehören, und mit der Dimension jenseits von all dem.

Wer mit dem Prozeß, den ich aufgezeigt habe, mitgegangen ist, hat im wahrsten Sinn des Wortes eine Entwicklung durchlaufen, von der Schale seiner Persönlichkeit durch viele Schichten von Bewußtsein hin zu den inneren Schichten und zum Kern. Wer sich von meiner Begeisterung für diesen Weg hat anstecken lassen, kennt vielleicht seine innerste Motivation und hat eine griffige Formulierung dafür oder ist ihr zumindest ein Stück näher gekommen.

Diesem Weg der Selbsterkenntnis schließt sich nun der Teil der Selbstgestaltung an. Der Samen, der im Kern liegt, will wachsen und in einer adäquaten Aufgabe zur Geltung kommen. Die Kraft, die in ihm enthalten ist, will sich und muß sich in Ihrer einzigartigen, unverwechselbaren Ausstrahlung zum Ausdruck bringen. Wenn bei dem, was Sie tun, diese Rückkoppelung nach innen vorhanden ist, werden andere das in Ihrer Ausstrahlung wahrnehmen. Es gibt keine bessere Unterstützung, als auf die eigene innere Stimme zu hören. So wirken Sie kraftvoll und authentisch.

Das gewisse Etwas in Ihrer Ausstrahlung

Als Weinliebhaberin gehe ich ab und an zu Weinverkostungen und natürlich dabei auch zu speziellen Winzern. Dabei habe ich die Erfahrung gemacht, daß sich die Persönlichkeit des Winzers nicht nur in der Art der Präsentation, sondern auch in den Weinen widerspiegelt. Da gibt es den Winzer mit der barocken Lebensart, die in seinen üppigen Weinen wieder auftaucht. Oder es gibt den Winzer mit dem glühenden Verlangen, guten Wein zu machen, der tatsächlich auch Spitzenweine produziert, aber dafür nicht die entsprechende Anerkennung erhält.

Wie kommt die Persönlichkeit des Winzers in den Wein? Ganz subtil, in Dutzenden von kleinen Schritten: Wie stellt er sich vor, was sich im Weinberg abspielt und wie er darauf reagiert? Welche Vorstellungen hat er von Lese, Ausbau und Kellertechnik? Hat er ein feines Sensorium für die Lese, geht er immer wieder durch den Weinberg und erntet nur die reifen Trauben? Oder kommt es ihm mehr auf Masse als auf Klasse an?

Das gleiche gilt auch für viele andere Berufe. Die Einstellung eines Menschen zu seinem Produkt und seinen Kunden, die Leidenschaft für seine Arbeit, seine Bereitschaft, mit der Zeit zu gehen, all dies bildet das gewisse Etwas, das wir in der Ausstrahlung eines Menschen wahrnehmen können. Es ist ein Unterschied, ob ein Bäcker nur Fertigmischungen verwendet oder nach Traditionsrezepten bäckt, ob ein Metzger weiß, woher die Tiere kommen und Verantwortung gegenüber seinen Kunden fühlt oder nicht, ob ein Koch nur Fertigprodukte in die Mikrowelle schiebt oder seine Gerichte mit Liebe zubereitet.

Alle, die in irgendeiner Weise schöpferisch arbeiten, sei es in der Modebranche, als Architekt, als Tischler, alle Künstler, die Goldschmiedin, die individuellen Schmuck herstellt, ich als Autorin dieses Buches, wir alle bringen unsere persönliche Note, unsere einzigartige Ausstrahlung in unserem Werk zum Ausdruck. Auch der Hobbygärtner, der seinen Garten liebevoll anlegt, die Hausfrau, die die Wohnung schön macht, mit den Kindern bastelt und den Kindergeburtstag einfallsreich gestaltet, jeder, der selbst näht, backt oder kocht, schreibt oder dichtet, kann sich in diesem Tun selbst verwirklichen und ausdrücken.

Voller Einsatz für ein Herzensziel macht uns authentisch

Das leidenschaftliche Engagement für eine Sache und die einzigartige Art und Weise, wie wir uns dafür einsetzen, bilden unsere unverwechselbare Ausstrahlung.

Ich erinnere mich an ein Treffen, bei dem sich Selbständige verschiedener Berufssparten darüber austauschten, welche erfolgreichen Marketingstrategien sie zu Beginn ihrer unternehmerischen Tätigkeit angewandt hatten. Da es – anders als sonst an diesen Abenden – keinen Referenten gab, der als Fachmann entsprechende Tips vortrug, stand ich dem Treffen zunächst eher skeptisch gegenüber. Doch dann stellten wir etwas Erstaunliches fest.

Nicht so sehr ausgefeilte Marketingkonzepte allein waren für den Erfolg eines jungen Unternehmens ausschlaggebend, sondern die Leidenschaft und das Engagement, mit dem die Inhaber ihre Geschäftsideen umsetzten. »Ich habe mich mit Begeisterung in meine neue Arbeit gestürzt«, erzählte eine Kommunikationstrainerin, »und im Nu hatte ich zwei Großfirmen als Kunden, die mir laufend neue Seminarteilnehmer vermittelten.«

Leidenschaftliches Engagement für ein Ziel oder ein Projekt beinhaltet eine Entscheidung ohne Wenn und Aber für das, was wir tun wollen. Wir sagen aus vollem Herzen Ja zu dieser Aufgabe. Wenn Sie für sich definiert haben, was Erfolg für Sie ganz persönlich bedeutet, und unter Einbeziehung Ihrer innersten Motivation Ihre Lebensaufgabe – oder »Lebensabschnittsaufgabe« – gefunden bzw. festgelegt haben, strahlt Ihre innere Einstellung bei allen Ihren Handlungen aus. Man kann einfach merken, ob Sie sich selbst treu bleiben oder nicht.

Am authentischsten sind wir immer dann, wenn wir ein Herzensziel verwirklichen, das mit unseren Werten übereinstimmt. Dabei ist es sinnvoll, sich auf die eigenen Stärken zu konzentrieren, denn niemand ist in allem gut. Anstatt auf Außenwirkung bedacht zu sein, bleibt man in einer konkreten Situation innerlich bei seiner Zielvorstellung. Man ist einfach echt, was natürlich eine selbstkritische Hinterfragung nicht ausschließt. Auf diese Weise ist man mit sich im reinen, hat eine überzeugende Ausstrahlung, und der Erfolgshorizont erweitert sich.

Erinnern wir uns an das Beispiel von der Ausstrahlung des Winzers, die sich in seinen Weinen widerspiegelt. In vielen persönlichen Ideen und dann ganz konkreten Handlungen gibt der Winzer seinem Produkt seine ganz persönliche Note. Es braucht also das Tun, um den folgenden positiven Kreislauf in Gang zu setzen: engagierter Einsatz – erfolgreiches Produkt – eine unverwechselbare und erfolgreiche Ausstrahlung – und wieder weiteres leidenschaftliches Engagement.

Entscheidend ist die Umsetzung der jeweiligen Ideen. Das Haus, das zunächst nur auf dem Papier existiert, will gebaut werden, die Grundidee zu einem Buch will in die vielen tausend Worte gefaßt werden, das Festessen will gekocht werden, die Firma will gegründet und geleitet werden.

Wenn wir vollkommen von einer Sache überzeugt sind und ganz darin aufgehen, also den »Flow«-Zustand erleben, wenn wir unsere innerste Motivation entdeckt haben und unsere Lebensaufgabe erfüllen, werden wir dafür reich belohnt. Dabei ist es zweitrangig, was wir tun. Jeder kann seine Lebensaufgabe finden. Die Belohnung für den Einsatz ist ein Gefühl tiefer innerer Befriedigung, das Wissen, auf dem richtigen Weg zu sein und unsere Fähigkeiten sinnvoll zum Ausdruck zu bringen. Wer auf diese Weise mit sich im Einklang ist und in dem tiefen inneren Wissen, das Richtige zu tun, keinen Gedanken an einen möglichen Mißerfolg verschwendet, hat eine authentische und überzeugende Ausstrahlung.

Wir sind alles, unsere Herkunft, unsere Vergangenheit, unser Körper, unsere Talente und Fähigkeiten, unsere Gedanken und Gefühle, die Gesamtheit unserer Glaubenssätze, unser Bewußtes und Unbewußtes. Unser Erfolgsgeheimnis liegt darin, mit all dem im Einklang zu sein und es in einer klaren und authentischen Ausstrahlung in dem, was wir tun, zu leben.

Wir sind das alles, und wir sind auch die Instanz hinter all dem, die entscheidet. Das müssen nicht immer einschneidende Beschlüsse sein, es sind vielmehr die unzähligen kleinen Entscheidungen an jedem Tag, die von hier aus getroffen werden und mit denen wir unserem Leben eine Richtung geben. Damit schaffen wir die Grundlage für das gewisse Etwas, das wir ausstrahlen und das im Spiel des Lebens nur zum Erfolg führen kann.

Eine Freundin, die Malerin ist und einen interessanten Lebensweg gegangen ist, malt großformatige Bilder von einer faszinierenden Leichtigkeit. Bei einer Ausstellung wurde sie vor kurzem gefragt: »Wie lange haben Sie für dieses Bild gebraucht?« Ihre Antwort lautete: »*53 Jahre.*«

Dank

Ich danke meinem Freund Hans Schäfer, der mit glasklarem Verstand mein Manuskript für dieses Buch gegenlas und mich mit viel Humor vor einigen Sackgassen und Irrwegen bewahrte.

Ich danke meiner Freundin und Kollegin Ilse Petri-Stuppardt, Trainerin und Coach für emotionale Kompetenz, für den wunderbaren, stets von Wertschätzung geprägten Austausch über Zwischenmenschliches in vielen langen, interessanten Gesprächen.

Ich danke meiner Freundin Ingrid Bogner-Hartl, Malerin und Kulturpädagogin, die mich kompetent und liebevoll im künstlerischen und kreativen Prozeß dabei begleitete, immer von neuem über mich hinauszuwachsen.

Ich danke meinen Schauspiellehrern Gisela Nohl und Olaf Sabelus, die mir ganz neue Welten eröffneten und mich sanft und doch konsequent an meine Grenzen und über sie hinausführten.

Ich danke all meinen Klienten und Seminarteilnehmern, die sich vertrauensvoll mit mir auf neue Prozesse einließen und mir dabei den Spiegel für meine eigene innere Entwicklung vorhielten.

Ich danke meiner Lektorin Mathilde Fischer, daß sie sich von meiner Begeisterung für diesen neuen Ansatz zum Thema Ausstrahlung anstecken ließ.

Ich danke Beate Frischholz, Rudolf Flachs, Anke Ikelle-Matiba-Kohlhausen, Angela Kolsdorf, Max Kratzer, Monika Leitze-Finck, Margrit Ochmann, Monika Rossa, Anne Schiemann, Gaby Vincke, Jutta Westphalen und allen, die mir in irgendeiner Weise Anregungen zu diesem Buch gegeben haben.

Anmerkungen

[1] Tschechow, Werkgeheimnisse der Schauspielkunst, S. 119

[2] Satir, Meine vielen Gesichter, S. 88f.

[3] Kabat-Zinn, Gesund und streßfrei durch Meditation, S. 290

[4] Turkle, Leben im Netz, S. 337f.

[5] Adorf, Weltbild 21/99, S. 48

[6] Dieses Zitat von Strasberg und die folgenden habe ich dem Skript des Schauspielseminars in Bochum entnommen.

[7] Richards, Weil ich einzigartig bin, S. 167

[8] a.a.O., S. 147

[9] Goleman, Kreativität entdecken, S. 9

Literatur

Bergmann, Ulrike: Erfolgsteams. Landsberg am Lech, 1998

Cameron, Julia: Der Weg des Künstlers. München, 1996

Carl, Verena: Herzklopfen im Cyberspace. München, 1999

Csikszentmihalyi, Mihaly: FLOW: Das Geheimnis des Glücks. Stuttgart, 1990

Dimitrius, Jo E. u. Mazzarella, Mark: Der erste Blick. München / Düsseldorf, 1999

Estés, Clarissa Pinkola: Die Wolfsfrau. München, 1999

Goleman, Daniel, Kaufman, Paul und Ray, Michael: Kreativität entdecken. München, 1999

Hellinger, Bert: Ordnungen der Liebe. Heidelberg, 1997

Kabat-Zinn, Jon: Gesund und streßfrei durch Meditation. Bern, München, Wien, 1991

Leutz, Grete A.: Psychodrama Band 1: Das klassische Psychodrama nach J. L. Moreno. Berlin, Heidelberg, New York, 1974

Miller, Alice: Das Drama des begabten Kindes. Eine Um- und Fortschreibung. Frankfurt, 1997

Moreno, J. L.: Gruppenpsychotherapie und Psychodrama. Stuttgart, 1959

Onken, Julia: Vatermänner. München, 1998

Pearsall, Paul: Heilung aus dem Herzen. Die Körper-Seele-Verbindung und die Entdeckung der Lebensenergie. München, 1999

Richards, Dick: Weil ich einzigartig bin. Freiburg im Breisgau, 1999

Satir, Virginia: Meine vielen Gesichter. Wer bin ich wirklich? München, 1988

Stevens, John O.: Die Kunst der Wahrnehmung. Gütersloh, 1993

Strasberg, Lee: Skript des Schauspielseminars, 9.–22. Januar 1978. Schauspielhaus Bochum hrsg., 1978

Tschechow, Michael: Werkgeheimnisse der Schauspielkunst. Zürich / Stuttgart, 1992

Turkle, Sherry: Leben im Netz. Identität in Zeiten des Internet. Hamburg, 1998

Weber, Gunthard (Hrsg.): Zweierlei Glück. Die systemische Psychotherapie Bert Hellingers. Heidelberg, 1998

Whiteside, Daniel u. Stokes, Gordon: Die Welt des Verhaltensbarometers. München, 1993

Wolinsky, Stephen: Quantenbewußtsein. Freiburg, 1994

Weitere Informationen

»K.E.R.N. – Konzepte, Dr. Isa Grüber« bietet in Seminaren und Einzelcoachings Unterstützung für Klienten, Gruppen und Firmen,
• Potentiale zu erkennen und für eine erfolgreiche Nutzung in allen Lebensbereichen auszurichten
• authentische Ausstrahlung zu entwickeln – sowohl für Einzelpersonen als auch für Gruppen
• spezielle Fähigkeiten und Werte in einer bewußten Lebensgestaltung zum Ausdruck zu bringen

Was ist K.E.R.N.?
    Kinesiologie
    Energiebalance
    Ressourcenfindung
    NLP

Wenn Sie an einem Seminar oder an einem persönlichen Coaching interessiert sind, schreiben Sie an:

    K.E.R.N. – Konzepte
    Dr. Isa Grüber
    Coaching und Seminare für Lebensgestaltung
    Postfach 1328
    53583 Bad Honnef

    oder per E-mail: info@kernkonzepte.de.

Aktuelle Seminartermine und Informationen finden Sie auch im Internet unter: www.kernkonzepte.de